연결을 알면 미래가 보인다

모든 것이 연결된 세상
IT 레볼루션

김국현 지음

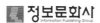
정보문화사
Information Publishing Group

모든 것이 연결된 세상

IT 레볼루션

초판 1쇄 인쇄 | 2018년 10월 20일
초판 1쇄 발행 | 2018년 10월 25일

지 은 이 | 김국현
발 행 인 | 이상만
발 행 처 | 정보문화사

책 임 편 집 | 최동진
편 집 진 행 | 김지은

주 　 　 소 | 서울시 종로구 대학로 12길 38 (정보빌딩)
전 　 　 화 | (02)3673-0037(편집부) / (02)3673-0114(代)
팩 　 　 스 | (02)3673-0260
등 　 　 록 | 1990년 2월 14일 제1-1013호
홈 페 이 지 | www.infopub.co.kr

I S B N | 978-89-5674-792-7

기술 발전이 주는
낙관과 비관 사이,
어떻게 대처해야 할까?

가끔 지하철이나 버스에서 고개를 들고 주위를 봅니다. 모두 빛나는 화면에 얼굴을 묻고 있습니다. 살풍경일 것 같지만, 꼭 그렇지만도 않습니다. 표정이 나빠 보이지 않습니다. 무표정해 보여도, 채팅창에 'ㅋㅋㅋ'를 연타하고 있습니다. 다들 즐겁습니다. 우리는 어느새 이 새로운 기술과 하나가 되어 있습니다.

이미 현대인은 스마트폰을 손에 쥐기만 해도, 마치 유아들이 애착이불을 품었을 때와 같은 안도감을 느낀다고 합니다. 스트레스 호르몬 수치가 정말로 변한다고 하니, 그 창 너머에 있는, 혹은 앞으로 있을 누군가의 존재를 느끼는 것만으로도 마음이 편해지나 봅니다. 모든 것이 이어진 이 세계의 효험이 가치 없다고는 누구도 말할 수 없습니다.

아마도 오늘보다 나은 내일을 기술이 가져다주리라는 낙관이 있을 것입니다. 마치 전기와 자동차와 냉장고가 20세기에 했던 것처럼 우리를 어떤 속박에서 해방해 줄 것이라는 기대가 정도 차이는 있지만 누구에게나 있습니다.

동시에 미지(未知)는 불안을 낳습니다. 시대의 변화가 점점 빨라지고 있으니 그렇습니다. 앞으로 세상을 살아가면서 누구나 문제를 겪을 수밖에 없을 것입니다. 사람은 누구나 위험 요소가 없는 것을 지향합니다. 아무리 확률 낮은 위험이라도 한번 신경 쓰이면 마음에서 떠나질 않습니다. 그렇게 우리는 낙관과 비관 사이를 진자 운동합니다. 그 리듬이 때로는 우리를 불편하게 합니다.

이 책에서는 이 답답함을 마주 보는 이야기를 하고 싶습니다. IT 라는 창을 통해서 시대 변화의 흐름을 함께 읽다 보면, 인간은 어떻게든 답을 찾을 것이라는 낙관이 찾아올 것입니다. 비록 내일은 혼란스럽겠지만, 그 혼란이 우리 사회에 새로운 공기가 스며들 틈을 만들 수 있을 것입니다.

한 가지 확실한 것은 내일의 변화는 오늘보다 빠를 것이라는 점입니다. 온갖 IT 트렌드 전부를 알 수는 없더라도 무미건조한 최신 뉴스 하나에도 지금 이 시대를 함께 달려나가는 사람들의 감정이나 생각이 녹아 있음을 알게 되면, 색다른 풍미가 느껴집니다. 매일 새롭게 이름을 바꿔 가며 쏟아지는 트렌드지만 함께 곱씹어 보면 이 또한 별것 아니라는 생각도 찾아옵니다. 들이닥칠 미래가 시끄러워 잠 안 오는 밤에는 4차 산업혁명의 이야기라도 하면서, 미지의 내일이 만드는 비관과 낙관 사이의 요동을 잠잠하게 해 봅시다.

김국현

IT가 발전함에 따라 모든 것이 연결되어 발전합니다. 통신·네트워크는 빠르게, 좀 더 편리하게 발전하며, 사람들은 각자 자신의 계정으로 연결되고 사물은 대화를 시작합니다. 우리의 일상은 IT 기기와 늘 함께 합니다. 이 책을 통해 모든 것이 연결된 세상에서 우리가 살아가는 모습을 통찰하고, 나아가야 할 방향을 모색해 보고자 합니다.

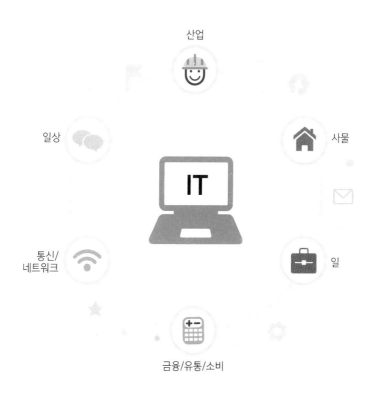

목차

PART 1

세계는 IT로
어떻게 변하고 있나?

그 어떤 산업혁명에서도 주역은 기업이었습니다.

산업의 역사는 곧 기업의 역사입니다.

기업의 욕망과 비전,

그리고 그 결과물인 혁신은

우리 사회를 어떤 방향으로든 몰고 가고 있습니다.

IT 리더들의 대소동에서 읽는 트렌드,
물고 무는 글로벌 기업들의 행보

◁))

 '4차 산업혁명'이란 단어로 연일 시끄럽습니다. IT와 디지털에 의한 사회적·경제적 변화야 어제오늘 일이 아닐 터 무슨 호들갑인 가 싶기도 하지만, 과거의 기술 진보에 비해 확실히 색다른 뉴스는 하나 있습니다. 바로 '인공지능'의 재림입니다. 특히 딥러닝·기계 학습에 의한 인공지능 기술은 알파고의 화제를 넘어 이미 실생활에 서 활용되는 다양한 앱에 파고들고 있습니다.

인공지능으로 달려가자

구글의 수장 선다 피차이는 '모바일 퍼스트' 시대가 아닌 '인공지능 최우선AI First' 시대로 간다고 선언했습니다. 지난 10년이 모바일 퍼스트로의 여정이었다면, 앞으로의 10년은 AI 퍼스트 시대임을 구글은 알고 있습니다. 단순히 공포했을 뿐만 아니라 서둘러 실체를 만들고 있습니다. 그 결과는 구글 어시스턴트에서 구글 홈까지, 구체적이고 실용적입니다.

특히 알파고도 구글 포토도 모두 인수 합병이 잘 된 결과입니다. 구글은 자본의 힘으로 적극적으로 스타트업을 사들이고 있습니다. 지금까지 인수한 인공지능 업체만 해도 벌써 십수 개, 알파고로 유명해진 딥마인드나 이미지 검색에 바로 적용한 DNN 리서치와 같은, 성공적 인수 합병 사례로 들 만큼 교과서적인 알찬 구매였습니다.

모든 쇼핑이 만족스럽지는 않겠지만, 일단 사들이는 양이 워낙 많다 보니 그들이 가동하는 규모의 경제, 그 급수가 다릅니다. 그 결과물들은 서서히 구글 홈이라든가 구글 어시스턴트로 이어져서 무섭게 떠오르는 경쟁자들을 견제하는 데 활용되고 있습니다. 안드로이드 이후 큰 베팅이 시작된 것입니다. 구글에게 신경 쓰이는 경쟁자가 있다면?

바로 아마존입니다.

아마존은 이유 있는 문어발

온라인 커머스를 장악한 아마존이지만 마음이 바쁩니다. 오프라인으로의 진격이라는 큰 숙제가 늘 마음을 누르고 있어서입니다.

아마존은 오프라인 책방도 차리더니 이제 '아마존 고'로 점원 없는 인공지능 자동 결제 점포를 시도하고 있습니다. 온오프라인 접점에 스마트폰 이후의 기회가 있음을 본능적으로 알고 있었나 봅니다.

아마존에게는 자랑할 만한 성과가 있는데, 바로 인공지능 알렉사입니다. 인공지능 알렉사는 아마존의 스피커 에코를 통해 말 그대로 대박이 났습니다.

사람들은 알렉사가 탑재된 스피커에 자연스럽게 말을 걸고 주문을 합니다. 다른 업자들도 이 신기한 기능을 온갖 곳에 넣으려 분주합니다. 매년 열리는 가전 전시회 CES마다, 그야말로 '어디에나 알렉사'라는 말이 유행할 정도로 수많은 제휴의 성과를 자랑하고 있습니다.

아마존 입장에서는 알렉사가 제휴 회사를 통해 퍼져 나갈수록, 아마존을 생활 속에 파고들게 할 수 있습니다. 뭐니 뭐니 해도 생활 밀착형 기업이 비전인 아마존의 전략으로 이보다 좋은 것은 없을 것입니다. 아마존은 알렉사 생태계 구축의 성공으로 자신감이 충만한 상태입니다.

아마존 CEO인 베조스가 직접 밝힌 바에 의하면 알렉사를 가능하게 한 인원은 1,000명입니다. 선행 투자 기간만 무려 4년에 이르는 투자였던 것입니다.

아마존은 알렉사 생태계 구축의 성공을 발판 삼아, 클라우드 사업 AWS에 인공지능 기계 학습 상품을 적극적으로 도입하고 있습니다. 클라우드를 빌려 쓰듯, 기계 학습 인프라도 단돈 몇 푼으로 시작할 수 있는 시대를 이끌려고 하는 것입니다. AWS 사업 자체가 자신들이 써 봤더니 좋았던 것을 넉넉히 준비하고 나눠 팔아 오늘에 이른 것이니 인공지능 사업에도 그 수법을 다시 한번 재현하려 하고 있습니다.

원하는 것의 가격을 정확히 비교하여 구매하는 '조달'은 아마존이 점령했지만, 우연히 원하는 무언가를 발견하는 기쁨이야말로 인생이 주는 즐거움입니다. 아마존은 늘 떨어지지 않는 살가운 쇼핑 친구인 인생의 동반자가 되고 싶어 합니다.

아마존 프라임* 멤버에 한 번 구독을 시작하면 쇼핑을 더 할 수밖에 없습니다. 가입한 만큼 알차게 써먹고 싶은 것이 사람 마음이

● 아마존 프라임

연간 99달러로 가입할 수 있는 유료 회원제입니다. 가장 큰 혜택은 무료 배송이지만, 가입하면 음악이나 동영상과 같은 온라인 콘텐츠도 더불어 무료로 함께 즐길 수 있습니다. 월마트도 비슷한 프로그램을 하려 노력했지만, 물품 상당수가 아마존 물류 센터에서 직배송되는 아마존에게 이길 수는 없었습니다.

기 때문이지요. 아마존은 구독을 끊기 힘들게 하려고 음악과 영화, 아예 워싱턴 포스트와 같은 신문까지 준비했습니다. 뭘 좋아할지 몰라 다 준비한 셈입니다. 그 준비성이 얼마나 진지했던지 아마존 이 만든 프로그램들은 골든 글로브 상의 단골이 되어 버렸습니다.

페이스북에 쌓여 있는 데이터로 만들고 싶은 인공지능은?

구글이나 아마존 못지않게 이미 우리 일상에 많은 인공지능을 주입하고 있는 회사가 있습니다. 바로 페이스북입니다.

페이스북의 인공지능 사랑을 엿볼 수 있는 일화가 있습니다. 페이스북 CEO 마크 저커버그는 신년 계획을 공개적으로 세우고, 이를 지키려 꾸준히 노력하는 모습을 보여 주는 것으로 유명합니다. CEO 저커버그는 자신의 신년 계획이었던 인공지능 집사를 스스로 만들어 보여준 적이 있습니다. 중요한 것은 개발 일을 떠나 있던 대표이사가 100여 시간 만에 뚝딱 샘플 인공지능을 만들 만큼 페이스북 안에는 인공지능 부품과 재료가 흔하고 많았다는 점입니다. 페이스북은 이미 다양한 AI 프로젝트를 오픈 소스화하고 있고 전담 조직인 FAIRFacebook AI Research도 마련하고 있습니다.

하지만 페이스북은 데이터 분석 업체인 케임브리지 애널리티카 스캔들로 인해 개방적이다 못해 방만했던 데이터 공유 개방 활동에 제약이 걸리고 API 공개를 보수적으로 추스르고 있습니다. 페이스북의 인공지능 사랑은 쌓아 놓은 데이터 곳간에서 피어나던 것인데 과연 앞으로는 어찌 될지 행보가 주목됩니다.

애플, 하드웨어, 소프트웨어, 그리고 오리지널 콘텐츠

애플은 곧 넷플릭스나 아마존처럼 오리지널 콘텐츠를 만들 것 같습니다. 기업은 모두 단골 장사를 좋아합니다. 매년 매달 꼬박꼬박 입금이 되는 모델이 최고입니다. 아이폰이 아무리 잘 되어도 내년 시장은 알 수 없으니, 단발성 제품 실적에 일희일비하고 있을 수 없는 일입니다.

콘텐츠 비즈니스는 최고의 어뉴이티Annuity 비즈니스입니다. 즉 지속적으로 연금처럼 들어옵니다.

애플은 잡스 시절부터 콘텐츠 비즈니스에 애착이 큽니다. 2010년, "Tomorrow is just another day. That you'll never forget(내일은 당신이 절대 잊지 못할 다른 날이 될 것)."이라며 엄청난 발표가 있을 거라고 해서, 무슨 엄청난 제품이 나올지 많은 사람들이 기다렸는데, 아이튠즈에 비틀즈가 들어 온다는 것이어서 적잖이 실망한 IT 종사자들이 많았던 기억이 납니다.

잡스에게 신화의 핵심은 바로 아이튠즈였고, 아이폰의 전신인 아이팟은 어찌 보면 그 현관에 불과했던 것일지도 모르는 일인데 말이지요.

B2B에 안주할 수 없는 거인들의 고민

IBM도, 오라클도, 마이크로소프트도, 모두 한때 정말 잘 나갔지만, 애플과 구글의 전성기에 바닥을 맛본 이들입니다.

마이크로소프트는 다행히 모바일은 망했어도 클라우드 덕에 되살아나고 있고, IBM은 인공지능 테마를 잘 움켜잡았습니다.

문제는 오라클입니다. 여전히 매출 40조 원의 거인이지만, 이익과 이익률이 점점 줄고 있습니다. 물론 여전히 20%를 넘는 높은 이익을 남기는 알짜 비즈니스를 하고 있지만, 과거와 같은 폭풍 성장은 힘들어 보입니다. 오픈 소스와 클라우드라는 오늘날 IT를 만드는 주제들과 싸워 왔기 때문입니다. 물론 정신 차린 후 클라우드도 하고는 있지만, 그 속도가 고객이 원하는 속도를 따라잡지 못하고 있습니다. 가속도를 높이기 위해 클라우드 분야의 노장 넷스윗을 인수했지만, 평가는 갈리고 있습니다.

모두 다 아는 네트워크 시장의 최강자 시스코도 다급합니다. 이 회사의 자격증을 따 두면 취업에 문제가 없던 시절도 있었습니다.

그러나 온 세상이 소프트웨어 기반의 SDN_{Software Defined Network}으로 이행하면서 불안감에 싸여 있습니다. 엉뚱한 경쟁자들이 등장한 것입니다. 모두 소프트웨어 강자들입니다. 델이 인수한 VM웨어 VMWare는 SDN의 신흥강자로 시스코에 선방을 날렸습니다. 더 당황스러운 경쟁자는 페이스북입니다. 페이스북은 자신들이 쓰기 위한 네트워크 장비를 직접 설계하고 이를 오픈 소스로 뿌렸습니다. 바로 오픈 컴퓨트 프로젝트OCP의 위용입니다.

소프트웨어 역량 확보가 절실한 기업들로서는 다급한 시기를 맞이하고 있습니다.

이처럼 과거의 영화는 때로는 미래의 부채가 되기도 합니다. 어쨌거나 이들의 회생 작전은 이들과 함께 B2B 시장에서 살아온 IT 업계 종사자라면 눈여겨봐야 할 대목입니다. 가르침을 얻든 아니면 교범으로 삼든 간에 말입니다.

마이크로소프트와 IBM

거대 기업일수록 과거의 성공에 취하기 쉽습니다. 정체된 분위기에 새로운 피를 수혈하는 처방은 전환기에 애용됩니다. 특히 IT 기업의 경우 혁신의 재료는 오로지 사람입니다.

딥러닝과 인공지능 원산지 캐나다의 대표적 인공지능 벤처 말루바를 인수한 마이크로소프트의 경우도 마찬가지입니다.

마이크로소프트는 잊혀진 거인에서 지금 다시 핫한 기술 집단으로 변모하고 있습니다. 그 단초가 애져Azure로 대표되는 클라우드였다면 결정타는 인공지능이 될 것 같습니다. 인공지능을 둘러싸고 이미 대대적인 조직 통합을 벌이고 있습니다.

5000명 규모의 기술자들로 이뤄진 이 인공지능 조직에는 기존 리서치 연구소는 물론 빙Bing.com이나 코타나Cortana*, 앰비언트Ambient 컴퓨팅*, 로보틱스Robotics* 등이 포함됩니다.

25년 전 빌 게이츠에 의해 마이크로소프트 리서치가 처음 태동될 당시부터 이

● **코타나**
구글 어시스턴트, 애플 시리, 아마존 알렉사에 대항하는 마이크로소프트의 음성 인식 인공지능으로 2014년에 출시되었습니다. 다양한 유럽어 및 일본어, 중국어에 대응하나 2018년 현재 한국어는 지원하고 있지 않습니다.

● **앰비언트 컴퓨팅**
사물 인터넷의 대중화로 우리 환경에 녹아든 센서가 우리가 지금 여기에 있는지와 무엇을 원하는지 파악하는 컴퓨팅 환경입니다. 앰비언트 뮤직이라는 단어도 있습니다. 사전적으로도 '안락한(느긋한) 분위기를 만들어 낸다'는 뜻으로 쓰입니다.

● **로보틱스**
전자 기계 제어 기술로, 로봇 설계와 제작을 연구하는 로봇 공학을 지칭하는 말이나, 로봇과 관련된 다양한 연구를 총칭하고 있습니다.

미 인공지능은 아이템 중에 들어 있었다고 합니다. 이 구관을 앞세운 마이크로소프트는 'AI를 민주화한다'는 직접적인 표현을 쓰면서 모처럼 재도약을 노리고 있습니다.

인수 합병을 잘 활용한 예로 인텔도 있습니다. 인공지능에 GPU가 널리 쓰이면서 인공지능의 최대 수혜주가 된 경쟁 칩 메이커 엔비디아 때문에 전전긍긍하던 인텔은 소프트웨어 프레임워크, 관련 클라우드, 그리고 칩까지 다 가지고 있는 스타트업 너바나 시스템즈를 인수합니다.

사실 인공지능이라는 테마가 가장 반가운 업체는 역시 IBM일 것입니다. 이미 1950년대부터 1세대 인공지능을 꾸준히 개발해 온 IBM은 시류의 유행에 휘둘리지 않고 기술을 축적, 오늘의 왓슨을 만들 수 있었습니다. 왓슨은 그 유연성 덕에 딥러닝 등 최신 유행까지 포함하는 방대한 서비스 및 제품군으로 거듭날 수 있었는데, 낯설기만 한 인공지능이 계속 신경 쓰이던 B2B 고객 기업들에게는 반가운 솔루션이었습니다.

인공지능, 유행에서 밀려난 위기의 IBM에게는 한 우물을 판 이만이 만날 수 있는 수맥이었던 것입니다. 알 수 없는 미래, 기회는 언제 어떤 물길을 우리가 파고 있는 우물 밑으로 가져다줄지 알 수 없는 일입니다.

웹 포털의 시대와
앱 스토어의 시대

PC는 스마트폰보다 근본적으로 불리할 수밖에 없습니다. 스마트폰은 늘 주인 곁에 있기 때문입니다. 아침에 눈을 비비며 일어날 때도, 무료한 지하철의 여정에도, 의미 없다 느껴지는 회의의 한 구석에서도, 그리고 불면에 빠진 침대 속에서도, 스마트폰은 변함없이 살갑게 곁을 지켜 줍니다. 듬직한 척 무심한 척 쿨하게 책상 위에 앉아 있는 PC와는 영 딴판입니다.

돌아가는 분위기가 이렇다 보니 PC 위에서 유지되던 모든 질서는 불안해지기 시작합니다.

운영체제를 만들어 주던 마이크로소프트가 먼저 그랬고, 기계를 만들던 수많은 PC 제조사들도 함께 불안해졌습니다. 그다음은 PC 화면을 수놓아 주던 이들의 차례였습니다. 예를 들면 포털, 그리고 PC 온라인 게임들이 그랬습니다.

　게임만 해도 PC방이 아닌 지하철에서 게임을 즐기는 이들이 훨씬 많아졌습니다. 따라서 이 흐름에 적응하지 못한 게임 회사에 대해 시장의 평가, 예를 들면 주가가 싸늘한 시선을 보내는 것은 당연한 일입니다.

　마찬가지 일이 웹에서도 벌어지고 있습니다. 먼저 대기업 산하 포털 기업들부터 주름이 늘기 시작했습니다. 아무래도 모기업의 수익 모델과 정렬될 수 있는 한에서만 혁신하는 한계가 있는 만큼, 시대의 변화기에 가장 먼저 영향이 끼칠 수밖에 없었습니다. 추억의 파란이라든가 싸이월드는 그렇게 저물어 갔습니다. 그 와중에 야후는 한국에서 공식 철수하기도 했습니다. 참 피고 지는 것이 빠릅니다.

　그야말로 여러 개의 포털이 나누어 가져갈 만한 사람들의 관심이 이미 PC에는 남아 있지 않은 셈이었습니다. 사람들의 눈은 모두 스마트폰을 향해만 갑니다. 웹 서핑으로 소일하던 우리들의 남는 시간, 지금은 스마트폰에 피어나는 대화 풍선으로 채워지고 있습니다.

인터넷으로 뛰어드는 자잘한 방식

모든 미디어의 본바탕은 관심 확보에 있습니다. 공중파가 무서운 이유는 거의 모든 사람이 늘 그 시간에 그걸 봤기 때문입니다. 네이버가 무서운 이유는 사람들이 PC를 켜고 소위 '인터넷'을 띄우면 언제나 그 앞에 서 있기 때문입니다. 그 비즈니스가 바로 포털이었습니다.

그러나 언제부터인가 인터넷으로 뛰어드는 방식이 이 현관을 거치지 않아도 상관없도록 바뀌었습니다. 그것은 물론 스마트폰, 그리고 더 나아가 아이패드로 촉발된 태블릿 덕분이었습니다.

웹 브라우저는 유일한 통로가 아니었습니다. 앱 스토어와 마켓의 온갖 다양한 앱들이 입맛에 맞는 방식으로 우리를 네트워크로 이어 주었습니다.

그리고 그 네트워크 너머를 인터넷이 아닌 클라우드라는 더 달콤한 용어로 부르기도 하였습니다. 어쨌거나 더 살갑게 개인화된 네트워크 탐험법이 일상이 된 셈입니다.

스마트폰을 켜는 순간은 1초도 걸리지 않습니다. 그리고 우리는 마찬가지로 참을성 없이 원하는 정보를 취하기를 기대합니다. 웹 브라우저를 띄우고 주소를 입력하여 메뉴를 따라 들어가던 PC 정보 처리의 그 느긋함을, 걷고 뛰면서도 그 자그마한 화면에서 시선을 떼지 않는 이들에게 기대할 수는 없는 일입니다. 새로운 서비스들이 엄지손가락 두어 번 문지르면 정보를 뽑아 주고 다시 나를 일상으로 되돌려 보냅니다. 이곳에서 기존 웹 사이트의 역할은 줄어듭니다.

한 술 더 나아가 손가락을 꼼지락거리기만 해도 꽤 괜찮은 모바일 게임에 빠져들 수 있습니다. 그렇게 사람들의 희소한 관심은 또다시 웹 사이트로부터, PC로부터 멀어져만 갑니다.

모두 이미 수년에 걸쳐 진행 중인 이 명백한 변화를 간과하고 있을 리가 없습니다. 다음과 카카오가 합병하고, 네이버가 앱을 양산하기 시작한 것은 포털이 시대와 영합한 수성 전략의 궤도에 올라탔다는 신호였습니다. 이미 카페, 지도, 만화 등 포털 내부에 쌓아 둔 콘텐츠를 탐색하기 위한 전용 앱에서 치열한 경쟁을 벌이고 있는 것입니다. 포털 밖에서 벌어진 변화가 생각보다 훨씬 더 큰 규모로 일반인의 일상까지 바꾸게 될지 모른다 생각하니 간담이 서늘했을 수도 있습니다.

'사람들의 관심을 잡을 수 있으면 돈은 알아서 들어 온다Eyeballs first, money comes later'라는 인터넷 벤처의 잠언은 퇴색되지 않았습니다. 모두 그 관심을 찾아 작은 화면에 비용을 투하하며 앱을 만들기 시작했으니까요.

구글이 엄청난 자본을 투하하며 안드로이드를 만들고 이를 거저 푼 이유는 어떠한 고난이 뒤따르더라도 사용자와 가장 가까운 앞단에 남아 있어야 한다는 절실한 통찰에서 나왔음을 생각해 볼 필요가 있습니다.

네이버가 스마트폰을 만들 수 없는 이상, 통신사가 될 수는 없는 이상(실제로 구글은 일부 지역에서는 통신사 역할도 자처하지만) 취할 수 있는 전략은 많지 않았습니다.

오히려 책과 영화마저 흡수하여 새로운 의미의 종합 엔터테인먼트 '포털'을 꿈꾸기 시작한 구글 플레이와 같은 스토어가 새로운 경쟁자로 떠오르고, 여기에 영상 포털화한 유튜브의 그림자만이 커져 갈 뿐입니다.

사람들은 웹 서핑이 아닌 앱 쇼핑에 익숙해졌고(물론 돈을 내든 안 내든), 그렇게 포털의 시대에서 앱의 시대로 이행이 시작되었습니다. 웹 브라우저를 띄우면 첫 페이지는 하나이지만, 스마트폰의 첫 화면에는 여러 개의 아이콘이나 위젯이 공존할 수 있습니다.

이는 사대문의 권위가 무의미해지고 그 자리에 난전이 들어서 동대문시장과 남대문시장이 생긴 것과 같이 마치 반복되는 역사적 흐름일지도 모르겠습니다.

신전으로 안내하기 위한 거대한 포털이 퇴색되고 그 앞에 시장이 펼쳐지던 역사의 반복은 여러 문화권에서뿐만 아니라 바로 인터넷 문화권에서도 목격되기 시작한 셈입니다. 그러나 구글 플레이나 애플 앱 스토어의 모습에서 볼 수 있듯이 성공한 스토어는 다시 포털이 되고 싶어 할 것입니다. 초거대 메가플렉스가 그 지역으로 들어가기 위한 관문이 되는 현대사회와 마찬가지로…….

앱 이후의 세계가 탐나는
메신저 이야기

🔊

스마트폰에서 무언가를 하기 위해 앱을 설치합니다. 앱이란 특정 목적을 수행하기 위해 고안된 제품이자 서비스였습니다.

그런데 사람들이 예전처럼 새로운 앱을 찾아 설치하지 않는다고 합니다. 스마트폰이 처음 나왔을 때는 이 앱 저 앱 깔아 보고 지워 보고 하면서 신세계를 탐닉하곤 했지만, 스마트폰도 한 세 번쯤 기변하고 나니 익숙해질 만큼 익숙해져 버렸나 봅니다.

스마트폰 첫 화면에 들어갈 수 있는 앱의 수는 뻔하고, 그렇게 이미 자리 차지하고 있는 앱들을 굳이 새로운 것으로 바꿀 동기가 생기지 않습니다.

앱에 대한 피로감은 소비자 쪽에서만 벌어지는 것이 아니라 생산자 쪽에서도 벌어지고 있습니다. 안드로이드 버전을 만들었으니, 아이폰 버전도 만들어 볼까? 아, 태블릿은 어쩌지, 시계는? 앗, IoT 라고? 그럼 홈? VR? 점점 늘어 가는 앱 버전 가짓수를 챙기는 일에 물리적 한계가 오고 있습니다.

주머니에 넣고, 손목에 차고, 얼굴에 뒤집어쓰고, 인간과 일체 가 되려 하는 수많은 기기, 하지만 이 기기들은 아직은 내 의도와 명령을 직접 집어넣어야 하는, 그저 셀프서비스를 위한 정보 자판 기입니다. 늘어나는 앱은 자판기 같은 것이었습니다.

자판기에서 식권을 뽑는 것보다는 웨이터의 서빙을 받고 싶어 집니다. 안락하게 집사나 비서가 미리 다 챙겨 주었으면 좋겠습니 다. 인지상정이란 그런 것입니다.

구글 CEO가 주주들에게 보낸 서신에 기기의 종말을 예견했다 던데, 이 생각은 정보 자판기를 만드는 회사라면 구글뿐만 아니라 누구나 해 본 생각이기도 합니다. 오래된 고민입니다.

세계는 정보를 보는 '창' 자체가 아닌 창 너머에 있습니다. 그 세 계를 직접 보여 주고 비서가 되어 가이드해 주는 미래, 이때 그 비 서는 어떤 모습일지 모두의 고민거리입니다. 어쩌면 비서가 앱을 대신 실행시켜 결과를 알려 줄 수도 있습니다. 앱을 깔더라도 그 앱 을 열어 볼 일은 별로 없는 시대가 열리는 셈입니다.

먼저 운영체제를 쥔 이들은 당연히 그런 비서가 되고 싶습니다. 구글 어시스턴트에서 시리까지 이미 그 고민의 깊이는 깊어 갑니다. 음성뿐만 아닙니다. 운영체제는 알림 영역을 점점 고도화하고 있습니다. 알림은 사용자와 시스템 사이의 열린 틈입니다. 그 틈이 과거 어느 때보다도 요긴해지고 있습니다. 그 틈에 파고들 수 있는 비서를 만들 수 있다면, 손목웨어러블에도, 주방스마트홈에도 파고들 수 있을 것입니다. 알림창이 미래의 포털이 될지도 모릅니다.

운영체제의 지배력이 탐나는 이들도 마찬가지로 고민이 깊습니다. 페이스북이 대표적이고, 역설적이지만 마이크로소프트도 이 입장에 있습니다. 이들은 모두 챗봇* 아키텍처를 만들고 있습니다. 페이스북 메신저든 스카이프든 채팅창이 그 틈이 될 것이라 믿나 봅니다. 앱을 띄우진 않아도 채팅은 하리라는 것입니다. 채팅창이 미래의 포털이 될지도 모르는 일입니다.

● **챗봇**

채팅이 꼭 사람과 사람의 대화일 필요는 없습니다. 사람이 입력한 문장에서 적절한 키워드를 솎아내 데이터베이스에서 조회하여 적절한 응답만 해도 사람은 만족하곤 합니다. 때로는 그냥 어떤 상황에서도 어울릴 법한 공감의 반응만 해 줘도 사람은 안심하고, 심지어 진짜 사람보다도 더 편히 마음을 연다는 연구도 있습니다.

최근에는 인공지능으로 사람과 사람 사이의 대화, 예컨대 콜 센터에서의 상호작용 기록을 학습시키는 식의 인공지능 챗봇이 유행하고 있습니다. 데이터만 있다면 챗봇을 구현하는 일은 그리 어렵지 않은 시대가 되었습니다. 단 여전히 어설픈 실수에 대한 포용력이 있는 환경에서만 적용될 것입니다. 성난 고객을 더 성나게 할 수도 있으니까요.

물리적 틈을 찾아내 사이를 벌릴 수 있는 이들에게도 기회가 갈 수 있습니다. 새로운 디바이스를 만들고 유통할 수 있는 이들입니다. 새로운 장치는 그 자체로 이미 하나의 틈입니다. 장치별로 모든 앱이 만들어질 수는 없습니다. 하지만 그 틈이 알림창이나 채팅창이 되어 비서의 역할은 해 줄 수도 있습니다. 기회입니다. 미래의 포털은 우리 주위에 있을지도 모르는 일입니다.

메신저 전성시대

스마트폰에서 사용하는 앱 중 압도적 활용도를 자랑하는 것은 역시 카톡이나 라인, 행아웃, 페이스북 메신저와 같은 메신저 앱입니다. 세계 각국의 앱 사용 랭킹 5위권 안은 모두 페이스북 메신저, 라인, 위챗 등 메신저의 차지였습니다. 휴대전화 판매점에서도 "아버님, 카톡 깔아 드려야죠?"라며 과잉 친절을 베푸는 것으로 보아 우리 스마트폰 생활에서 메신저가 지닌 존재감은 어제오늘 일이 아닙니다.

메신저의 인기는 소통을 위한 도구라는 휴대전화 본연의 목적에 가장 부합하기에 어찌 보면 당연하지만, 지금까지와는 다른 새로운 전개가 펼쳐지고 있습니다.

촘촘히 연결된 타인과의 관계를 트램펄린 삼아 메신저는 지금 더 높이 점프하려 하고 있습니다.

메신저는 SMS, 즉 문자 기능의 간편 대체재입니다. 이 활용 패턴을 점령한 후 더 본질적인 휴대전화 기능인 통화 기능을 잠식하는 것이 예상 경로였습니다. 물론 이쪽으로도 앱의 기능은 확장되었으나 사람들이 스마트폰에 기대하는 것은 단지 전화기가 아니었음을 깨닫게 되는 것은 시간 문제였습니다. 전화로 가능한 일을 굳이 몇 푼 아끼겠다고 메신저로 하지는 않았던 것입니다.

오히려 전화로 하기 힘들었던 일들에 대한 수요는 늘어갔습니다. 비디오 통화 기능, 음성 그룹 통화 기능, 단체 비디오 채팅으로 메신저 앱은 진보를 거듭했고, 현재 페이스북 메신저만 해도 여섯 명이 동시에 비디오 채팅을 할 수 있으며, 음성만으로는 50명까지 왁자지껄 수다를 떨 수 있습니다.

그동안 이런 앱이나 서비스가 없었던 것은 아니었습니다. 이미 구글 행아웃, 마이크로소프트 스카이프 등 별도 제품에서 선보인 기능이지만, 이미 깔린 메신저 앱에는 친구들과 인간관계가 다 들어 있으므로 새로운 기능은 들어오는 족족 팔려 나갑니다. 메신저는 이제 문자의 대체재가 아니라 커뮤니케이션 전반의 대안이 된 것입니다.

메신저의 이와 같은 쾌진격에 자극을 느끼는 것은 뜻밖에 구글, 애플, 마이크로소프트처럼 운영체제의 역할과 기능을 제공하던 회사들이었습니다. 라인이나 위챗의 대대적인 성공을 목격하며, 이들이 머지않아 자신들의 플랫폼만이 제공하던 역할을 자처하리라는 것을 본능적으로 깨닫게 된 것입니다.

메신저는 OS를 꿈꾸는가?

컴퓨터 운영체제의 가장 주요한 기능 중 하나는 바로 메시징 기능입니다. 모듈과 모듈 사이의 정보 통신을 안정적이고 효율적으로 할 수 있게 하고, 이를 위해 필요한 자원을 할당하는 일이야말로 가장 기본적인 기능입니다. 이런 일에 능숙한 이들이 인간이라는 모듈이 개입된 스마트폰 설계도 탁월하게 해낼 수 있었습니다. 예컨대 노티 알림Notification*은 시스템이 사람에게 보내는 신호라 볼 수 있습니다.

거꾸로 인간끼리의 통신에 통달한 메신저는 더 큰 모듈의 운영을 도맡을 체제가 될 수도 있습니다. 메신저로 갈고 닦은 신호 교환 역량은 얼마든지 인간 이외의 대상에게 활용될 수 있습니다.

이미 일본에서 라인은 O2O와 IoT 메시징 인프라가 되고 있습

● **노티 알림**
앱의 일반적인 화면 외부에서 사용자에게 무언가를 알려 주기 위해 보여 주는 메시지입니다. 안드로이드나 iOS와 같은 운영체제에 앱이 실행되어 있지 않은 상태에도 알림을 보낼 수 있도록 의뢰할 수 있으며 특정 알림 영역에 아이콘으로 표시되고, 그 내용을 보기 위해 알림 창을 여는 방식으로 되어 있습니다. 보통 '노티'라고 줄여서 부릅니다.

니다. 라인 앱 사용자가 모바일 장비에 신호를 발신하는 비콘의 전파에 닿을 때 메시지를 받을 수 있게 한 것입니다.

최근 라인은 음료 회사 기린과 자판기 통신 서비스 타피네스Tappiness를 시작했습니다. 비콘 경유로 자판기에서 사 마실 때마다 드링크 포인트가 쌓입니다. 이용자는 기린 자판기의 특정 마크에 라인 앱을 대기만 하면 포인트가 쌓입니다. 이를 나중에 음료와 바꿔 마실 수 있는 구조입니다.

이렇게 확장되는 신호 교환 인프라는 다양한 가치 교환에 활용될 수 있습니다. 바로 일종의 포인트 카드 기능인데, 사용자가 일차적으로 접하는 메신저 앱인 만큼 편의성이 강화되기 쉽기에 긴장하는 기존 업자가 한둘이 아닙니다.

삼라만상이 내게 톡을 날릴 수 있을 때 벌어질 수 있는 일은 무궁무진합니다. 프로그램이 사용자가 띄워서 정보를 확인하거나 입력하는 것이었다면, 운영체제는 이 모든 것을 지켜보다가 이벤트가 발생할 때 필요한 정보를 전달합니다. 메신저 플랫폼이 모든 것을 지켜보다가 이벤트가 발생할 때 내게 말을 걸어올 수 있습니다. 더 나아가 그 기능을 다른 누군가에게 분양할 수도 있습니다.

막상 기다리고 있을 수만은 없는 무언가가 이 세상에는 많습니다. 추운 겨울 발을 동동거리며 언제 올지 모르는 유치원 통학 셔틀을 기다려 본 초보 부모에게, 이제는 셔틀버스가 반경 1km 앞에서 알아서 메시지를 보낼 수도 있습니다.

　물론 지금까지 이런 일들이 불가능한 것은 아니었지만, 정보를 알기 위해 하나하나 앱을 깔아야만 했습니다. 그러나 이제 사람과 매장을 친구 등록하는 일을 넘어 사물이 자신의 정보를 알리도록 할 수도 있습니다. 미래의 일이 아니라, 이미 벌어지고 있는 일들입니다.

따라 하기 쉽지 않은 인기 메신저적 감성

　그래서인지 요즈음 플랫폼 업자들의 메신저 사랑은 뜨겁습니다. 구글은 행아웃이라는 번듯한(하지만 인기 없는) 메신저 앱이 있었음에도 불구하고, 라인이나 위챗을 철저히 벤치마킹한 알로Allo를 런칭했습니다. 하지만 이마저도 별다른 인기를 끌지 못한 채 더 이상의 업데이트가 이뤄지지 않고, 통신사들의 표준 규격인 RCS 기반의 챗Chat을 만들게 됩니다. 지칠 줄 모르는 체력과 집념입니다.

　애플의 아이메시지iMessage도 급한 나머지 스티커나 스탬프를 소박하게 흉내 낸 여러 가지 기능을 넣었지만 역시나 아시아적 감성을 따라오지 못해 여전히 겉돕니다. 이런 자구책을 보노라면 이들이 얼마나 다급한지 느낄 수 있습니다.

　스냅챗이나 스노우와 같은 젊은 감각의 메신저 앱이 새로운 사용자층을 흡수하는 속도와 그 영향력은 위협적입니다. 급한 것은 구글이나 애플뿐만이 아닙니다. 페이스북도 친구와 새 소식 사이의 알림 아이콘을 아예 페이스북 메신저 형태로 바꿔 버렸습니다.

그나마 페이스북은 메신저도 잘 안착시켰고 인스타그램이라는 잘 뽑은 카드도 있으므로 패가 모자랄 일은 없어 보이지만, 사용자의 모든 활동을 장악했다고 생각하던 애플이나 구글의 위기감은 상당합니다. 이 사태는 지금까지의 컴퓨터나 인터넷의 연장 선상에서 벌어지고 있는 일이 아니기 때문입니다.

예컨대 새로운 세대는 소통 역시 표현이라고 생각하며 글이나 소리로만 소통이 이뤄져야 하는 것은 답답한 일이라고 느끼고 있습니다. 메신저 앱들이 셀카와 같은 카메라 활용과 그 결과물 활용에 주목하는 것은 이러한 표현의 답답함을 오히려 기회라 보고 있기 때문입니다. 감동도 얼마든지 인스턴트가 될 수 있고 그렇기에 모두가 나눌 수 있다고 믿는 시대와 세대답습니다.

인공지능과 메신저

메신저 앱의 화면은 매우 단순합니다. 결국 스크롤되는 말풍선들뿐입니다. 그리고 그 화면이란 결국 없어도 됩니다. 왜냐하면, 말

풍선조차 육성의 은유일 뿐이기 때문입니다.

즉 메신저가 흥할수록 화면이 없는 유저 인터페이스로도 얼마든지 수많은 일이 가능하다는 것을 증명합니다. 버튼을 찾아 누르고 선택을 하는 종래의 유저 인터페이스 대신, 저편에 있는 상대방에게 말로 작업을 하는 일, 사실 컴퓨터가 있기 전부터 우리가 늘 해 왔던 일이야말로 미래의 인터페이스일지도 모릅니다.

보험사 중에는 상담사와의 상담을 메신저로 처리하는 데가 늘고 있습니다. 전화나 팩스에 이어 메신저가 새로운 소비자 채널로 정착하기 시작한 것입니다. 이렇게 운영해 본 기업들은 상담이 비슷한 패턴으로 반복함을 발견하고 기계에게 상담을 시켜 보기도 합니다. 질의를 해석해서, 적당한 답변을 던지고 이 소통이 잘 기능하지 않을 때를 선별하여 사람을 개입시키면 인건비를 줄일 수 있습니다. 자연 언어 처리와 딥러닝 등 인공지능 기술로 자동 학습을 시켜 인간의 개입을 줄이고 있습니다.

대화창 너머 상대가 기계인지 사람인지 궁금해지는 시기가 와 버렸습니다. 아직까지는 농담처럼 던지는 말이지만 말입니다.

B2C와 B2B, 그 경계를 허무는 메신저

우리는 어느새 적어도 몇 개의 단톡방 [단체 채팅] 에 묶여 있을 수밖에 없는 삶을 살고 있습니다. 그리고 그중 일부는 업무 관련일 것입니다. 메신저가 자의반타의반 업무의 도구가 되어 버린 세상입니다.

시의성 있게 기업용 라인과 기업용 위챗 등은 벌써 제품화되거나 별도 법인화되어 과거 그룹웨어의 역할을 자처하고 나섰습니다. 메신저 그 느낌 그대로 업무를 하면 되는 셈인데, 이미 이 시장은 슬랙 [slack.com] 과 같은 히트작 기업용 업무 메신저에 의해 검증되었기 때문에 앞으로 경쟁이 격해질 것입니다.

흥미로운 부분은 이와 같은 기업 내부용 메신저뿐만 아니라 고객용 메신저도 플랫폼화될 가능성이 크다는 점입니다. 바로 '계정의 일원화'인데, 기업이 자신의 웹 사이트와 메신저 계정을 연계하는 것입니다. 익숙한 메신저 계정으로 로그온하게 하여 신규 회원 등록 프로세스를 생략하고, 개인 정보 관리에 대한 어느 정도 부담을 덜어 냅니다. 대신 행동 정보를 취합하여 향후에 집객, 액션 유도, 재방문 촉진 등 원하는 것만 플랫폼 측에 외주화할 수도 있습니다.

이미 트위터나 페이스북, 구글, 트위터 등이 이와 같은 소셜 로그온 기능을 스타트업이나 게임 등 신규 사업자에게 개방하여 널리 활용되고 있습니다. 그리고 이제 이 역할이 SNS화하는 메신저에게 넘어가고 있습니다. 웹 페이지에는 카톡이나 라인 마크가 삽입되어 공유를 유도합니다. 이러한 기업용 API는 웹 사이트뿐만 아니라 CRM고객 관계 관리이나 기간계금융권 영업을 영위하기 위한 메인 시스템와 같은 다양한 시스템과도 결합할 수 있습니다.

메신저는 21세기의 미들웨어를 탐내고 있습니다. 늘 로그온된 메신저 앱은 B2B의 싱글 사인 온*에도 나쁘지 않아 보입니다.

● 싱글 사인 온
사용자가 한 번 인증을 거치면 여러 관련 시스템을 재인증 없이 사용하도록 하는 구조입니다.

그래 봐야 메신저, 그래도 메신저

인크루트가 실시한 설문조사에 의하면 스마트폰 사용자 중 96.9%가 메신저를 사용하고 있다고 합니다. 이는 여전히 3.1%의 스마트폰 사용자는 이에 굴하지 않고 있다는 뜻이기도 합니다.

내 폰에는 여전히 카카오톡도 라인도 깔려 있지 않습니다. 문자와 전화라는 복고적 수단이 좋아서가 아니라, 메신저라는 굴레가 주는 부담이 효용을 넘어서 버렸기 때문입니다. 메신저가 주는 피로감이야말로 메신저의 가장 큰 리스크입니다. 메신저도 이를 모를 리 없습니다. 어쩔 수 없이 쓰는 비중도 적지 않을 것입니다. 100%가 기쁜 마음으로 기꺼이 플랫폼에 올라타게 하는 일, 급하지 않지만 플랫폼으로서 메신저가 풀어야 할 중요한 과제입니다.

중국의 IT 풍경에
초조해질 때

📢

　요즈음 IT 업계에서 가장 뜨거운 도시는 아마 선전深圳, 广州 일 것입니다. 협회·포럼·단체별로 방문단이 꾸려져 이 고도성장의 상징을 몸으로 느끼러 출국합니다. 그곳에서 만나는 위기감과 초조함은 스스로의 분발을 다짐하는 계기가 되서 그런가 봅니다.

　그러나 이런 초조함은 한국만의 것이 아니었습니다. 애플, 페이스북, 구글, 아마존 등 미국 IT 사대천왕들의 심경도 미묘하기는 마찬가지입니다.

　중국의 3대 IT 기업 B·A·T百度·알리바바·텐센트 중 하나인 텐센트騰讯의 시가총액은 페이스북을 능가하며, 세계 5대 기업으로 등극해 버렸습니다. 텐센트와 알리바바가 시가총액 1조 달러를 넘어 애플이나 구글의 경지에 접어들 것이라는 예상이 현실성을 띄기 시작한 것입니다.

2016년 말만 해도 아시아 증시에서는 삼성전자가 시가총액 기준 수위였으나 텐센트와 알리바바가 1년 만에 두 배 이상 늘면서 멀찌감치 달아나 버렸습니다. 이제 아시아 기업 시가총액 50위 안에 한국 기업은 삼성전자와 SK하이닉스뿐이고, 나머지 60%는 중국 기업인 시대가 되어 버린 것입니다.

중국식 성장 방식

중국의 성장에는 부럽지만 따라 하기는 힘든 비결이 있습니다. 글로벌 기업의 진입을 차단함으로써 얻어지는 탄탄한 내수 기반입니다. 자국 기업에게만 유리한 차별적 정책은 적극적인 인수 합병으로 이어집니다. 알리바바가 투자한 콰이디다처와 텐센트가 투자한 디디다처가 경쟁사끼리 합병하면서 탄생한 디디추싱滴滴出行, 속칭 Didi*이 시장의 99%를 차지하는 풍경이 좋은 사례입니다. 과점하고 있는 두 업체가 뭉쳐 독점을 만듭니다. 이미 우버*의 중국 사업마

─────────────

● 디디추싱
모바일 앱으로 택시 및 자가용 차량을 배차 받는 중국의 차량 공유 서비스입니다. 중국판 우버라 생각할 수 있는데 우버는 중국에 진출했지만 경쟁을 포기하고 2016년 우버 중국 법인을 디디추싱에 넘겼습니다.

저 인수한 이들은 세계로 나아갑니다. 멕시코에 진출해 우버와 경쟁을 하고, 일본에도 택시 회사와 손을 잡고 진출했습니다. 과보호된 대규모 내수로 품질을 다져해외로 나갑니다.

● 우버
모바일 단말로 교통수단을 부를 수 있는 서비스를 제공하는 미국 회사입니다. 여러 유형의 제품이 있으나 개인 자가용으로 콜택시 같은 서비스를 제공할 수 있게 한 우버X가 주력 상품으로 큰 히트를 했습니다. 우버X는 국내에도 진출하였으나 규제의 벽을 넘지 못하고 퇴출당하였습니다.

카카오의 2대 주주인 텐센트는 이미테슬라, 스냅챗, 스포티파이 등 한창 뜨거운 첨단 기업의 주식을 5~10%나 지니고 있습니다. 전기차 업체인 NIO蔚来汽车 등 각광받는 스타트업 뒤에 있는 이도 텐센트입니다.

이처럼 B·A·T와 같이 성공한 기업은 풍부한 자금 조달원이 되어줍니다. 이미 구글, 아마존 등 미국 대기업 투자액의 2~3배 정도에달할 정도입니다. 충분한 자본 축적은 신산업의 자양분이 됩니다.

중국식 규제 문화도 혁신에 우호적인 환경을 만듭니다. 방임하듯 지켜보며 성장하도록 내버려 두지만, 대신 선을 넘으면 당이 나서서 통째로 날려 버리는 하이리스크 하이리턴의 시장, 덕분에 소비자에게 바로 실험할 수 있는 O2O 대국이 만들어졌습니다. 풍부하고 자유롭게 활용할 수 있는 빅데이터는 인공지능으로 이어집니다.

또한, 이과계 인력(전 세계 이공계 졸업생의 과반은 중국과 인도)이풍족합니다. 양자 컴퓨터나 우주 개발 등 첨단 공학 영역에 R&D예산을 집중 투입하고, 산업계에는 인재를 윤택하게 공급합니다.

목표가 명확한 기술 입국에는 공산당 일당 독재의 무모한 추진력이 효율적일 수도 있는 것입니다.

진군하는 5G의 미래

통신 장비 기업 ZTE의 주가는 북한과의 밀거래가 들켜 미국으로부터 수출 금지 조치를 당해 대폭락했습니다만, 그 직전 1년까지는 두 배나 올랐습니다. 2018년 본격적 산업화 단계로 돌입하는 중국 5G에 대한 기대 때문인데, 5G는 속도가 빨라지면서도 지연이 거의 없어지고 동시 다수 접속량이 증가하는 등, IoT, 스마트 시티, 자율 주행과 같은 미래 산업의 기반이 될 것으로 기대되고 있습니다.

당은 5G 같은 산업 전환기를 리더십 발휘의 기회로 삼습니다. 실제 지난 공산당 대회 분위기도 시진핑 휘하에 경제를 도열함으로써 중화의 화려한 부활을 꿈꾸자는 것이었습니다. '사회주의 현대화 강국'으로 미국 수준의 국민 생활을 쟁취하자는 메시지는 고도성장기의 국민을 흥분시킵니다.

정부가 끌고 대기업이 미는 산업 정책쯤은 우리도 해 봤다고 생각하기 쉽습니다. 그러나 여기에는 다른 점이 있습니다. 쌍창으로 줄여 불리는 슬로건 '대중에 의한 창업, 만인에 의한 혁신'

'尚非·万众创新'에서 엿볼 수 있듯이, 이야기의 초점이 풀뿌리를 향하고 있습니다.

중국 정부의 입장에서도 종래의 국영 기업에 의존해 온 고용과 민생으로는 성장 공약을 지킬 수 없음을 알고, 사람도 돈도 모두 IT에 의해 견인되는 성장 산업으로 초대하고 있습니다. IT란 내 일상을 빼앗는 낯설고 불편한 미래가 아니라, 우리 아들딸이 스스로 직업을 찾아가게 하는 것임을 주입합니다. 생활 공간에 이미 녹아들어 버린 위챗이나 알리페이 등 B·A·T의 앱들은 풀뿌리를 육성하는 플랫폼이 됩니다. 그들의 앱으로 손님과 소통하고 그들의 앱으로 결제합니다. 이에 힘입어 하루에 만 개 이상의 창업이 일어나며 경제의 혈액 순환이 일어나고 있습니다.

하지만 중국 경기란 결국 지방 정부와 기업의 빚에 의해 성장했습니다. 다른 나라의 혁신을 그대로 따라가는 팔로워로서의 경제 성장도 우리가 그랬듯 한계에 부딪힐 뿐이라는 점을 볼 때 우리가 중국에서 배워야 할 일은 실은 많지 않습니다. 오히려 민주적 정치 체제야말로 경제 성장의 토대가 되고, 두터워진 중산층의 시민 의식이 지속적 성장의 선순환이 됨을 고도성장을 먼저 겪어 본 우리가 증명할 차례일 것입니다.

그러나 그보다 먼저 우리 선배 기업도 중국의 B·A·T처럼 풀뿌리 육성의 플랫폼이 되어 주고, 우리 규제 당국은 이제는 풀뿌리에게 조금은 유리한 정책을 조성해 줄 때이기도 합니다.

PART 2

모든 것이 연결된 세상을
살아가는 법에 관하여

세상은 변할지 몰라도
사람은 그렇게 쉽게 변하지는 않습니다.
하지만 그렇게 뒤바뀐 세상에
어느새 적응해 버린 내 모습이
대견해지는 날이 오기도 합니다.

스마트폰이라는 창문에서
우리가 찾고 있던 것

21세기 인간은 네트워크와 신체를 결합해 버렸습니다. 그것도 24시간 365일 잠시의 빈틈도 없이, 굳이 전선을 목 뒤에 꽂을 필요도 없었습니다.

스마트폰 덕입니다.

잠시도 참지 못하고 들여다봅니다. 수시로 알림을 양방향으로 울려댑니다. 이제 네트워크는 의식적으로 접속하는 것이 아니라 그냥 우리의 일부가 되었습니다. 존재하는 동안 단 1초의 틈도 없이 그야말로 네트워크와 혼연일체가 된 공상 과학의 미래가 이렇게 빨리, 그것도 이렇게 친근하게 찾아오리라고는 누구도 예측하지 못했습니다.

이에 놀란 우리들은 '인터넷 중독'이라 고함치기도 하고, 이는 피할 수 없는 미래라며 '디지털 네이티브'를 감싸 보기도 합니다. 디지털과 함께 성장한 이들에게 스마트폰이란 곧 놀이터로 보입니다. 그러나 온종일 붙들고 있는 것도 모자라 단란해야 할 식탁에서까지 화면에 얼굴을 묻은 아이들 앞에서는 참을성이 바닥나기도 합니다. 그러면서 정작 본인은 무료한 회의마다 그 생산적이지 못한 과정을 질타할 용기도 내지 못하고 스마트폰을 만지작거리고 있습니다.

교실의 창은 우리 마음의 피난처였습니다. 창밖에는 칠판이 주지 못하는 위로의 풍경이 있었습니다. 현실로부터 도피해 현실의 저편을 멍하니 바라볼 수밖에 없었던 개개인의 사정, 우리 모두에게 없었을 리 없습니다. 가만히 생각해 보면 스마트폰은 마치 우리 옆에 늘 있었던 그 교실의 창과 같은 것입니다. 다만 내 손 안에 들어와 언제 어디서나 내 마음을 내려놓을 수 있도록 손짓할 뿐입니다.

우리가 만약 스마트폰에 지나치게 의존적이라면 혹은 어느새 중독되어 있다면, 그 마음은 교실에서 창밖을 보며 지내곤 했던 그날들의 마음과 비슷한 것이겠지요. 답답한 현실만큼이나 그 창은 크고 투명했으니까요.

만원 지하철에서 손바닥을 응시하고 있는 눈빛도 마찬가지입니다. 지루한 회의 또는 잔소리 많은 부모 앞에서 탁자 밑을 바라볼 수밖에 없는 사정도 마찬가지입니다. 얼마든지 마음은 이 현실을 벗어나 다른 곳으로 뛰어들 수 있게 된 시대, 내가 정말 함께하고 싶은 이들 곁으로 언제든지 날아갈 수 있는 시대가 되어 버렸습니다.

의존과 중독의 주범이라 걱정되는 스마트폰이 여타의 중독 물질과 다른 점은, 이 물질 너머에는 교실의 그 창 너머처럼 정말 누군가가 있고 세상이 있다는 점입니다. 우리가 사람 중독, 세상 의존이라는 말을 하지는 않잖아요. 다만 내 앞에 있는 내 가족과 나의 동료가 지금 함께하고 싶은 사람은 내가 아니라는 점이 서글플 뿐입니다.

같은 곳을 바라봐 주는 것, 같은 곳에 있어 주는 것만으로도 고마운 존재가 있습니다. 지루한 수업, 짝꿍과 멍하니 바라보던 운동장이 떠오릅니다. 하지만 그 풍경이 영원히 우리를 붙잡아 두지는 못했습니다. 우리의 마음도 결국은 교실로 돌아가 방과 후로 흘러갑니다. 일상은 그리고 인생은 그런 것이었습니다.

창밖만 종일 바라봐야 하는 것이 현실이었다면 그 또한 견디지 못했을 것입니다. 다만 우리는 창을 통해 현실의 불안과 고독으로부터 잠시 쉴 수 있는 유체이탈의 기술을 배운 고등 동물일 뿐입니다.

현실을 피해 눈을 돌린 저 창밖에도 추적추적 비가 내리는 날이 있을 것입니다. 오늘은 창 너머 저 멀리 우산을 들고 기다리는 가족이 되어 줍시다. 창밖에 비치는 구름 사이로 떠오르는 사람이 되어 봅시다. 사랑하는 이의 생각하지도 않았던 멘션과 메시지를 만났을 때, 수줍게 공유된 추억을 발견했을 때의 감정이란 그런 것일 겁니다. 만약 우리 시대에 '창문 중독'이란 것이 있다면, 창 너머에 보이는 사랑하는 이를 만나러 복도를 내달리던 그 감정만이 치유할 수 있을 것입니다.

우리가 스마트폰이라는 창 속에서라도 찾고 싶었던, 그러나 실은 현실에서 충만하기를 바랐던 그 감정만이 말입니다.

우리는 아직
오프라인에 살고 있습니다

스마트폰을 껐다고 생각하지만 꺼진 것은 화면일 뿐, 온라인은 언제든지 통지 알림으로 우리와 이어져 있습니다.

온라인은 우리에게 많은 것을 줍니다. 정보를 손끝에 가져다주고, 최저가 상품을 찾아 줍니다. 친구의 얼굴을 보지 않고도 친구와 만날 수 있게 합니다. 가족과 함께하지 않아도 가족과 같이 있는 듯한 느낌이 들게 합니다. 온라인에서 열변을 토하고 나면 부조리한 세상도 바뀔 것 같은 느낌이 들기도 합니다. 그러나 친구도 가족도 정의로운 세상도 온라인에만 있으면 아무 소용이 없습니다. 왜냐하면, 우리는 여전히 오프라인에 살고 있기 때문입니다.

온라인이 급팽창하던 지난 십수 년, 온라인의 놀라운 효율은 우리를 매료시켰습니다. 모든 것이 온라인으로 몰려갔습니다. 온 세상을 집어삼킬 것처럼 성장했습니다. 세계화와 정보화라는 돌이킬 수 없는 변화를 일으키며 많은 산업을 뒤바꿔 놓았습니다. 그러나 그럼에도 불구하고 우리는 오프라인에 살고 있습니다. 아무리 온라인이 성장해도 여전히 오프라인은 상거래 규모만 봐도 대개의 국가에서 10배나 큽니다. 아직 우리는 우리를 온라인에 업로드할 줄은 모르기 때문입니다.

O2O라는 단어가 있습니다. 온라인 투 오프라인, 온라인의 혁신을 오프라인으로 가져오자는 이야기로, 많은 기업에게 큰 화두였습니다.

아마존은 집마다 바코드 리더기를 마련해 주고, 우유나 주스가 떨어지면 바로 아이들이 스캔하여 주문할 수 있도록 합니다.

스타벅스는 매장 밖에서 입맛에 맞게 주문하면 알림을 울려 방문해 수령해 갈 수 있도록 했습니다.

온라인에서나 가능하다고 생각했던 고객 행동 분석 및 취향 예측도 오프라인의 실세계에서도 가능하다는 점이 기술적으로 증명되었습니다.

모두 깨닫게 된 오프라인의 소중함

오프라인에 다시 세간의 초점이 돌아온 이유는 단지 이곳이 미개척 시장이기 때문이 아닙니다. 소비자의 가치관이 변하고 있기 때문입니다.

세계화와 정보화에서 받는 스트레스가 점점 커지는 와중에 경제성장면으로도 인구통계학적으로도 저성장 국면에 접어들었습니다. 여기에 국지적 쇼크가 더해지기도 합니다. 미국은 911 테러, 일본은 311 재해 이후 지금 가까이 있는 것들의 소중함을 깨닫게 됩니다. 라이프 스타일에 큰 변화를 겪게 된 것입니다.

근 몇 년 다양한 정치적 쇼크를 겪은 한국도 서로를 위로하며 손에 잡히는 행복의 가치를 깨닫게 됩니다. 사람들이 현실의 소중함을, 오프라인의 소중함을 되찾기 시작한 것입니다. 오프라인, 즉 현실의 삶이 줄 수 있는 진실한 소통, 정서적 유대감의 가치가 재조명됩니다.

골목이 사라져 가기 시작한 현대 사회. 이 변한 세상을 먼저 겪고 있는 일본 기업은 자신들이 맡아야 할 오프라인에서의 책임을 깨닫고 있습니다. 일본 세븐일레븐이 진행했던 TV 광고 중 "세븐일레븐이 여러분 거리의 책방이 되어 드립니다."라는 것이 있습니다. 동네 책방의 따뜻함으로 점원이 책을 주문하고 고객에게 건네 드리는 것입니다.

물론 최대 온라인 서점인 아마존 재팬을 이용할 수도 있겠지요. 하지만 아직 온라인이 익숙하지 못해서, 도울 자녀가 가까이 없어서, 혹은 낮에 택배를 받을 누군가가 없어서, 아니면 말동무가 그리워 온라인을 꺼리는 이들이 아직 많이 있습니다. 많은 가게가 사라져 간 자리, 그 자리를 지키게 된 편의점의 결심은 그렇게 오프라인을 향하고 있습니다.

촉각의 인터페이스,
만약 만질 수 있는 이미지 시대가 온다면?

🔊))

요즈음 자동차치고 운전석에 화면 하나쯤 없는 차가 어디 있으랴 싶습니다. 최소한 내비게이터 하나, 좀 좋은 차 같으면 각종 설정 화면에, 택시 운전을 한다면 각종 콜을 받기 위해 화면 세 개도 답니다. 테슬라 차에는 17인치 터치스크린이 대시보드에 자리 잡고 있습니다.

그런데 아직은 사람이 운전해야 하는 것이 차입니다. 시선과 손가락이 차창이 아닌 화면으로 옮겨 가는 일이라니 영 불안합니다. 핸들을 잡고, 기어를 잡고, 라디오 볼륨을 높이는 일, 모두 시선을 전방 고정하고 손끝이 하던 일들이었습니다.

눈 감고도 하던 일, 만질 수 있고 몸으로 느낄 수 있었기에 가능했던 일, 촉감이 가능하게 했던 일입니다.

하지만 누르는 버튼이 있던 자리와 돌리는 노브가 있던 자리에, 이제는 LCD가 들어옵니다. 그리고 그 이미지들은 자신이야말로 사용자 인터페이스 또는 사용자 체험 이라며 우리의 시선을 요구합니다.

요즘 가상 현실 장비는 오큘러스에서 기어 VR에 이르기까지 하나같이 머리에 뒤집어쓰는 것들입니다. 시청각은 그럴듯하게 현혹할 수 있었지만, 차가운 게임 컨트롤러를 잡는 순간 가상 현실로의 몰입은 반감됩니다.

"아, 여긴 현실이 아니고 나는 게임을 하고 있구나!"

손끝은 현실을 깨닫게 합니다. 아무리 눈과 귀를 속일 수 있어도 손은 가장 확실하게 현실을 붙잡고 늘어집니다. 촉감은 현실만을 만질 수 있었으니까요. 기술이 아무리 우리를 속이고 가상의 현실을 끌어당겨도 촉감은 우리를 깨워 버립니다.

촉감의 소중함은 그동안 기술이 만들어 낸 화려한 비주얼과 사운드에 묻혀 있었습니다. 그러나 시청각의 혁신이 더는 조밀해지기 힘들 것만 같이 고해상도가 된 후, 그것이 전부는 아님을 깨닫게 되었나 봅니다.

최근 촉각 전달 시스템이 다양하게 개발되고 있습니다. 맥북과 아이폰에 탑재된 '포스 터치'는 움직일 리 없는 유리가 꾹 눌린 듯한 착각을 줍니다.

이제 한발 더 나아가 화면에 버튼을 만지는 듯한 느낌을 줄 정도로 손가락 신경에 착각을 주는 기술이 여기저기서 개발되고 있습니다. 화면 속 버튼은 이제 그냥 그려진 버튼이 아니라 만져지는 버튼이 됩니다.

전부 감촉의 착각 덕입니다. 초음파 진동은 고압의 공기압을 만들거나 마찰을 일으켜 화면에 그려진 버튼에 만질 수 있는 질감을 만듭니다. 시각과 청각마저 결합하면 정말 그럴듯한 버튼이 되겠지요.

촉각은 이렇게 시각이나 청각처럼 마음껏 속일 수 있습니다. 이 기술 덕에 혁신의 물꼬가 트이고 있습니다. 게임 안의 물체를 만질 수 있는 촉감형 컨트롤러가 크라우드 펀딩에서 성공했습니다. 손에 감고만 있으면 손 근육을 전기 자극으로 수축시켜 만지지 않아도 촉감을 만들어 주는 기발한 착상입니다.

하지만 촉각을 속이게 되는 순간 우리는 현실로 돌아갈 마지막 문을 닫는 셈이 됩니다. 총을 쏘는 느낌을 그대로 전합니다. 벌레가 기어오르는 느낌도 재현합니다.

그런데 그렇게 화면 속 세상의 모든 것을 만질 수 있게 되는 날, 아마 우리는 정말 만지고 싶었던 것이 있음을, 그리워 하는 감촉이 있었음을 알게 될 것입니다.

지금은 떠나 버린 사람, 마음속에만 있는 사람의 손을 잡고 싶을 때가 있습니다. 그 체온, 주름, 손톱, 이제는 기억 속에서도 옅어져 가는 그 촉감. 마치 빛바랜 사진을 꺼내어 보듯, 오래전 비디오를 다시 틀어 보듯. 그 손을 다시 잡아 볼 수 있다면……

감각의 착각은 그렇게 또 우리 그리움의 빈자리를 채워 줄 것입니다.

사물 인터넷(IoT)이 있는
하루

🔊

    우리의 생활은 물건들에 둘러싸여 있습니다. 현대인의 일상은 사물에 의해 지탱되고 있습니다. 사적인 잡화에서 업무를 위한 집기, 사회 기관 설비에 이르기까지 우리를 둘러싼 이 수많은 사물이 갑자기 인터넷에 연결하려 하기 시작합니다. 그리고 이 엄청난 양의 사물들은 인터넷에 연결되자마자 방대한 양의 정보를 뱉어내기 시작했습니다.

    디지털 네이티브가 성인이 될 머지않은 미래에 어떤 일이 벌어지게 될까요?

나는 30대가 되었다. 어려서 스마트 혁명을 겪었지만, 체감하는 변화는 최근의 IoT 혁명에 비할 바 아니다. IoT의 총아라는 자동 운전이 뉴스에 나왔을 때는 긴가민가했었다. 그리고 이렇게 너도나도 달려들더니 쉽사리 상용화될 줄은 몰랐다. 지금 내 차도 함께 상경한 고향 친구 세 명과 나눠 쓰고 있다. 일주일 동안의 스케줄을 미리 설정해 두면 쓰고 난 차가 알아서 다음 친구의 집으로 홀로 찾아간다. 한 택시 서비스에 등록해 두니 세 명 다 차가 필요 없는 날에는 알아서 택시로 활용된다. 차가 자기 전기값은 벌고 있다. 자동차는 기특한 IoT 기기다. 이번 주말에는 차를 고향에 내려보내 어머니를 모셔 올 생각이다.

어머니는 보통 하루에 두 번 커피포트에 물을 끓여 드신다. 하지만 최근 그 빈도가 줄고 불규칙하다고 커피포트 센서가 알려 왔다. 어디가 불편하신 건 아닐까 걱정이다. IoT로 복지 역량이 강화되었다고 이야기는 하지만, 아직 노인 부양 분야는 육아에 비해 느린 것 같다.

작년에 태어난 아들이 감기 기운이 있어 스마트 파스를 파스 붙이듯 붙여 놨더니 체온을 24시간 모니터링하다가 이상 상황에 알려 준다. 웨어러블 소재도 좋아져서 비슷한 제품을 나도 주말마다 애용 중이다. 심박 수 측정을 위한 파스 스티커인데 가슴에 붙여 둔다. 달리기 시작하면 심박 수에 맞춰 목표 페이스를 설정하고 이에 맞는 음악을 알아서 선곡해 준다. 스티커 한 장이 개인 코치가 될 줄은 몰랐다.

이번 주말 자동 운전 차가 어머니를 모시고 오는 동안에 조깅 준비를 하고 시청 앞 시민 참가 이벤트에 나가 볼 생각이다. 늘 있는 달리기 대회 같지만, 나의 운동량이 참가자들과 비교하여 어땠는지 분석해 주는 서비스가 함께 제공되고, 즉석에서 소셜로 연결하여 체형 및 성향 심지어 스포츠 브랜드에 따라 커뮤니티를 꾸려 준다. 예전에는 대회가 끝나도 기껏해야 기록과 순위 정도만 알 수 있었지만 이제는 토픽별로 함께 모여서 즐길 수 있다. 그리고 참가자들이 생성한 정보는 시민 정보로 활용되어, 이를 빅데이터 분석을 통해 역으로 생활 제안을 해 주기도 한다.

환경과 생체가 만드는 신호는 엄청난 양이다. 정부에서는 이렇게 발생한 이벤트에서 관계성을 추출해서 미래 행정에 대한 통찰을 얻으려는 시도를 수시로 벌인다. 기술 기반 복지 사회다. 작년 행사에서는 러너들의 발걸음을 분석하여 조금 더 장애인에게 편리한 보도로 바꿨다는 뉴스를 들을 수 있었다.

IoT 덕에 이제는 IT가 생활에 완전히 스며드는 느낌이다. 예전에는 IoT라고 하면 낯설었지만, 지금은 그 위화감이 사라지고 있다.

IoT는 생활의 표현도 바꾸고 있다. 예전에는 주말 농장이란 것이 있었지만, 지금은 다들 게임 농장이라 부른다. 농지의 센서로 일조량이나 토양의 질을 확인하여 원격으로 물과 비료를 주는 등 여러 가지 육성을 할 수 있다. 마치 스마트폰으로 육성 시뮬레이션 게임을 하듯이 하니 나도 두어 평을 받아서 친구들과 경쟁하듯 키우고 있다. 틈날 때마다 게임을 띄우는 대신 농장을 관찰하고 있다.

아, 또 오늘은 건강 검진이 있었다. 방금 알림이 왔다. 물과 함께 마신 알약 센서가 체내에 특별한 이상이 없는 것으로 알려 왔다. 청색 알림은 늘 반갑다. 다행이다.

작은 거실이지만, 벽면을 채운 스크린에는 내가 소중하게 생각하는 사람들을 둘러싼 다양한 사물들의 정보가 반짝반짝 빛나고 있다. 고향 어머니 집의 불은 아직 켜져 있다고 나온다. 꺼진 걸 확인하고 잠을 청할 생각이다. 한때 사람들은 이러한 일을 빅브라더 같은 감시라고 염려했지만, 이제는 감시가 아니라 단지 사랑하는 이의 안부를 확인하고 싶은 마음이라는 걸 모두 다 안다. 손주를 위해 아랫목을 덥히던 할머니의 마음도, 할머니가 집에 돌아오기 직전 보일러를 원격 조작하여 켜 둔 손주의 마음도 시대가 다를 뿐 같은 무게다.

IoT 시대에 생각하는 미래의 집에 대하여

겨울이 끝날 무렵 보일러를 바꿨습니다. 10만 원이나 더 준 와이파이 모델, 스마트 홈에 대한 일종의 로망이 있었나 봅니다. 그러나 첫날 이후로는 그 문제의 스마트 기능은 써 본 기억이 없습니다. 겨울이 끝나서인지 기능이 설익어서였는지는 모르겠으나 아까운 10만 원이었습니다.

시설이나 가전제품에 센서들이 하나둘 탑재되고 또 인터넷에 연결되기 시작합니다. 아직은 이어지는 것 그 자체가 신기한 때입니다. 지난 세기말 건물들은 초고속 정보통신이 몇 등급인지 자랑스레 현판을 달았었습니다. 집이라는 공간이 인터넷에 연결되기 시작한 시절의 긍지였습니다.

하지만 연결된다고 스마트해지는 것이 아니라는 것을 지금은 알고 있습니다. '스마트함'이란 앱을 조합해 나의 개성을 발휘하게 해 주는 다양성을 뜻했고 그 안에는 그만큼 다양한 즐거움이 있었습니다.

지금 꿈틀대는 IoT도 마찬가지입니다. 지금이야 연결하고 또 이를 자동화하는 홈 오토메이션이 대단하다고 생각하기 쉽습니다. 그러나 연결은 전제일 뿐 연결 이후에 벌어질 스마트함은 다를 수 있습니다.

우리가 살면서 "아, 정말 집은 좋아……."라고 느끼는 순간이란 언제일까요?

돌이켜 보면 집이란 쉼과 가족의 공간입니다. 집에서 쉴 수 있을 때, 가족의 보금자리라는 느낌이 들 때 집에 정이 들고 추억이 솟아납니다. 혼자 살더라도 마찬가지입니다. TV 좀 보다가 씻고 자고 옷 챙겨 입고 나가는 일상일지라도 등지고 나오는 집은 가족을 그립게 만듭니다. 그렇게 집이란 쉼과 가족의 공간입니다.

그렇다면 집이란 것은 꼭 효율적이지 않아도 좋습니다. 100% 합리적이지 않아도 빈 공간은 여유가 되고 빈 시간은 여백이 됩니다.

이는 마치 게임이 비효율의 복합체인 것과 비슷합니다. 인생을 낭비하는 효율적이지 못한 행위지만 쓸데없이 번쩍이고 쾅쾅거리는 그 순간만큼은 즐겁습니다.

집에 손이 좀 더 가도 상호작용이 있다면 즐거울 것입니다. 마음을 읽는 조명에서부터 소리, 냄새에 이르기까지 인테리어를 넘어서는 최적화를 오감이 느낄 수 있다면 얼마나 풍요로울까요.

2030년 일과를 마치고 돌아온 집, 아마도 냉장고의 재고 알람이 식탁 테이블에 흐르고, TV에서는 오늘 우리 가족의 일상이 편집되어 함께 흐르겠지요. 현관의 거울은 그동안의 옷차림을 촬영해뒀다가 내일 코디를 제안할 것입니다. 여기까지는 오래된 미래 구상입니다.

동시에 곳곳의 표면 디스플레이는 바탕화면 바꾸듯 벽면을 바꾸고 윈도우 테마를 바꾸듯 테마 색상을 바꿀 수 있을 겁니다. 가족과 함께 거실에서 하늘을 나는 포즈를 잡으면 거실벽에 창공을 흐르게 할 겁니다. 그리고 그 과정에서 즐거움이 감지되면 집은 그 순간을 기억했다가 새로운 제안을 해 올 겁니다. 스마트함이 약속했던 다양성의 즐거움은 가족의 쉼에도 요긴한 것이 됩니다.

미래의 집은 나를 귀찮게 하고 나를 일으켜 무언가 시킬지도 모릅니다. 하지만 그조차도 인생에 꼭 필요한 놀이, 의식주의 즐거움일 것입니다. '2030년형 35평형 32코어 고용량 그래픽 메모리' 최신 스펙의 주택을 얻길 잘했다고 퇴근길에 생각하겠지요.

리스크를 동반하는
공유경제

공유경제가 유행입니다. 잠자는 것, 차 타는 것, 밥 먹는 것, 가사 도우미까지 모두, '공유경제'로 해소할 수 있다고 합니다. 이러다가 전 인류가 비정규 자영업 단기계약직이 되어 스마트폰으로 다음 일거리를 찾게 될지도 모르겠습니다. 여기에 최근에는 우버 등 여러 공유경제 중개업자들을 둘러싼 사회적 이슈가 전 세계적으로 불거지고 있습니다. 가치뿐만 아니라 리스크도 공유되는 것입니다.

공유경제의 철학은 원래 인류 본연의 신뢰와 이어짐에 대한 갈증을 근간으로 하고 있습니다. 그러나 익명화, 도시화된 사회에서는 쉽지 않은 일입니다. 앞으로 공유경제의 최전선은 누구를 신뢰하고 누구를 존경할 수 있는지 계산하는 일일 것입니다. 자본주의 이전의 사회에서는 많은 것이 공유되었지만, 그 전제조건은 신뢰와 존경이었으니 말입니다.

우리는 온라인에서 익명으로 존재하지만, 연결된 계정을 통해 다양한 활동과 기여를 하고 있습니다. 예를 들어 온라인 쇼핑몰에서 우수 회원인 경우, 사기꾼일 가능성은 어느 정도 줄어들겠지요. 페이스북에서만이라도 완벽한 인생을 보내는 이가 갑자기 잠수를 타지는 않겠지요. 트위터 팔로워가 많다면 쩨쩨하게 굴지는 않을 것이라 기대할 수 있을지도 모릅니다.

연결된 소셜 네트워크에 흩어진 흔적을 통해 공유경제에 참여하는 사업자와 계약자 모두의 신뢰도를 산출할 수도 있을 것입니다. 요즈음에는 회원 가입을 소셜 네트워크 계정으로 하는 경우가 많습니다. 이미 연결된 세상에서는, 믿을 만한 누군가가 일차적 검토를 해 주도록 신뢰의 평가를 아웃소싱할 수도 있게 됩니다.

직원을 뽑을 때, 소셜 미디어 뒷조사를 하는 기업이 많습니다. 기업이 공공연히 하지는 않는다 해도 직속 팀장은 해 볼 가능성이 큽니다. 마찬가지 심리가 오늘 밤에 집에 가기 위한 운전사를 고용해야 할 사람에게도 작용하는 셈입니다.

IT가 우리를 쉬게 할 때,
디지털 디톡스

문제적 게임 포켓몬 고가 단지 속초에서만 플레이 가능했던 적이 있었습니다. 여러 문제로 한국에서 사용이 불가능했었는데, 북한으로 지역이 착각된 덕에 할 수 있던 것입니다. 그 게임이 일본에서도 개봉함에 따라 역시 기술적 버그로 일본으로 착각된 울산 간절곶에서도 문이 열렸습니다.

유년 시절 포켓몬의 추억을 지닌 청년 세대가 있는 것은 한국도 예외는 아니었습니다. 모두 길을 떠났습니다. 그 와중에 당시 속초 시장은 노는 법을 알았습니다. 코스프레까지 하며 '주머니 괴물 달려'의 홍보대사를 자임, 추억 여행을 응원했습니다.

왜 우리는 못 만드냐며 괜한 걱정을 하거나 증강 현실 시대의 국가경쟁력에 대해 공허한 근심을 하지도 않았습니다. 기술도 콘텐츠도 있는 그대로 즐기는 여유가 오히려 멋진 일입니다.

어깨를 펴고 자리를 털고 일어나 세상을 보는 일, 누구나 할 수 있을 것 같지만 쉽지 않은 일입니다. 현대인은 핑계를 찾습니다. 바쁘다, 지금 이 일을 끝내야 한다, 공부를 해야 한다, 귀찮다, 되는 일도 없고 그냥 이대로 있고 싶다, 그렇게 우리는 제각각의 핑계로 방문을 닫습니다.

하지만 유년기의 한 시절을 설레게 했던 그 친구들이 저 밖에서 손짓한다면, 어깨를 펴고 자리를 털고 일어나 세상으로 나갈 수 있을 것 같습니다. 포켓몬 고 신드롬의 비결은 여기에 있었습니다. 상상을 현실과 결합할 수 있는 기술이 있었고, 그 현실 속 상상의 공간을 추억의 친구들로 가득 차게 할 콘텐츠가 있었던 것입니다. 그렇게 사람들은 방문을 열고 밖으로 뛰어나갔습니다. 그들은 밖에서 그리고 추억 속에서 쉬고 싶었던 것입니다. 한창일 때 미국인 열 명 중 한 명은 매일 했다는 기적적 대박은 그렇게 시작되었습니다.

우리는 모두 쉬고 싶다

IT는 쉼과 거리가 가까운 듯 멉니다. 하고 싶은 컴퓨터를 늘 만지고 있고 수시로 게임도 하는 것 같으니 모르는 사람이 보기엔 언제나 쉬고 있는 것처럼 보일 수도 있습니다. 하지만 생각처럼 안 되는 것 투성이인 IT 업계에 쉴 틈이란 없습니다.

언제쯤 프로젝트는 생각처럼 될 수 있을까요? 아침은 거르고, 잔업에 철야에 야식은 필수, 불규칙한 일상에 몸을 움직일 겨를도 없습니다. 피곤함에 카페인과 강장제를 달고 살고, 뱃살은 늘어나며, 어느덧 대사증후군 예비군이 됩니다.

여기에 내 마음도 모른 채 버그를 뱉어 내는 과묵한 기계와 씨름하거나 늘 생각과 이야기가 바뀌는 고객과 옥신각신하느라 인생 최대의 강적, 스트레스도 찾아옵니다. 그런데 사실 우리는 모두 이 IT 업계의 천적들을 어떻게 상대해야 하는지 이미 잘 알고 있습니다.

잘 쉬고, 많이 운동하면 됩니다.

하지만 피곤이 누적된 주말, 자는 것으로 쉬었다고 생각하고 운동은 늘 내일로 미룹니다. 문제는 그렇게 잘 쉬었으려니 생각하고 싶어도, 뇌와 신체는 그렇게 생각하지 않는다는 데 있습니다.

늘 온갖 걱정에 고양된 의식은 좀처럼 가라앉지 않습니다. 스트레스는 이 부하가 피크를 치거나 요동을 칠 때 찾아옵니다.

CPU 작업관리자의 그래프가 100%를 찍을 때처럼 정신이 쉬지 못할 때는, 이 의식의 움직임을 진정시키기 위해 어떤 행동을 해야 합니다. 바로 운동을 하는 것입니다. 운동은 '태스크 종료' 버튼을 누르는 것과 같은 행동입니다. 몸을 움직임으로써 의식을 진정시키는 것입니다.

이는 은유가 아니라 과학적 사실입니다. 우리의 의식은 뇌라는 신체의 일부, 그리고 뇌를 포함한 모든 신체가 움직일 때 강화됩니다. 좋은 기능을 하는 각종 호르몬도, 그리고 뇌로 흐르는 혈류도 모두 운동에 의해 활성화됩니다.

달리기든 수영이든 요가든 단순한 운동에 집중하다 보면 그렇게 의식을 괴롭히던 문제에 대한 답이 문득 떠오르곤 합니다. 의식을 쉬게 하는 가장 쉬운 방법은 역설적이게도 몸을 움직이는 일이었습니다.

몸을 움직이게 만드는 시스템

운동이 좋은 것은 누구나 압니다. 하지만 모두가 다 아는 좋은 이야기 아무리 해 봐야 의미가 없겠지요. 작심삼일이란 말이 괜히 생길 리 없다는 것도 어른이 된 우리는 너무 잘 알고 있습니다.

그런데 세상을 바꾸는 IT 혁신이 바로 이 마음을 놓칠 리 없습니다. IT는 우리의 게으른 마음이야말로 혁신 대상임을 이미 알고 있습니다. 예컨대 다음과 같은 일들은 IT가 아주 잘 할 수 있는 일들입니다.

> 나의 몸과 '커뮤니케이션'을 하는 것
> 나의 몸의 '로그'를 따는 것
> '소셜'한 신체 활동을 마련해 주는 것

이러한 생각이 수년 전부터 실리콘밸리를 중심으로 QS_{Quantified Self} 활동이라는 미명 아래, 일종의 무브먼트로 확산되고 있습니다. 엔지니어들이 모여 경험을 나누는 모임_{Meet-Up}도 세계 곳곳에서 생겨나고 있습니다. 각종 피트니스 트래킹 앱이나 웨어러블이 수면, 심박수, 감정 등 내가 내는 온갖 다양한 신호를 기록해 두는 것입니다. 일종의 '라이프 로깅'의 일환인데, 그렇게 파악한 정보를 토대로 나 자신을 해킹하여 최적화한다는 '라이프 해킹' 조류의 최신 사례이기도 합니다.

호사가들의 기행이라고 생각할 수는 없는 것이 이미 너무나 많은 앱이 개발되었고, 심지어 각종 산업이 이를 둘러싸고 움직이고 있습니다.

가까운 사례로 나도 친구들 세 명과 운동 앱인 Argus를 함께 깔고 오늘은 누가 더 많이 걸었는지 은근한 내기를 하고 있습니다. 이미 아이폰 5S 시절부터 활동계 칩이 내장된 덕입니다. 하루에 만 보걷기가 쉽지 않지만, 만 보에 육박한 날은 어떻게든 넘겨서 1등을 하고 싶은 욕심이 생깁니다. Runtastic, Nike Running 등 모처럼의 조깅을 추억으로 남기고 싶을 때 도움을 주는 앱도 기특합니다. 운동 부족 직장인들의 수수한 허세입니다.

웨어러블 유행은 이런 소박한 욕심에서 시작됩니다. GPS와 만보계는 물론 심박계까지 내장한 웨어러블은 많은 나의 정보를 클라우드로 보내 줍니다.

내 몸과 내가 조금 더 '소통'할 수 있도록 '기록'해 주고, 그 사소한 움직임으로도 동료 및 친구들과 '사회' 생활 속에서 즐기며 쉴 수 있도록 해 주는 일에 웨어러블의 첫 번째 사명이 있다고 생각한 것입니다. 그래서인지 광고마다 관련 사례가 많이 등장합니다. 이처럼 몸을 움직여 쉬는 일은 어느덧 IoT와 헬스 케어까지 아우르며 지금 가장 뜨거운 트렌드의 활용 사례가 되었습니다.

즐겁게 땀을 흘리고 나면 스트레스는 분명히 잦아듭니다. 특히나 서로 다른 역량을 지닌 사람들이 모여 공통의 목적을 위해 매진하는 팀 스포츠는 효과가 좋습니다. 소통과 리더십의 중요성도 배울 수 있습니다. 직접 얼굴을 맞대고 뛰면 최고겠지만, 그렇지 않다면 운동 앱의 피드에서라도 아쉬운 대로 만나 버추얼 팀 스포츠를 해 봅시다. 몸을 움직이며 왁자지껄 떠드는 일이야말로 가장 원초적인 휴식 풍경입니다.

아니, 그냥 정말 쉬고 싶다

하지만 운동이 쉼이라니, 너무 교과서 같습니다. 살다 보면 운동과 같은 능동적인 일을 하기엔 일말의 여력조차 없을 때도 있습니다.

이럴 때 해야 할 일은 무조건적 재충전, 일단 나를 방전시키는 업무에서 벗어나는 일입니다. 모든 것을 차단하고 휴식으로 돌아가야 합니다. 저녁마다 주말마다 휴가마다 휴식은 챙기는 것이 좋습니다.

디지털로 엮여 있는 현대인에게는 이조차 쉽지 않은데, 이런 상황이라면 디지털 디톡스가 필요할 때입니다.

식사 중에 휴대전화가 신경 쓰이거나, 알림음 환청이 들리거나, 전파가 약하면 불안해지거나, 일상에서 SNS에 올릴만한 꺼리를 애써 연출하고 있으면 생활에 독이 쌓인 상태입니다. 해독디톡스이 절실합니다.

레스큐타임rescuetime.com이라고 백그라운드에서 상주하면서 내가 컴퓨터로 뭘 하고 보내는지 분석 리포팅을 해 주는 서비스가 있습니다. 직접해 보면 결과에 대다수가 충격을 받을 가능성이 큽니다. 컴퓨터 앞에 앉아는 있었지만 일을 한 것도 아니기 때문입니다.

컴퓨터와 스마트폰의 멀티태스킹은 얼핏 편리해 보이지만, 모두 서로 자기의 우선순위를 주장하는 요소들이니 결국 집중에 방해 요소가 됩니다. 맥에서 쓸 수 있는 퀴터Quitter는 띄워 놓고 쓰지 않는 프로그램은 알아서 숨기거나 프로그램을 꺼 버리는 단호한 앱입니다.

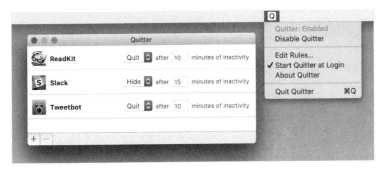

▲ 주기적으로 나를 방해하는 앱을 숨겨 주거나 죽여 주는 앱 쿼터

　가장 좋은 방법은 쓰지 않으면 직접 잠시 지워 버리는 것입니다. 앱 설치는 시간이 걸리지 않습니다. 예컨대 만약 카카오톡이 어느새 업무 메신저로 변해 버렸다면, 쉴 때는 알림을 끄거나 과감히 잠시 삭제하고 가족과는 라인이나 행아웃 등 다른 메신저를 쓰는 것도 팁입니다.

　디지털 디톡스, 혹은 디지털 웰빙이라고 불리는 이 시대 흐름은 이미 애플과 안드로이드의 차세대 운영체제에도 그 철학이 녹아들어가서, 내가 폰으로 무슨 일을 하는지 알려 주고, 또 집중하기 위해 몰입해야 하는 나를 방해하지 않기 위한 기능들을 마련하기 시작했습니다.

"너무 바빠 쉴 시간이 없다."는 말을 우리는 늘 달고 삽니다. 하지만 남의 사정에 휘둘리느라 내 삶을 남에게 맡기다 보면 언젠가는 공허해집니다. 가족에게 나는 하나뿐이지만, 사회에는 나 말고도 많다는 걸 언젠가는 깨닫기 때문입니다.

그래도 우리는 좀처럼 쉴 줄을 모릅니다. 이럴 때 도움이 되는 것이 의식儀式입니다. "이제부터 확실히 쉴거야!"라고 자신을 포함한 가족과 함께 선언하는 것입니다. 귀가 후의 포옹이라든가 여행길 차 안에서 가족만의 테마 송을 합창하는 것도 이런 의식이 될 수 있습니다. 저녁과 주말과 휴가를 시작하는 하나의 의식을 함께 만들면 좋습니다. 가장 중요한 것은 쉬겠다는 나의 마음인데, 함께 쉴 사람들과의 이런 사소한 의식은 그 마음을 의외로 강화시킵니다.

충분히 쉬고 난 뒤에는 휴식을 정리하는 의식도 의미 있습니다. 포켓몬 고가 가르쳐 줬듯이, 가장 강력한 무기는 바로 추억이고, 이 추억을 실체로 만드는 것이 보편적으로 활용되는 의식입니다.

사진 정리를 하면서 휴식을 함께 정리하는 것도 좋습니다. 클라우드에 사진을 올리고 온라인 앨범을 만드는 것도 좋습니다. 아예 GPS 내장 액션 카메라로 여행의 이동 궤적을 잔뜩 기록할 수도 있습니다. 물론 스마트폰 카메라로도 충분할 수 있지만, 아무래도 몸에 장착하여, 광각으로 촬영한 사진의 현장감은 남다릅니다.

이처럼 시작과 끝에 의식을 삽입함으로써 쉬는 일을 한층 더 챙길 수 있게 됩니다.

만약 팀장인 내가 쉬지를 못한다면, 그것은 팀원을 믿지 못하거나 업무 위임이 가능하지 않다는 뜻일 뿐이고, 팀원인 내가 쉬지를 못한다면 일을 정리하는 일이 서툴거나 관리자와 충분히 소통을 하지 않았다는 뜻일 뿐입니다.

모처럼의 휴식 중 업무를 나서서 처리해 줘도 상대방에게는 내가 생각하는 것처럼 인상도 고마움도 남지 않곤 합니다. 오히려 충분한 휴식으로 재충전하여 인상적인 성과를 남기는 데 집중하는 편이 쿨한 인재의 모습일지도 모릅니다. 이도 저도 아닌 어중간한 퍼포먼스로 24시간 대기하는 것보다, 새롭게 완충된 성능으로 여덟 시간을 일하는 쪽이 책임감 있는 일입니다.

디지털 디톡스는 배짱이 아닙니다. 더 좋은 업무를 위해 다음 날에는 가장 '신선한' 나를 만들어 오기 위한 일종의 책임이자 의무이기도 합니다.

최근 영국인 대상 조사에서 3분의 1이 디지털 디톡스를 시도해 생산성이 올랐다고 회답했습니다.

'마음챙김'이라 번역되는 마인드풀Mindful 트렌드도 결국 이렇게 지금 이 순간을 소중하게 여기는 일입니다. 구글에서 시작한 마인드풀 명상 코스인 SIYSearch Inside Yourself는 이제 별도 진흥 기관이 생길 정도로 성장했습니다.

지금 [Alt]+[Tab] 또는 [Command]+[Tab]을 눌러 보거나, 아이폰의 홈 버튼을 두 번 누르거나, 안드로이드의 네모 버튼을 눌러 우리의 정신이 얼마나 분산되어 있는지 느껴 봅시다.

그리고 모두 중지시킨 후, 하나의 앱에 마인드풀하게 집중해 봅니다. 갑자기 모든 디지털을 끊을 수는 없는 일, 해독의 첫걸음은 천천히 인생의 순간을 만끽하듯 눈앞의 일과 생활을 챙기는 데서 시작합니다.

역사 속에 숨어 버린 IT 영웅들

정보통신의 정신없는 발전 속도는 중요한 이야기를 놓치게 만드는 일이 종종 있습니다. 물론 누구도 돌아보지 않을 수 없게 만드는 두드러진 무용담은 그 영웅을 영원히 기억에 남는 주인공으로 만들어 줍니다만, 그렇지 않은 경우가 훨씬 많습니다.

지금 누구나 당연시하며 활용하고 있는 훌륭한 기술들은 모두 사람의 손에 의해 만들어졌습니다. 세상에 지금까지는 존재하지 않았던 가치를 실험하고 검증하고 그 결과를 가지고 상품화라는 모험을 해 온 풍운아들이 뉴스의 이면에 가려져 있을 수도 있습니다.

상품화란 언제나 모험, 때로는 도박, 거대한 운의 세계입니다. 하지만 설령 실패했더라도 세상에 없었던 아이디어와 시행착오는 또 다른 도전을 위한 자극과 발판이 됩니다. 그들의 영예는 여하간의 이유로 또 다른 주인공에게 돌아갔을 수도 있습니다. 그러나 그들의 노력이 없었다면 그 영광은 애초에 존재할 수 없는 일이었을 수도 있습니다.

역사 속 숨은 IT 영웅들, 시대를 함께 만들었지만 우리 기억 속에는 없는 이들의 이야기, 그 하나하나에 어떠한 추억이 녹아 있을까요?

'모던 웹'이 만들어지던 날 : 제시 제임스 가렛

요즘 가장 뜨거운 프로그래밍 언어는 무엇일까요? 러스트Rust? 스위프트Swift?, 아니면 고Go? 다양한 신세대 언어들이 개발자 마음을 끌려 손짓합니다만, 자바스크립트처럼 자유자재로 변신하며 신출귀몰, 동에 번쩍 서에 번쩍하는 언어는 없을 것입니다. 무려 20년도 훌쩍 넘은 언어가 말입니다.

흔히 자바스크립트의 아버지로 브렌던 아이크Brendan Eich를 떠올립니다. 1995년 넷스케이프에서 열흘 만에 자바스크립트를 만들고, 1998년 모질라를 공동창업하는 등 누가 뭐래도 자바스크립트의 창시자임이 분명합니다.

하지만 사실 자바스크립트는 언어적 완결성 면에서 많은 공격을 받아왔습니다. 실제로 닷컴 광풍이 불던 2000년대 중반까지 자바스크립트는 여전히 방황 중이었습니다. 어느 정도 표준화는 이루어졌지만 별다른 진보가 없었던 것입니다. 홈페이지는 늘어났지만, 아쉬운 대로 움직임을 부여하기 위해 덕지덕지 땜질되는 정도에 불과했습니다.

요즈음의 자바스크립트는 어떤가요? 오늘날의 자바스크립트는 20년 전의 자바스크립트가 아닙니다. 물론 언어적 구성이나 그 깊은 본질이 달라질 수야 없겠습니다만 몰라보게 컸습니다. 간이 언어였던 자바스크립트가, 노드Node.js 덕에 어엿한 서버 사이드 언어가 되기도 하고, 최근에는 SPASingle Page Application라 하여 웹 페이지를 앱처럼 만드는 일이 유행을 넘어 상식이 되어 가고 있습니다.

에이작스Ajax라는 기술 용어의 등장은 자바스크립트를 재인식시키게 됩니다. 사실 그 기술 자체는 이미 20세기 말 인터넷 익스플로러 5에서 처음 선보였지만 그동안 그저 방치되어 있었습니다. 여기에 에이작스라는 이름을 붙이며 미래를 향한 스토리텔링으로 새로운 생명을 불어넣은 이가 있으니 바로 제시 제임스 가렛Jesse James Garrett입니다. 가렛은 2000년대 초반 사용자 체험User Experience이라는 새로운 분야의 가능성에 주목하고 왕성한 활동을 합니다.

물론 그 배후에는 구글 맵과 같은 걸출한 '사례'가 적시에 등장해 주었기 때문이라는 점은 부인하기 힘듭니다만, 어쨌거나 'Ajax: A New Approach to Web Applications'라는 한 장의 문서로 붐을 일으킨 주동자였습니다.

마찬가지로 지금은 너무나도 당연하게 사용 중인 자바스크립트 기반의 데이터 교환 포맷 JSON제이슨을 만든, 더글라스 크락포드Douglas Crockford도 빼놓을 수 없습니다. 이 달라진 세상에서 네트워크를 왔다 갔다 하는 데이터가 바로 JSON이기 때문입니다. 사실 더글라스는 자바스크립트의 표준화 단계마다 잘못된 사양에 대해 강하게 비판의 목소리를 내면서, 오늘날의 자바스크립트를 만들어 왔습니다.

자바스크립트가 오늘날 어엿한 스무 살의 성인이 될 수 있기까지는 아버지뿐만 아니라, 어머니와 일가친척에 해당하는 다양한 사람들의 도움이 있었던 것입니다.

원조급 '에뮬' 개발자 : 폴 알렌

마이크로소프트당시 이름은 Micro-Soft의 1호 제품은 알테어 베이직Basic이라는 프로그래밍 언어였고, PC라 불리기도 민망한 알테어 8800이라는 초창기 컴퓨터를 지원했습니다.

만약 프로그래밍을 즐길 수 있게 한다면 컴퓨터에 푹 빠진 이들이 늘어나고 새로운 세계가 열릴 것이라는 빌 게이츠의 혜안이 돋보이는 제품이었습니다. 사실 이 제품은 개발자로서의 빌 게이츠가 지닌 천재성을 세상에 널리 떨친 제품입니다. 빌 게이츠가 당시 짰던 소스 코드는 일부만 보더라도 감탄할 수밖에 없는데, 무엇보다도 엄청난 제약 조건 아래에서 만들었기 때문입니다.

그들에게는 아직 알테어가 없었던 것입니다.

마이크로소프트 공동창업자인 폴 알렌Paul Allen과 빌 게이츠는 알테어를 실제로 본 적도 없으면서 개발을 진행했습니다. PDP-10이라는 주전산기를 하버드대에서 빌려 쓸 수 있었는데, 폴은 이 위에서 알테어가 기반한 초창기 인텔 CPU 8008을 흉내 내기로 하고 에뮬레이터를 만들어 버립니다. 그리고 신나게 그곳에서 보지 못한 기계를 꿈꾸며 자신의 꿈을 만들어 갑니다.

하버드대도 주전산기가 젊은이들의 개발기기로 활용되는 일에 적잖이 당황했지만, 그 시절에 이를 위한 정책이 있었을 리 없습니다. 결국, 눈치 보기에 피곤했던 빌과 폴은 다른 곳에서 컴퓨터의 '시간을 사서' 베이직을 완성하게 됩니다.

물론 이 역사는 지금도 이어져서, 출시 전의 제품을 에뮬레이터로 개발하고 두근거리는 마음으로 실물에 돌려 보는 일은 개발자의 일상이 되어 있습니다.

애플 워치가 손에 없어도 워치 키트Watch Kit로 개발할 수 있는 것처럼 말입니다. 큰 차이점이 있다면, 그 당시의 젊은이들은 개발 환경마저 손수 만들어 버렸다는 점입니다. 그것도 오늘날의 피시방에서보다 더 시간에 쫓기면서 말이지요.

다만 공간이 공간인 만큼 하버드대 학생이었던 몬테 데이빗도프Monte Davidoff를 고용하게 된 것은 행운이었습니다. 한때 베이직을 몬테가 다 개발했다라는 풍문이 빌을 괴롭힌 적도 있었습니다만, 몬테 본인도 그 음모에 대해서는 부인하고 있습니다. 베이직은 빌의 작품인 것이지요.

그러나 그럼에도 불구하고, 폴 알렌이 없었다면, 빌은 어디에서 개발을 할 수 있었을지 궁금해집니다. 그 덕일까요, 폴 알렌은 세계에서 44번째 부자로 행복한 삶을 보내고 있는 것 같습니다. 2차대전 때 침몰된 일본의 전함 무사시를 심해에서 찾아내기도 하면서 말입니다.

매킨토시는 누가 만들었는가? : 제프 래스킨

지금 이 글을 쓰고 있는 컴퓨터는 맥입니다. 그러나 역시 운치가 있는 것은 '올드 맥'입니다. 특히나 온통 검은 화면에 녹색으로 빛나는 글자뿐이었던 시절에는 더욱더 풍미가 있었습니다. 지금은 맥이라 부르지만, 그때는 '매킨토시'라고 또박또박 풀어 읽곤 했습니다. 우리는 으레 이것 역시 잡스의 작품이겠거니 지레짐작합니다. 물론 잡스의 작품임에는 틀림없습니다. 그러나 잡스'만'의 작품일 리는 없습니다.

1978년 '애플 컴퓨터'(당시의 이름)의 31번째 사원으로 입사한 인물이 있었습니다. 바로 매킨토시의 아버지라고 불리는 제프 래스킨Jef Raskin 출판 부문 매니저입니다. 그는 프로그래머는 아니었습니다만, '메타 프로그래머'라 자칭했습니다. 프로그래머의 프로그래머란 뜻이지요. 코드를 직접 짜지는 않지만 컴퓨터를 활용하는 혁신적 방법을 고안해 내는 발명가였습니다.

당시의 잡스는 매킨토시를 두고 제프 래스킨에게 "그런 바보 같은 것 팔릴 리가 없다."고 말했다 합니다. 그래서 잡스를 건너뛰어 당시의 회장에게 자신의 아이디어를 어필하여, 사장이 잡스에게 "제프를 방해하지마."라는 이야기를 하게 만드는 수완을 발휘합니다. 그래서 사람도 뽑고 팀을 꾸려 매킨토시 프로젝트를 추진합니다.

잡스는 나중에는 "내가 하드웨어를 할 테니 소프트웨어만 하라."고 제프에게 말하고, 급기야 "소프트웨어도 내가 할 테니, 출판만 하라."고 했다고 회고합니다. 화가 난 제프는 출판도 직접 하라고 하며 1982년 퇴사하게 됩니다.

애플을 떠나기까지의 짧은 기간 동안 제프는 매킨토시 이륙을 위해 여러 일을 하였습니다. 제록스 파크의 GUI 콘셉트를 잡스의 리사 프로젝트에 소개한 것도 제프였으니 말입니다. 제록스가 애플 주식을 10%가량 소유한 적도 있었는데 관련이 있었겠지요.

관련하여 또 하나의 인물을 만나 볼까요? 매킨토시 시스템 소프트웨어 아버지라 불리는 앤디 헤르츠펠드Andy Hertzfeld입니다.

애플 II(애플 투)가 너무나도 좋았던 20대 청년은 애플에 입사, 매킨토시라는 새로운 시대를 직접 '짜는' 일까지 맡게 됩니다. 당시의 매킨토시 시스템 소프트웨어를 짰던 대단한 프로그래머 5인 중 한 명인 셈입니다.

앤디도 1984년 매킨토시 출시 후 애플을 떠나게 됩니다. 매킨토시 그룹이 관료주의적으로 변하게 된 후, 신임 매니저와의 갈등이 심해진 것입니다. 청춘을 바쳐 개발했지만, 돌아온 것은 어딘가 쓸쓸한 감정뿐이었습니다. 잡스도 제프도 그랬듯이 모든 창조자는 어느 순간 이 쓸쓸함을 이기지 못해 '청춘의 고향'을 등지는 것일지도 모릅니다.

제프 래스킨은 잡스보다 이른 2005년 같은 병인 췌장암으로 세상을 떠납니다. 앤디는 그 후 구글에서 일하며, 구글 플러스 등에 관여하게 됩니다. 잘 안된 제품이지요.

IT를 만드는 역전의 용사들

"왕년에 내가 어쨌는데."라면서 과거 속에만 사는 사람들은 재미가 없습니다. 하지만 늙고 쇠약해졌어도 늘 호기심을 좇으며 왕년의 기운을 나눠 주는 이들처럼 재미있는 이들은 없습니다. 우리 주위에도 분명 이와 같은 역전의 용사들이 있을 것입니다. 그분들의 이야기를 들어 봅시다. IT 세계의 세월은 화살처럼 빠릅니다. 우리도 언젠가 우리의 이야기를 할 날을 기대하면서 말입니다.

PART 3

우리 일상 속을 파고드는
IT 이야기

당연하게 생각하고 있지만
그리 당연하지만은 않은 것이
일상입니다.
오늘 우리의 일상이 평온했다면,
무엇이 이를 지탱하고 있었을까요?

스마트 스포츠로의 초대,
IT와 함께 달리기

올림픽에, 월드컵에, 육체의 제전은 잊을 만하면 찾아옵니다. 스마트 시대의 한복판에서 펼쳐지는 축제인 만큼 참으로 다양한 단말을 통해 이 화려한 근육의 향연을 즐길 수 있게 되었습니다. 그러나 스마트폰의 작은 화면 속 진기 묘기를 거북목을 하고 수동적으로 바라보는 것만이 능사는 아니지 않겠습니까? 그러다가는 더욱 두드러져만 가는 ET 체형에 마음까지 스산해질 수 있습니다.

스마트 단말과는 1분 1초도 떨어지기 싫은 우리라도 얼마든지 능동적이고 또 육감적이 될 수 있습니다. 스마트 단말과 함께 육체파로 거듭나면 되는 일입니다. 생각해 보면 우리의 육체를 움직이는 데 있어 가장 힘든 일은 시작하는 일입니다. 편안한 방바닥과 평형 상태로부터 우리 몸을 일으켜 양말과 운동화를 챙겨 신고 밖으로 나가게 하는 일, 이 단계가 문제입니다. 이 에너지 소모가 얼마 안되는 일이 가장 노력이 많이 들어가는 일이 되곤 합니다.

결정적 시작을 위해서는 강력한 계기 혹은 지속적인 유희가 필요합니다. 그런데 강력한 계기는 아무에게나 와 주지 않습니다. 오히려 '운동을 꼭 해야만 하는 절박함'이라니! 이런 계기 따위 인생에 있어서 오지 않는 편이 고마울 수도 있는 일입니다. 그렇지만 지속적인 유희를 우리의 유희 기계 스마트 단말을 통해 제공받을 수 있습니다. 우리의 스마트폰을 개인 트레이너로 고용하여 함께 즐기는 것입니다.

장비 #1 : 스마트폰 앱으로 나의 운동 기록을

원래 운동이란 고독한 과업이라지만, 동지나 코치가 있다면 이들과의 약속이 있기 때문에 현장으로 발을 옮길 확률이 높아집니다. 현장이란 어디인가요? 대개의 경우 이불 밖이며, 바라건대, 집 밖입니다.

집 밖에서 가장 손쉽게 할 수 있는 운동이란 바로 가장 준비가 필요 없는 달리기일 것입니다. 지구상 어떤 운동보다 가장 원초적이고 또 본능적인 것이 바로 러닝 아니겠습니까? 자전거 따위와는 달리 경제적 진입 장벽도 낮아 운동화만 있으면 되고 아주 드물게 운동화 없이 달리는 이들도 있습니다. 마라톤까지는 아니어도 텐케이, 즉 10K 정도는 운동 음치인 우리 일반인도 약간의 노력만으로 주파 가능합니다. 그야말로 국민 운동의 가장 유력한 후보라 할 수 있습니다.

개인적으로 뒷동산 산책로의 구릉지를 달리는 하이킹의 매력에 빠져 있는데, 그럼에도 불구하고 운동하러 나가는 일이 여간 귀찮은 것이 아닙니다. 그럴 때마다 IT 장비를 주섬주섬 챙기며 이것은 게임이라 자기 최면을 겁니다.

그렇습니다. 여기서 중요한 대목은 바로 IT 장비라는 점입니다. 스포츠 용품이라고 하면 투자에 부담이 되는 이들도 디지털 장비라고 하면 또 하나쯤 챙겨 놓곤 합니다. 스마트폰이 대표적이지요. 스마트폰에는 양질의 GPS가 탑재되어 있으므로, 나의 운동 궤적을 세밀히 기록할 수 있습니다. 내가 어떠한 속도로 어떠한 높이의 지형을 달리고 있는지 지도와 위성 사진에 흔적을 남겨 줍니다. 내가

● GPS

Assisted GPS라는 기술이 3G 이후의 스마트폰에 탑재되어 있습니다. GPS는 위성을 통해 정확한 내 위치를 알아 낼 수 있지만 초기 신호 수신에 시간이 걸려서 구형 내비에서는 30~40초는 더 걸리곤 했습니다. 하지만 스마트폰은 기지국의 도움을 받아 이 시간을 줄여 줍니다. 이 이외에도 스마트폰은 와이파이 신호로 위치를 알아 낼 수도 있기에, 정확도는 떨어지지만 실내에서도 위치 정보를 대략 알 수 있습니다.

얼마만큼의 속도로 달리고 있는지 냉정한 기계음의 목소리로 알려주니 나름 21세기적 코칭이 됩니다. 여기에서 그치지 않고 운동이 끝나자마자 내 기록을 클라우드에 업로드하거나 페이스북 담벼락에 포스팅하여 한껏 허세 있게 자랑할 수도 있습니다. 심지어 운동을 시작하자마자 페이스북에 남겨 '좋아요'를 유도하고 누가 '좋아요'를 남겼다고 운동 도중에 알림을 받으면 자아에 도취될 수도 있습니다. 스마트폰의 참견도 이쯤 되면 퍼스널 트레이너급입니다.

이 분야에는 유료 앱들이 많았는데, 근래에는 무료 앱도 훌륭한 것들이 많습니다. 특히 무료로 제공해야만 하는 동기 부여가 강력한 업자들이 있는 덕인데 스포츠 용품 업체들이 그렇습니다.

나이키나 아디다스와 같이 사람들이 운동을 할수록 행복해지는 기업들은 이미 이를 마케팅 기회로 재빨리 포착하고 서비스를 꾸미고 양질의 앱도 출시하고 있습니다.

이미 2006년에 등장한 나이키 플러스 등이 대표 선수 격인데, 아디다스는 Runtastic을 인수, 아식스는 Runkeeper를 인수, 언더아머는 MyFitnessPal을 인수하면서 스포츠는 디지털화되고 있습니다.

장비 #2 : 손목 또는 팔이 허전하다면

이 이외에도 장비가 조금 더 필요할 수도 있습니다. 물론 없어도 됩니다. 스마트폰을 반바지 주머니에 넣거나 손에 들고 뛰어도 됩니다. 그러나 심히 걸리적거릴 것입니다. 게다가 스마트폰은 땀에 약합니다. 30도를 넘나드는 도심을 질주할 때 반바지 속의 스마트폰도 흠뻑 젖을 수 있습니다. 이때는 방수되는 암밴드가 요긴합니다. 네오프렌Neoprene 소재가 무난합니다.

그런데 대형화되는 스마트폰을 암밴드로 장착하는 것은 거추장스럽습니다. 노트나 아이폰 플러스를 장착하면 팔뚝이 더 가늘어 보일 수는 있겠네요. 스마트 워치나 스포츠 밴드가 등장할 차례입니다.

위치 기록을 하거나 시간을 보여 주는 일 이외에 손목에서 할 수 있는 중요한 일이 하나 있습니다. 바로 심박계HRM. Heart Rate Monitor 기능입니다.

나의 심박 수를 운동 중 수시로 확인할 수 있으므로, 내가 지금 꾀를 부리고 있는지 나의 멘탈만 약해졌는지, 나의 몸이 한계에 도달했는지, 다소 과학적인 정량이 가능합니다. 220에서 자신의 나이를 뺀 수치를 보통 최대 심박수라 하고 여기에서 50~80% 선이 유지되도록 운동하는 것이 유산소 운동의 정석이라는 설이 있습니다.

심박계가 없을 때 앞의 문장은 그냥 책 속의 이론이었으나 손목시계를 수시로 보며 자신의 심장을 파악할 수 있으므로 자신을 더 과학적으로 다그칠 수 있습니다. 특히나 초심자의 경우 적절한 강도로 오래 운동하는 것이 중요하므로, 수치를 통해 자신을 설득할 수 있게 됩니다.

예전에 이 심박계는 꽤 귀찮았습니다. 얼마 전까지만 해도 블루투스 심박계를 상복부에 동여매고 뛰면서 스마트폰을 확인했기 때문입니다. 검은 끈을 적셔서 가슴에 두르는 방식이었으므로 얇은 흰 옷을 입은 사내의 경우 브래지어로 보일 우려가 있는 오묘한 장비이기도 했습니다. 관찰당하지 않도록 속도를 늦추지 않게 하는 효과가 있을지는 잘 모르겠습니다만……

장비 #3 : 블루투스 헤드셋

또 필요한 장비는 역시 이어폰입니다. 저렴한 유선 이어폰을 장만하여 땀에 절어 고장 날 때마다 던져 버리는 것도 방법이지만 역시 유선은 거추장스럽습니다. 블루투스 헤드셋이 폼도 나고 두 팔이 한껏 자유로울 수 있습니다. 그러나 이번에도 역시 제품 선택의 기준은 바로 수분에 대한 적응력이어야 할 것입니다. 달리기 도중 비 오듯 쏟아지는 소금물은 헤드셋 스피커, 마이크, 버튼 접점 사이로 여지없이 스며들어 기판을 부식시키기 때문입니다.

필자의 블루투스 헤드셋도 모두 이 과정을 통해 망가졌습니다. 더군다나 고장 난 제품들 모두 액티브하게 운동하는 사람이 박스에 그려져 있었기에 배신감이 상당했습니다. 그림은 믿지 말고 확실히 Water Proof 또는 Sweat Proof라고 쓰여있는 제품을 구매하는 편이 좋겠지요.

이제 스마트 스포츠를 위한 대략의 구성은 끝났습니다. 쾌적한 러닝을 위해서는 가볍고, 지지력이 좋고, 쿠션이 유연한 러닝화와 통기성 및 흡수력이 좋은 운동복이 필수일지도 모르나, 이런, 가처분 소득을 모두 IT 장비를 구입하는 데 써 버리지 않았나요? 괜찮습니다. 스포츠는 역시 장비가 아닌 정신력입니다.

번뇌는 내려놓을 수 있을까?
비밀번호의 미래

🔊

　정처 없는 웹 서핑, 오늘도 갑작스레 아이디와 패스워드를 넣으라고 웹 페이지 입력창이 도전해 옵니다. 이것저것 넣어 보면 어떻게 또 오늘도 얼추 들어가집니다.

　그러나 정말 때로는 카드 뒷면을 보여 주며 무슨 패인지 맞춰 보라는 짓궂은 퀴즈와도 같이 당황스러울 때가 있습니다. 개인 정보가 중요하다고 주위에서 하도 그러다 보니 웹 사이트마다, 앱마다, 서로 다른 아이디와 패스워드를 넣어 버릇했기 때문인가 봅니다. 심할 때는 내가 과연 이 웹 사이트에 가입을 했던 것인가라는 원점회귀의 사고실험을 해야 할 경우도 있습니다.

적어도 아이디는 통일할 수 있었지 않았냐고 반문할 수도 있겠지만 내가 원하는 아이디를 누가 차지하고 있었을 수도 있고, 때로는 내가 자주 쓰는 아이디를 그대로 쓰고 싶지는 않은 사이트가 있을 수도 있습니다. 뭐 굳이 이상한 사이트는 아니고 쇼핑몰만 해도 그렇습니다.

결국 아이디도 패스워드도 기억나지 않아 우왕좌왕 이메일로 리셋 신청을 해 보았으나 그곳에 등록된 오래된 이메일 패스워드마저 기억나지 않아 정신적 더블 펀치를 맞고 나면 애초에 왜 이 사이트에 그토록 들어가려 했었는지에 대한 의미를 망각한다거나 과연 이 사이트란 들어갈 가치가 있었는가에 대한 그 존재 의미를 되묻기도 합니다.

현대인은 현관 앞에서 열쇠를 잃은 아이의 표정으로 온라인 현관 앞에서 스트레스에 빠지고 마는 것입니다.

안쓰러운 우리의 일상입니다.

내 기억의 유한성 자각, 그리고 열쇠 내려놓기

진작에 우리의 기억력은 이다지도 신뢰할 수 없는 것임을 미리 깨달았어야 했습니다. 혹은 우리의 기억력을 억지로 신뢰할 수 있는 것으로 만들기 위해 태워야 하는 에너지란 지대한 것임을, 그럴 필요가 진정 있었던 것인가를 되물어야 했음을 한 번쯤 생각해 봤어야 했습니다. 아이디를 등록하자마자 까먹을 확률이 99%라고, 우리 뇌는 그런 것이라고 선언한다면 마음이라도 편했을 것이지만 이게 잘 안 됩니다.

인간의 스트레스는 되지 않을 일을 어떻게든 붙들고 있을 때 찾아오며, 마음이 홀가분해지는 순간은 내려놓을 때입니다. 번뇌란 모두 그러한 것입니다. 우리 마음속 열쇠꾸러미도 마찬가지입니다. 수십 개의 열쇠를 주렁주렁 딸랑이며 머릿속에 담고 다니니 시끄럽고 번잡한 것이 당연합니다. 인간은 그런 식으로 살아온 생물이 아니었습니다.

이제 우리 스스로의 정신 건강을 위하여 열쇠를 내려놓는 법을 찾아봅시다.

가장 손쉬운 방법은 '브라우저에 저장' 혹은 'ID·PW 기억하기'라는 메시지가 나올 때마다 조건 반사적으로 '예'를 눌러 최대한 브라우저가 기억하게끔 하는 겁니다. 그러나 아직 한 번도 노트북을 분실한 적이 없기에 망정이지, 노트북을 분실하는 순간 느끼게 될 공황감은 상상만 해도 소름이 돋습니다. 내 PC에는 내가 다니는 모든 사이트가 다 로그온이 되어 있는 셈이니 말입니다. 물론 노트북 자체의 로그온 관리를 철저하게 한다면 분실되어도 PC 데스크톱에 진입할 수 없으므로 최소한 안전장치는 있는 셈이겠지만, 로그온된 상태로 도난당할 수도 있는 일입니다.

이에 대한 가장 대중적 해법은 암호 관리자, 즉 '패스워드 매니저'를 쓰는 것입니다. 아이디와 패스워드를 브라우저 대신 내가 직접 통제할 수 있는 방법으로 관리하는 것입니다. 브라우저처럼 무조건 기억하는 것은 아니고 적어도 마스터 패스워드를 입력해야만 하니 스스로 관리하고 있다는 느낌은 확실합니다. 하나의 마스터 키만 잘 보관하면 그 안에 들어 있는 다른 열쇠는 언제든 알아서 찾아 줍니다. 이들은 브라우저로부터 아이디와 패스워드를 추출한 후 브라우저에 저장된 내용은 깨끗하게 비워 주어 더 안전하게 관리하는 서비스를 제공합니다. 이미 수많은 제품이 군웅할거 중이지만 부담 없이 시작할 수 있는 대표적인 상용 제품들로는 1password. com, lasspass.com, Norton Identity Safe 등이 있습니다.

이런 류의 프로그램들은 소위 '프리미엄*' 모델로 되어 있고, 클라우드 사용에는 보통 비용이 듭니다. 그런데 클라우드 위에 내 정보를 넣어 두는 것이 21세기적 편의라고는 합니다만, 가장 민감한

● 프리미엄(FREEmium, Premium이 아님)

처음 사용은 프리(Free)로 시작하게 하지만, 프리미엄(Premium) 체험의 경우 돈을 내게끔 하는 모델입니다. 예컨대 단독 사용은 공짜이지만, 클라우드에 모두 저장해 두고 PC나 맥은 물론 스마트폰이나 태블릿에서도 저장된 아이디·패스워드를 열람할 수 있게끔 하는 기능은 유료라든가 하는 식입니다.

패스워드 정보를 모든 사람들이 공유하며 어디인지 모르는 정처없는 그곳에 담아 둘 만한지는 약간 의심이 가기도 합니다. 클라우드란 결국 만인이 연결될 수 있는 곳, 따라서 자연스레 해커들의 요람이 되기도 합니다. 국내에도 잊을만하면 유명 사이트들이 털렸다는 소식, 개인 정보 유출 소식이 줄을 잇곤 합니다. 인터넷에 연결된 서버들의 숙명이지요. 글로벌하게는 소니나 링크드인마저 털렸던 적이 있습니다. 심지어 앞에 소개한 라스트패스의 클라우드도 실제로 소니와 비슷한 시기에 털렸으니 말 다했지요. 다행히 라스트패스의 경우 클라우드 내용이 털려도 되는 식으로 설계되어 살아남을 수 있었습니다. 따라서 어쨌거나 이 자리에서 추천은 할 수 있게 되었습니다.

한편 요즈음 브라우저에는 오토필Auto-Fill이라는 웹 페이지 양식을 알아서 채워 주는 기능이 있습니다. 굳이 아이디와 패스워드를 찾을 필요도 없이 웹 페이지에 이미 입력이 되어서 뜨는 것을 그렇게 멋지게 부르는 것인데, 주소나 카드 번호와 같은 다양한 양식에 적용되어 편리합니다. 특히 회원 가입을 할 때 진가를 발휘합니다.

그러나 한국 사이트의 경우 정작 필요한 결제 정보는 액티브X로 점철된 경우가 많아 무용지물이 되기에 십상이고, 100% 완벽하지 않을 바에는 걸리적거릴 가능성이 크기에 그 보편적 유효성은 여전히 잘 모르겠습니다.

　이래저래 귀찮음의 원천인 PC 따위 더 이상 쓰지 않고, 스마트 시대에 맞게 스마트폰이나 태블릿만 쓰겠다는 마음도 먹을 수 있습니다. 따라서 위의 솔루션은 모바일에서도 사용할 수 있어야 합니다. 다행히 모든 웹 서비스들과 마찬가지로 대개의 솔루션들이 모바일 판도 기본 제공해 주고 있습니다. 심지어 웹뿐만 아니라 앱에서도 아이디와 패스워드를 입력해 주는 기능이 있지만, 모바일의 경우 그냥 앱이 저장해 두도록 하는 것이 모바일이라는 편의성 면에서 현실적으로 타당하다고 볼 때 큰 장점이라고 보기는 힘들 것 같습니다.

내가 의존하고 있는 관리자는?
KeePass라는 오픈 소스의 대안

　그래서 과연 무엇을 쓰고 있을까요? 공교롭게도 위의 추천 상용 솔루션이 아닌 오픈 소스 애플리케이션 KeePass를 쓰고 있습니다. 처음 약간의 문턱이 있기는 하지만, 완전한 공짜이고 게다가 오픈 소스입니다. 따라서 거의 대부분 컴퓨터 시스템에서 널리 쓰이고, 또 그 사용성과 안전성이 역으로 기술자 대중에 의해 검증되고 있는 살아 있는 플랫폼이기도 합니다.

단 전혀 화려하지가 않고, 사용자 체험도 꽤나 어설픕니다. 말 그대로 날것 느낌 그대로입니다. 오픈 소스 성격상 클라우드를 통한 일관성 있는 서비스도 기대하기 힘듭니다. 그래도 다소의 용기가 있다면 나름의 쓰는 맛이 있습니다. 오픈 소스인 만큼 KeePassX 및 KeePassXC라는 이름으로 맥, 리눅스 등 다양한 단말용이 마련되어 있고, 미니키패스MiniKeePass라고 하여 iOS 버전도 있으며, 키패스드로이드KeePassDroid라는 안드로이드 버전도 있는 등 키패스 생태계가 풍성합니다.

.kdb나 .kdbx라는 확장자를 가지는 패스워드 정보 파일을 드롭박스나 스카이드라이브 등 클라우드에 넣어 두고, 모바일 단말에서 읽어들여서 쓸 수도 있으니 정식으로 클라우드를 지원하지 않아도 느낌은 흉내 낼 수 있습니다.

물론 번잡하고 귀찮지만 마음의 평온을 위해 가야만 하는 이 길을 가기로 한 이상, 마음의 번뇌보다는 나은 일입니다.

그런데 적어도 키패스를 열기 위한 마스터 패스워드만은 무슨 수를 써서라도 기억해야 합니다. 이조차 쉽지 않은 일일 수 있겠지만 마스터 패스워드를 포스트잇에 적어 놓고 노트북 전원 버튼 옆에 붙여 놓았다가, 함께 분실하는 일만은 절대로 하지 말아야겠지요. 이러한 모든 수고가 괴한의 편의를 위한 일이 되고 마니까요.

생체 인증이 만들어 가는 미래,
내 몸이 비밀번호가 되는 날

IT가 만드는 다양한 혁신들, 요즈음에는 모든 산업이 IT에 의해 변하고 있다 보니, IT 산업이 아닌 구석이 없을 지경입니다. IT가 사회를 급속한 속도로 변화시키는 비결은 컴퓨터가 제일 잘하는 일 속에 있습니다. 바로 계산하고 기억하는 일입니다. 이 두 역량을 어떻게 조합하느냐에 따라 빅데이터에서 인공지능까지 온갖 트렌드가 완성됩니다.

그중에서도 가장 강력한 것은 바로 우리, 즉 사람을 기억하고, 그 사람에 대한 정보를 계산하는 일일 것입니다. 컴퓨터는 지금 굉장한 효율로 우리를 기억하고 또 계산하기 시작했습니다.

인증이 있는 생활

인터넷을 활용하는 각종 서비스가 편리한 이유는 바로 나를 기억하고 있기 때문입니다. 내가 알려 준 속성을 토대로 내게 맞는 서비스를 제공해 주는 개인화라든가, 나의 행동이나 활동을 계산하여 알맞은 혜택을 챙겨 주는 옴니채널*이나 O2O 등을 생각해 봅시다. 최근은 핀테크까지 본격적으로 무르익으면서 나를 파악하고 기억하는 일은 물론, 내가 나라는 것을 빠르고 효율적으로 인증할 필요가 생기기 시작했습니다.

이렇듯 내가 정말 나라는 걸 시스템이 확신할 수 있어야 나를 보살필 수 있습니다. 하다못해 작은 웹 사이트만 들어가도 나를 기억해 주고 개인화된 내 메뉴를 보여 줍니다. 보통은 가장 유서 깊고 널리 쓰이는 아이디와 패스워드를 통해서입니다. 하지만 스마트 시대에 이 구조는 조금 불편합니다.

> ● 옴니채널
> 기업과 소비자가 만나는 온·오프라인의 다양한 채널을 디지털로 연계하여 소비자를 감싸 안 듯 총체적(옴니) 채널을 구축하는 전략입니다. 오프라인 매장에 물건을 사러 갔을 때 재고가 없는 경우, 그 자리에서 온라인으로 주문하여 택배 배송해 주는 등 소비자가 끊김 없는 체험을 하도록 하여 만족도를 높이는 것이 목적입니다.

우선 패스워드는 잊어버리기 쉽습니다. 그렇다고 기억하기 쉬운 것으로 했다가는 요즈음 같은 세상에는 신상과 재산을 털리기 십상입니다.

그럼에도 아이디와 패스워드가 널리 쓰이는 이유는 그만큼 익숙하고 구현이 쉽기 때문이기도 합니다. 웹 브라우저가 이곳저곳 계정을 다 기억해 주고 있지만, 돈이 오가거나 하는 중요한 일에는 이것만 믿을 수는 없습니다. 정보가 털리는 날에는 그 대가가 너무 큽니다. 나를 알아보는 다른 방법이 필요해지는데, 아이디와 암호의 조합에 더해 다요소 인증 이 등장할 차례입니다.

인증의 최전선인 생체 인증

암호란 기본적으로 내가 알고 있는 것으로 나를 증명하는 일입니다. 하지만 내가 아는 건 어찌어찌하여 남도 알 수 있습니다. 그렇다면 내가 지니고 있는 것으로 증명해야 할 것입니다. 많이 쓰이는 휴대전화 인증이나 각종 IC 카드, 인증서 등이 좋은 예입니다. 하지만 무언가를 '소지'해야만 한다는 것은 적잖이 불편하고 귀찮은 일입니다. 인증 수단을 소지하는 형식이나 방법이 이용자를 고려하지 않는다면 공인인증서의 경우처럼 사람들의 짜증을 부르고 맙니다. 이제 비장의 무기로 마지막 증명 방법이 등장할 차례, 바로 생체로서의 나 자신, 내 존재를 가지고 증명하는 일, 생체 인증을 불러올 차례입니다.

만약 내 신체라는 분리 불가능한 도구로 나를 증명할 수 있다면 조금은 편해질 수 있습니다. 그래서 생체로 인증하는 지문인식은 그 속도와 편의성 덕에 생체 인식의 대중화를 급속히 이끌었습니다.

아이폰이 대중화의 물꼬를 튼 지문인식은 이제 생체를 인식시켜야겠다는 의식 없이도 순간적으로 잠금을 풀어 줍니다. 화웨이 등 후발 스마트폰 업체들도 3D 지문인증 센서 정확도를 늘리며 이 체험을 일상으로 만들고 있습니다. 잘 듣는 지문인식에 익숙해지면 패턴이나 암호를 입력하던 시절로는 되돌아갈 수 없습니다.

인증에 활용되는 신체 범위도 넓어지고 있습니다. 갤럭시 노트는 홍채 인증에 대한 벽을 낮췄습니다. 홍채도 눈 속 근육인 만큼 주름이 지는데, 이 주름의 패턴을 카메라로 찍어 대조합니다. 지문보다 더 정확하고 안전하다고 하는데, 더 정확한 지문도 있습니다.

손가락 정맥 인증 기술이 조용히 퍼지고 있습니다. 지정맥 센서를 활용한 스마트 ATM도 등장했는데, 일본에서는 생체 인증 ATM의 대세가 지정맥이어서, 히다찌 등 일본계 회사들이 주로 밀고 있습니다. 종래의 지문인식은 물이 묻거나 너무 마른 상태이거나 손가락이 깨끗한 상태가 아니면 잘 작동하지 않았습니다. 하지만 지정맥은 손가락 혈관이 지닌 제각각의 패턴을 근적외선으로 읽어 내니 한층 진보되었다 볼 수 있습니다.

애플 시리의 뒤에 있는 뉘앙스Nuance라는 회사는 화자 인증을 지니고 있습니다. 성문이라는 말이 있듯 목소리의 무늬도 훌륭한 하나의 인증 정보인 것입니다. 머리끝에서 발끝까지 이처럼 우리의 몸은 이미 그럴듯한 열쇠로 가득 차 있습니다.

애플이 아이폰 X 부터 탑재하기 시작한 페이스 ID도 빼놓을 수 없습니다. 얼굴이라는 3차원의 퍼즐, 이 입체를 적외선으로 촬영하여 그 무늬를 기억하는 것입니다. 우리 인체는 제각각의 무늬로 기록된 훌륭한 정보 저장소였던 것입니다.

커지고 있는 생체 인증 시장

놀이공원, 특히 워터파크에서는 지갑 휴대가 불편합니다. 그래서 보통 그 안에서만 쓸 수 있는 화폐를 충전하여 쓰도록 하는 모델이 많이 운영되는데, 이를 생체 인증과 접목시키면 편해집니다. 일본 테마파크 하우스텐보스에서 이미 수백만 명 규모로 사용된 바 있는 생체 인증 지급 결제 방식입니다.

이런 일에는 나름의 기술이 필요합니다. 이용자 단위가 커질수록 생체 정보 대조를 초고속으로 수행하기가 힘들어지기 때문입니다. 시스템 구축 비용 자체가 커질 수밖에 없고, 가장 본질적인 개인 정보를 서버나 클라우드에 보관하고 있어야 한다는 점에서 관리

부하가 커집니다. 물론 생체 정보를 서버가 아닌 스마트폰에만 기록하는 것같이 단말을 매개로 쓰는 방법도 있지만, 이 스마트폰을 늘 휴대하게 하는 시나리오를 적용하기 힘든 상황도 있습니다.

하우스텐보스 머니라는 대표 사례에서 볼 수 있듯이, 일본은 생체 인식에 적극적입니다. 지난 동일본 대지진 당시 모든 것을 잃은 이들이 ATM조차 쓸 수 없던 아픈 기억을 겪었기 때문입니다. 평정심도 소지품도 다 잃는 날에도 나를 증명할 수 있어야 한다는 강한 사회적 동기 부여가 있었습니다.

솔루션은 수요가 있는 곳에서 생겨납니다. 각종 금융 기관이나 유통 기업 등 회원제 서비스 사업자들을 위한 생체 인증 미들웨어 사업이 점점 커지고 있습니다. 관리에 대한 걱정을 덜어 주기 위해 클라우드 센터와 연계하여 위탁 운영을 하는 식입니다. 개인 정보도 원천 암호화하여, 설령 유출되어도 누군지 알 수 없도록 배려하는 등 생체 인증 기능만 모듈화되어 시장이 생기고 있습니다.

생체 인증 기능이 이처럼 모듈화됨에 따라, 다양한 조합이 가능해집니다. 생체 인증을 패스워드나 IC 카드 등 종래의 인증 방식과 조합하여 최적의 체험을 제공하려는 시도가 늘어납니다.

윈도우 10의 기능인 'Windows Hello'도 주변 기기가 지원만 한다면 지문, 얼굴, 홍채 등 복수의 생체 인증 시스템을 제공합니다. 얼굴 인식에는 보통 근적외선 센서 내장 카메라를 쓰는데 노트북이 이를 제공하지 않더라도, USB 지문 센서를 대신 쓰는 등 가지고 있는 기기로 보안에 최선을 다할 수 있습니다. 운영체제가 이렇게 모듈화를 지원하기에 관련 시장은 지금 끓어오르고 있습니다.

한국도 김포·제주 공항에서 국내선을 탑승할 때 신분증이 없더라도 지문, 손바닥 정맥 인식만으로 신원 확인을 하는 생체 인식 서비스를 시행했습니다. 우체국도 생체 인식 ATM을 도입한다고 합니다. 이미 정부가 공인인증서 의무 사용을 폐지하기로 하고 다양한 인증 수단을 활성화하기로 한 이상, 사회 곳곳에서 생체 인증의 매력과 가치는 한층 더 올라갈 듯합니다.

그런데 생체 인증은 만능은 아닙니다. 생체 정보도 때로는 위조나 오용이 가능하고, 유출되면 암호처럼 바꿀 수가 없다는 한계가 있기 때문에 인증 방식의 완결형은 될 수 없습니다.

생체란 대체 불가능합니다. 내 지문이 3D 프린터 소스로 유통되었다고 해 봅시다. 그렇다고 내 몸을 암호 갱신하듯이 바꿀 수는 없는 일입니다.

생체 인식은 잠금을 푸는 정도에 널리 쓰이고 있지만 결정적 판단 자료로 운영되려면 아직은 공항 출입국 관리처럼 사람의 관리 아래에서 종합적 판단과 함께 해야 할 것이라는 것이 역설적 중론이기도 합니다.

다행히 생체 인식은 점점 고도화되어 가고 있습니다. 단순히 무늬를 비교하여 가부를 승인하는 방식이 아니라 인공지능을 도입, 조금 더 입체적인 추론을 하는 방향으로 나아가고 있습니다.

지문의 본을 뜬다거나 A4 용지에 얼굴을 인쇄해서 들이대면 암호가 풀리는 허망한 보안은 첩보 영화의 단골 소재였지만 인공지능과 결합한 생체 인증은 그렇게 호락호락하지 않습니다.

하나의 정보로만 기계적으로 대조를 하는 것이 아니라 인간이 사람을 알아볼 때처럼 정보를 입체적으로 조합하는 것입니다.

대표적인 것이 아이폰 X의 페이스 ID나 윈도우 10의 Windows Hello 등입니다. 지문이나 홍채 이외에도 적외선 센서 카메라 등 다각적 정보 제공 도구가 대중화된 것을 계기로, 적외선을 포함한 세 대의 카메라가 어두운 곳에서도 얼굴을 입체로 인식합니다. 내 사진을 크게 인화해 들이대도 순순히 풀어 주지 않습니다. 화장이나 면도, 헤어스타일 변화 등 일상의 변화가 있어도 우리가 사람을 알아보듯이 이제 기계가 나를 기억하게 됩니다.

물론 인공지능의 도움을 받더라도 역시 생체 인식은 만능은 아닙니다. 등록된 생체 정보란 살아 있는 생체 정보와 100% 일치할 수 없다는 한계 탓인데, 페이스 ID가 쌍둥이, 심지어 모자 사이에도 착각하는 일이 있었습니다. 하지만 나에 관한 모든 정보를 토대로 나를 기억하고 구분해 내는 기술은 점점 발전할 것이기에 사람이 사람을 구별해 내는 것보다 기계가 사람을 구별해 내는 효율이 더 높아지는 날은 오기 마련입니다.

미래의 CCTV는 내가 고개를 숙이고 지나도 나의 풍채, 걸음걸이, 패션 등 분위기와 느낌마저 총동원해 나를 기억하고 내게 광고를 포함한 조언을 해 올 수도 있습니다.

생체 인식은 이처럼 우리를 귀찮게 할 수도 있지만, 한편으로는 우리를 살릴 수도 있습니다. 이 기술로 발달한 센서들은 우리의 생체 신호를 더 효율적으로 가져가 분석할 수 있을 것이기 때문입니다. 귀에 꽂는 블루투스 헤드셋이 심박 수는 물론 최대 산소 섭취량까지 읽어 내는 시대입니다. 가까운 미래에는 우리 얼굴을 인증하는 시스템이 내 안색을 읽고 의사와의 온라인 상담을 잡아 줄지도 모르는 일입니다.

생체 인증의 현실과 미래

애플이 출원한 특허 중에 아이폰 지문 인증에 관한 것이 있습니다. 아이폰을 행여 주워서 쓰려고 하면 그 지문과 부정 액세스 시도 횟수, 심지어 카메라나 마이크까지 동원하여 녹취를 시작, 클라우드로 송신하는 것입니다. 사용자 입장에서는 고마운 기능이지만, 생체 정보란 이처럼 얼마든지 나도 모르게 재빨리 취득되고 유통될 수 있다는 것을 알려준 특허 뉴스였습니다.

인간이 타인을 인식하는 일은 마치 엄마의 얼굴을 보고 옹알이를 시작하는 아이처럼 본능적인 일입니다. 어떻게 보면 우리 사회가 직접적인 대면 인증을 거래의 기본 전제로 삼는 경우가 많은 이유는 바로 이 본능에 대한 존중이기도 합니다.

미래의 시스템이 나를 알아보기 시작할 때, 나에 대해 꽤 많은 것을 알고 있을 터입니다. 미래의 생체 인식은 두 가지로 퍼져 나가고 있습니다.

하나는 깊은 인식, 우리의 생체 신호를 더 효율적으로 자세히 가져가는 것입니다. IoT 센서는 이를 일상화했는데, 점점 더 많은 내가 클라우드에 기록되는 세상이 오고 있습니다.

또 하나는 얕은 인식, 그냥 내 얼굴을 기억하는 정도입니다. 얼굴이 보이지 않는다면 특유의 걸음걸이라도, 나를 특정할 수 있는 특징을 잡고 내 동선을 알고 있다면, 내가 누구든지 내게 다양한 정보를 제공하거나 광고를 보여줄 수도 있습니다.

라이프 스타일 인증이라고도 불릴 수 있는 이 인증은, 이미 우리가 온라인에서 웹 사이트를 돌아다닐 때 느끼고 있습니다. 쿠키가 우리를 기억하고, 한 번 본 상품 광고가 여기저기 쫓아다니고 있습니다.

영화 〈마이너리티 리포트〉에는 거리를 다니는 사람들의 홍채가 인식되어 맞춤 광고가 보이는 장면이 있습니다. 이 장면은 많은 이들에게 미래를 생각하는 계기를 만들어 줍니다. 영화 속 거리 맞춤 광고도 공상만은 아닙니다. 마치 오늘날 우리가 웹에서 잠시 찾아본 상품의 광고가 계속 여기저기 쫓아다니듯, 오프라인에서도 이런 마케팅이 벌어질 수 있습니다.

어려서 동네 연쇄점은 포인트 카드도 신용카드 단말기도 없었지만, 우리 얼굴을 기억하고 지갑이 없어도 외상 장부에 달아 놓아 주고 기분 좋으면 덤을 주기도 했습니다. 우리는 먼 길을 돌아 그 추억으로 돌아가려나 봅니다. 대신 그 연쇄점 안에는 주인 아주머니가 아닌 기계가 앉아 있을 수 있습니다.

내 몸 말고 내 존재를 스캔할 때

어쨌거나 이와 같은 생체 인식에 대한 믿음과 기대에는 내 몸이야말로 바로 나라는 대전제가 있습니다. 하지만 가장 분명한 나는 패스워드를 기억하고 있는 것은 나뿐입니다. 의식을 잃은 육신이 생체인증으로 나만의 비밀 폴더에 접속할 수 있다고 생각해 보면 서늘해집니다. 반대로 내가 내 몸의 일부를 혹은 전체를 잃었을 때 접속할수 없다면 옳은 일일까요? 의식이 있다면 나는 아직은 나입니다.

그렇다면 내 몸을 스캔하듯 몸이 아닌 내 존재를 스캔해서 인증할 수는 없을까요? 미래의 보안 최전선은 여기에 있습니다. 남의노트북을 쓰려고 하자 자판 및 트랙 패드를 누르는 각도와 속도, 앱을 여는 움직임이 98%의 확률로 주인님과 다르다고 생각하고 바로화면을 닫아 버린다면 어떨까요?

생체 인식은 첩보 영화의 단골 소재이지만 공상 과학의 단골 소재는 아니었습니다. 작가들에게는 미래를 보는 눈이 있습니다. 지문을 들이대지 않아도 우리가 식구를 알아보듯 미래의 기술은 번잡한 인증 과정 없이도 조용히 우리를 알아보고 액세스를 허락할 것입니다.

IT가 삼켜 버린
생활의 상식

　IT는 이제 더 이상 IT만의 것이 아닙니다. IT가 세상을 전부 다 삼켜 버릴 것 같이 변화시킨 결과, 이제 누구나 그 혁신의 씨앗을 심을 수 있게 되었습니다. 우리 생활에는 정보와 통신이라는 기술이 이미 속속 들어와 있습니다.

교육도 크리에이티브하게

　유튜브로 돈을 아주 잘 버는 이들 '유튜버'의 전성시대가 한국에도 열렸습니다. 개인 미디어의 가능성이 개화했다고 해도 과언이 아닙니다만, 앞으로는 이 개인 미디어가 새로운 활로를 찾을 가능성이 있습니다. 그것은 바로 교육입니다.

물론 MOOC Massive Open Online Course 라 하여 온라인 교육이 대두한 것은 어제오늘이 아닙니다만, 이제 유튜브처럼 1인 창작의 영역이 됩니다.

흥미로운 사례로 중국의 yy.com이 있습니다. 원래는 게이머들이 서로 소통하기 위한 음성 채팅 플랫폼이었지만, 여기에서 노래방처럼 노래를 부르고 공유하기 시작하여 말 그대로 대박이 납니다. 중국판 아프리카TV라 불릴만한 사이트가 되었는데요, 이 플랫폼을 기반으로 edu.yy.com이라는 교육 사이트로 확장하게 됩니다.

한국의 교육 산업은 불황의 21세기에 들어와서도 나 홀로 90% 이상 성장할 정도로 특이한 산업으로 알려졌습니다. 이제 이 고성장 산업에도 ICT 정보 통신 기술 의 날개가 달릴 수 있습니다.

첨단 공학 기술은 완구에도

자율 주행 자동차 분야 기술 개발은 구글이나 우버와 같은 IT 기업은 물론 볼보, 마쓰다, GM과 같은 양산차 업체들도 열심이어서 괄목할 만한 성과들이 있습니다.

핸들과 페달에서 손과 발을 내려놓고 고속도로를 달리는 기분은 직접 겪어 보지 못해서 쾌적할지 불안할지 알 수 없지만, 시연 동영상 속의 시승자들은 애써 태연합니다. 시범 자율 주행 차들의 사고 소식도 들리긴 합니다만, 여전히 통계적으로도 사람이 운전하는 차보다 안전합니다.

그렇다면 가족과 함께 미니카를 이용해 자율 주행을 한번 해 보는 건 어떨까요? 장난감 미니카는 충돌해도 전복되어도 안심입니다. 갖가지 장애물을 피해 잘도 나아갑니다.

국내에서도 타카라의 쵸로Q 미니카 시리즈를 팔고 있습니다. 벌써 35주년이나 된 이 제품은 마니아가 형성될 정도로 아는 사람은 다 아는, 살아 있는 화석과도 같은 추억의 장난감입니다. 쵸로Q 시리즈 중에는 자율 주행 미니카 Q-eyes가 있습니다. 프론트 범퍼에 장착된 두 개의 센서로 장애물을 잘도 피합니다. 진짜 자동차의 자율 주행 기능이 의심스러운 어른과 그 기본 원리가 궁금한 아동이 함께 즐길 수 있는 ICT 완구인 셈입니다.

마찬가지로 국내에서도 인기 있는 미니카 핫휠의 경우는 고프로 마운트가 달려 있습니다. 미니카를 탄 요정의 기분으로 1인칭 시점의 멋진 영상을 만들어 놓고 즐기는 기분은 또 색다르겠지요.

미래의 미장원은 어쩌면 생방송 스튜디오

헤어 스튜디오에 태블릿 하나쯤은 있어서 어떤 스타일을 원하는지 상담하는 일, 있을 법합니다. 그런데 이 정도면 충분한 IT 미장원일까요?

'니코니코 생방송'으로 유명한 일본의 IT 기업 디완고Dwango는 사내에 유명 헤어 디자이너와 콜래보레이션으로 '미래의 미장원'을 설치했습니다. 일종의 사내 복지 일환입니다만, 커트 거울 위에는 고프로GoPro 카메라가, 샴푸 의자 위에도 CCTV 카메라가 달려 있습니다. 카메라가 있는 목적은 커뮤니케이션의 활성화입니다. 머리를 하면서 토크를 할 수도 있고, 이것이 생중계되는 것입니다. 이것은 니코니코의 전매특허인 소통 방식입니다. 화면에 사람들의 의견이 마구 흘러갑니다. 자연스러운 회화가 있는 장소라는 미장원의 콘셉트가 온라인으로 확장될 수 있는지 기업 스스로 실험해 봤던 것입니다.

미장원의 각종 기자재가 인터넷에 연결되면서 앞으로 벌어질 시도는 더 재미있습니다. 로레알L'Oreal과 같은 뷰티 업계의 리더들은 하나같이 수년째 증강 현실AR에 관심을 가지고 다양한 시도를 하고 있습니다.

앞으로는 살롱의 거울에 앉아 30분 후 변화될 내 얼굴을 놓고 상담을 할 수도 있겠지요. 아니 미리 집에서 스마트폰으로 내가 원하는 얼굴을 가상으로 만들어 놓고 예약을 할 수도 있겠군요.

스마트폰에서 들리는 아기의 숨소리, 육아의 웨어러블

아기가 잠을 잘 자고 있는지 부모는 늘 불안합니다. 숨은 잘 쉬고 있는지 자꾸 확인할 수밖에 없는 것이 부모의 마음입니다.

베이비 모니터는 이미 번듯한 시장을 형성하고 있지만, 이제 아기들도 '웨어러블'이 어울리는 시대가 되고 있습니다.

오울렛   이라는 일종의 아기 양말은 산소 포화도, 심박 수, 체온, 수면의 질까지도 모니터링해서 스마트폰으로 알려 줍니다. 스프라우틀링   은 발찌 같은 예쁜 디자인으로 비슷한 기능을 합니다. 스타트업이었지만 지금은 피셔 프라이스에 인수되었습니다.

유아는 아직 소통을 할 줄 모르기에 아기의 상태가 더 궁금합니다. 보이지 않는 어둠 속의 꿈나라로 아기를 혼자 보내야 할 때, 스마트폰을 통한 소통이 그리운 법인가 봅니다.

하지만 이러한 첨단 제품은 꼭 후기를 읽어 보고 구매합시다. 제대로 기능하지 않거나 발진이 생긴다거나, 아이용 신제품에는 여러 불평이 뒤따르기 마련입니다.

날고 싶은 자동차의 꿈

한때 슬로바키아의 에어로모빌AeroMobil 3.0이라는 '나는 자동차'가 관심을 끌었던 적이 있습니다. 3.0이라는 버전이 암시하듯 89년부터 만들어 왔기 때문에, 드디어 모두가 감동할 만한 버전이 만들어졌나 생각했습니다. IT 기기는 버전이 3.0은 되어야 쓸 만하다고 느껴 왔기 때문입니다.

관심이 가는 것은 역시 조종석과 계기판입니다. 조종석이라기보다는 운전석에 가까운 내장에 큼지막한 LCD가 배치된 것이 전기차 테슬라와 흡사합니다.

자동차와 흡사한 내장 및 외관에 쏙 접히는 날개, 일반 차량용 주차 공간에도 주차할 수 있습니다. 다른 차와 같이 주유소에서 기름도 넣습니다. 조종석은 자동차 운전석과 보조석으로 착각할 것 같이 안락해 보입니다. 3.0이 추구한 바는 일상의 익숙함이었습니다.

그러나 안타깝게도 3.0의 시험 기체는 슬로바키아의 초원에 추락하고 맙니다. 다행히 개발자는 비상 탈출하여 경상에 그쳤습니다만, 체면이 말도 못 하게 구겨졌습니다. 한참 소식이 없었습니다만 5세대를 들고 나왔습니다. 5세대는 4세대 기능에서 수직 이착륙이 가능한 모델입니다.

비슷한 콘셉트로는 네덜란드의 Pal-V라는 것이 있습니다. Pal-V는 삼륜차를 헬리콥터와 결합한 모양인데, 가격도 십몇 억은

쥐야 하는 에어로모빌보다 저렴하여 5~7억 원 정도에 살 수 있지 않을까 합니다.

하지만 기술이 안전을 보장한 상태로 발전해도 과연 사회 제도가 이를 수용할지는 별개의 문제이지요. 낯선 비행 자동차가 도심 상공을 가로지르는 일을 시 정부는 둘째 치더라도 시민들이 허용할 수 있을까요? 그러나 이 힘든 일을 정말 하려는 이들도 있습니다. 우버는 도심에 작은 공항을 만들고 마치 간선처럼 하늘을 나는 자동차를 이용하는 우버에어를 진지하게 구상 중입니다. 달라스, LA에 이어 시드니, 멜버른 등지까지 시작 도시들도 꽤 진지합니다. 시외에서 시드니로의 2시간 거리 길이를 20분으로 단축할 수 있다면, 해 볼 만한 프로젝트라는 공감대가 생길 만합니다.
조금 무섭기는 하겠지만…….

웨어러블은 패션이 될 수 있는가?

애플 워치가 판매를 시작할 때 루이비통의 시계 부문 총괄장 클로드는 "신입생이 디자인한 것 같다."는 강한 코멘트를 날렸습니다. 좋고 싫음이 극명하게 갈렸다는 것만 봐도 웨어러블은 IT와 패션의 접점에 서 있는 기업 애플에게조차 쉬운 일이 아닌 장르입니다. 시계는 처음부터 패션이었으니 그나마 다행입니다. 문제는 패션 장르에도 속하지 않았던 웨어러블 기기입니다.

대표적인 것이 블루투스 이어셋입니다. 전화와 오디오는 물론 음성 인식의 중요성이 더해가면서 필수 아이템이 되었지만, 여전히 디자인은 기능성 위주입니다.

영화 '그녀'에서 기억에 남는 것은 귀에 꽂는 단촐한 이어셋이 었습니다. 귀에 쏙 들어가서 그녀의 허스키한 목소리를 잘 담아 날랐습니다. 그 영화 이후로 귀에 꽂는 이어셋의 유행이 시작되었다고 할 만한데, 모토로라의 '모토 힌트'는 패셔너블 디지털 귀마개의 효시와도 같은 제품입니다. 블루투스 이어셋은 잘못 만들면 프랑켄슈타인의 나사못 귀처럼 보이기 쉽습니다만, 괜찮았습니다.

그 후 애플도 에어팟을 내놓아 거리에서도 심심치 않게 볼 수 있게 되었습니다. 처음에는 귀에 우동이 흘러내리는 것 같다는 평가를 받았으나, 지금은 머리카락과 어울리게 각도만 잘 조절하면 귀걸이 같아 보이기도 하고 나쁘지 않습니다. 어쨌거나 이 시장은 점점 커지고 있습니다.

패션은 진화할수록 두드러지지 않고 주인에게 녹아듭니다. 웨어러블은 점점 더 작아지고 점점 더 위화감 없도록 발전하고 있습니다.

체제가 일상을 인지하게 될 때,
센서가 클라우드를 만나는 날

IT도 결국은 공학입니다. 공학의 강점은 측정에서 시작합니다. IT가 없었다면 주먹구구 눈대중이나 우연한 메모로 끝났을 일들이, 이제 비교적 정확하게 파악됩니다. 인간의 오감을 대신하는 다양한 센서 기술이 공학과 함께 발전해 온 덕입니다.

그리고 그 센서의 가격이 충분히 저렴해져서 누구나 살 수 있을 뿐만 아니라 어디나 달아 놔도 좋아 보이며, 또 동시에 그 수많은 센서로부터의 데이터가 네트워크를 통해 취합되면서, 사물 인터넷 그러니까 IoT라는 트렌드가 생겼습니다.

근래 각종 질 나쁜 범죄의 검거나 예방에 맹활약 중인 CCTV는 이러한 센서 대중화의 상징이라 할 수 있습니다. 디지털카메라가 대중화되기 시작한 시기는 20세기 말이었는데, 세월이 참 빠릅니다.

하나의 기술이 발명되고 퍼지고 또 성숙기에 접어들 때까지 시간은 의외로 많이 걸립니다. 카메라 센서 모듈 단가는 한없이 내려가서 이제는 어디든 하나쯤 박아 넣어도 부담 없어졌습니다.

센서 부품 가격 하락과 소형화는 정보 생산을 편하게 합니다. 이미 스마트폰만 해도 GPS 센서, 가속도 센서 등 다양한 센서들의 집합체입니다. 컴퓨터에게 있어 정보 입력이란 지루한 타자밖에 없었던 시절도 있었음을 생각해 보면, 요즈음은 참 정보 생산이 쉬워졌습니다.

가장 유서 깊은 센서인 마이크는 음성 인식이라는 걸출한 응용 분야를 잘 키워서 '시리'에서 '구글 어시스턴트'까지 운영체제의 핵심적 서비스로 발전할 수 있었습니다.

스마트폰으로 폭발한 이 센서의 양은 이제 스마트폰을 벗어나면서 큰 비약을 하려 하고 있습니다.

IoT는 그 징조를 나타내는 현상인데, 비콘의 등장은 그 대표적 사건 중 하나입니다. 비콘이란 근처에 다가온 모바일 장비에 신호를 발신하는 작은 사물을 뜻합니다. 저전력 블루투스로 신호를 발신하여 앱이 반응하게끔 하는 것이 바로 비콘입니다. 사용자 대신 스마트폰을 터치하고 링크를 클릭해 주는 기술이라 생각하면 쉽습니다. 특정 위치를 지나가는 소비자의 스마트폰에 쿠폰을 띄우는 용도로 활용되는 기술이 비콘이며, O2O와 옴니채널의 트렌드에서 빼놓을 수 없는 기대주가 되었습니다.

특히 NFC는 폰을 가져다 대는 행위를 해야 한다는 점, 그리고 애플의 경우 아이폰 NFC는 애플페이에서만 쓸 수 있기에 보편적이 될 수 없다는 점에서 비콘이야 말로 신유통의 미래를 열 유망주로 주목을 받게 된 것입니다.

최근의 비콘에는 가속도 센서나 온도 센서 등이 내장되어 있습니다. 비콘이 흔들리거나 움직였을 때 반응하는 앱을 만들 수도 있는 것입니다. 냉장고나 문에 달아 놓고 앱 사용자를 즐겁게 하거나 놀라게 할 수도 있겠지요.

매장에서는 전시 상품 안에 살짝 넣어 둘 수 있습니다. 상품을 집어 드는 순간 앱과 주변의 온갖 디지털 사이니지가 판촉 메시지로 반응하게 할 수도 있습니다. 물론 조명도 함께 말입니다.

비콘과 같은 염가의 신호 교환기는 유통에서만 유용한 것은 아닙니다. 예컨대 병원에서 의료 장비 및 환자 관리와 같은 상호작용에서 활용되려는 시도가 돋보입니다.

이 트렌드만 보더라도 가장 민감하게 측정하고 싶은 것은 바로 우리 자신임을 알 수 있습니다. 때로는 소비자로서, 때로는 환자로서 우리의 움직임, 우리의 생명 그 자체를 측정하고 파악하는 일에 IT의 최전선이 사용되고 있습니다.

헬스 케어 및 의공학의 최첨단은 이미 IT 그 자체가 되었습니다. 꼭 어디가 아프지 않더라도 요즈음 유행어인 '정량화된 나 Quantified Self', 즉 나를 수치 계량화하는 일은 힙하고 핫한 트렌드가 되었습니다.

오늘 육체적으로는 얼마나 달리고 걸었는지, 오늘 정신적으로는 무엇을 보고 몇 자를 썼는지 일거수일투족을 기록해 가면서 자아를 돌아보는 것입니다. 그리고 그 기록은 클라우드에 쌓여 가겠지요. 보디 에어리어 네트워크BAN: Body Area Network라는 말이 생길 정도로 센서가 발달한 덕입니다.

더 나아가 감정을 수치화하려는 시도도 있습니다. 어펙티바 affectiva.com는 수백만 명의 얼굴을 분석해 감정 데이터베이스를 만들었고, 마찬가지로 얼굴에서 감정을 인지하는 스타트업이었던 이모션트Emotient는 애플에 의해 인수되었습니다. 그 다음 해에 아이폰 X에 페이스 ID와 애니모지가 등장하게 된 것을 생각해 보면 그럴듯한 전개였지요.

언젠가는 정량화된 우리를 지켜보던 클라우드가 표정과 행동으로 우리에게 신호를 줄지 모르겠습니다. 정말 오늘도 열심히 살았다고 칭찬하는 목소리로 말입니다.

일상을 흉내 내는 일, VR/AR에서 3D 프린팅까지

IT가 지닌 강력한 힘 중 하나가 바로 흉내를 내는 것입니다. 특히 우리가 사는 이 세계를 흉내 냅니다. 흉내 내는 방법도 여러 가지여서, 그 구조와 역할을 흉내 내며 현실의 제도를 대체하는 경우도 무시무시하지만, IT는 우리가 인지하는 세계 그 자체를 흉내 내는 일에도 관심이 많습니다.

그 결과 R, 즉 현실Reality을 소재로 한 VR Virtual Reality이나 AR Augmented Reality과 같은 다양한 기술들이 IT에서 반복적으로 화제의 중심이 되어 왔습니다.

구글 글래스에서 오큘러스까지, 머리에 뒤집어쓰는 각종 웨어러블은 우리의 오감에 덧대어져 현실을 흉내 내거나 강화합니다. 마이크로소프트 홀로렌즈HoloLens는 홀로그래픽 기술로 현실 그 자체를 윈도우 바탕화면으로 만들어 버립니다. 현실 위에서 애플리케이션을 바로 실행시켜 버리는 느낌입니다.

사실상 실패하여 퇴장한 구글 글래스는 일상에 너무 침투하려한 나머지 반감과 오해를 샀다면, 홀로렌즈는 특정 상황에서 가장 잘 작동하는 것에 초점을 맞추려는 듯합니다. 마치 마우스처럼 말입니다. 어쨌거나 게임을 하거나 협업을 할 때 현실과 화면은 완전히 혼연일체가 됩니다.

그러나 무엇보다도 가장 강력한 흉내 내기란 바로 현실에 존재하게끔 하는 것입니다. 3D 프린터가 찍어 내는 것은 바로 현실 그 자체입니다. 플라스틱 수지를 겹겹이 쌓아 물건을 만드는 것은 이제 놀랍지도 않습니다. 금속 3D 프린터도 적정 가격으로 떨어지고 있고, NASA가 연구 중인 푸드 프린터도 흥미롭습니다.

그러나 정말 기대되는 것은 바로 생명 프린트일 것입니다. 3D 바이오프린팅 분야는 지금 급성장 중입니다. 골 조직을 직접 프린팅하기도 하고, 환자의 뼈를 스캔하여 일반 3D 프린터로 틀을 만든 후, 그 안에 골 조직을 배양하기도 합니다. 오가노보organovo.com 등의 기업은 간 조직을 프린팅하는 제품을 선보이기도 했습니다.

거래 자체를 잠시 잊는 일에 관하여,
일상을 강화하는 기술들

디지털에 의해 일상은 지금까지 겪어 보지 않았던 속도와 효율로 움직입니다. 이를 체감하는 가장 극적인 상황은 바로 돈이 오가는 거래입니다.

우버는 누구나 자가용으로 택시 운전사가 되어 손님을 모실 수 있게 한 스마트폰 앱으로, 늘 시끄러움과 말썽의 근원이 되고 있습니다. 세계 각국 택시 협회 및 지방 정부와 알력이 있기 때문입니다. 세계는 우버를 허락한 곳과 허락하지 않은 곳으로 나뉘고, 현재 한국은 제한적으로 운영되고 있습니다.

그럼에도 이 기업의 가치가 그렇게 폭등할 수 있었던 계기로 여러 가지를 꼽곤 합니다만 몇 가지 두드러진 점이 있습니다.

첫 번째는 고용에 대한 새로운 관점을 제시했다는 점이며, 또 하나는 일상에서 결제에 대한 새로운 시각을 제시했다는 점입니다.

당장 현금이나 카드가 없어도 모바일에서 미리 해 둔 조작만으로 요금 거래가 끝날 수 있습니다. 우버를 부르고 타고 내리는 동안 돈을 신경 쓰지 않아도 됩니다. 다 알아서 계산되어 있지요.

새로운 금융 기술이 나올 것인 양 핀테크Fin Tech가 한창 시끄럽습니다만, 어쩌면 우버처럼 돈 거래 그 자체조차 잠시 잊게 하는 것이 핀테크의 본질일지도 모릅니다.

사실 핀테크는 종래의 '금융 기술'이 지닌 보수성에 대한 반감에서 시작되었습니다. 금융 IT 시스템은 복잡하고 노후화되었으며 유연성이 떨어져 더는 건드리기 힘들었습니다. 그래서 아예 백지에서 금융의 새로운 모습을 만들자는 것입니다.

● **핀테크**
파이낸스(Finance)와 테크놀로지(Technology)의 두 단어를 합쳐 만든 신조어입니다. 금융 IT, 금융 기술을 뜻하기도 하지만, 과거와는 다른 새로운 금융 비즈니스에서 급성장하고 있는 분야만을 지칭하고 싶어서 새롭게 만들어진 단어입니다. 특히 모바일이나 소셜과 같이 제도권 금융이 약했던 분야에서 스타트업의 약진이 돋보이는 분야를 지칭합니다.

그동안 IT는 중앙 집중에서 분산화로 자연스럽게 이행해 왔습니다. IT와 관련된 영역도 덩달아 이 움직임에 동참하는 것은 당연합니다. 금융도 마찬가지입니다. P2P 페이먼트 및 비트코인 등 분산을 철학으로 한 미개척 영역이 커지는 것은 당연합니다. 그 중심에는 소비자 손 안에 언제 어디서나 자리 잡은 모바일이 있습니다.

사람들은 지갑은 놓고 다녀도 스마트폰은 두고 다니지 않습니다.

거래와 관련하여 다양한 시도가 지금 모바일에서 벌어지고 있습니다. 알리페이, 카카오페이 및 라인페이 등 세계 각국은 지금 모바일 페이먼트의 경연장으로 빠르게 바뀌고 있습니다.

그렇지만 핀테크는 단지 페이먼트 테크, 즉 지불 기술이 아닙니다. 중앙 집중된 나머지 1%를 위해 봉사하는 일에만 만족하던 기존 금융업의 대안으로 등장한 만큼 우리는 무엇이 '핀'이고 무엇이 '테크'인지 다시 한번 궁리해 볼 필요가 있습니다. 어쩌면 이 궁리 끝에 나온 아이디어에 더 큰 기회가 있을지도 모르는 일입니다.

앞으로의 IT 벤더는? 3세대 플랫폼의 등장

종래의 IT란 입찰을 통과한 큰 SI 회사에게 기업이나 관공서가 발주를 하면 이 중개업자가 속칭 '벤더'라고 불리는 공급업자에게 납품을 받고 개발자를 투입하여 프로젝트를 마무리하는 식이었습니다. 그러나 이 구조는 지금 변하고 있습니다.

바로 3세대 플랫폼, 혹은 제3의 플랫폼이라 불리는 거대한 흐름이 일상적인 기업 시장에서 목격되고 있습니다. 3세대 플랫폼은 모바일, 소셜, 클라우드, IoT 등 근래의 IT 혁신을 이끈 기술과 플랫폼이 이전 세대와 두드러지게 다르다는 점에서 명명된 용어입니다.

메인프레임에 시커먼 화면을 연결해 쓰던 '전산'이 1세대라면, PC가 보급되고 고가의 상용 데이터베이스에 중후장대한 '프레임워크'로 대규모 프로젝트를 하던 것이 2세대였습니다. 그러나 3세대는 오픈 소스 및 클라우드를 활용하고, 모바일, 소셜의 각종 API를 활용하여 앱과 서비스를 만듭니다.

2세대처럼 100여 명이 2년에 걸쳐서 하던 '차세대'형 프로젝트가 아니라, 세 명이 3개월 만에 끝내는 '스타트업'형 프로젝트가 이 시대의 대세가 된 것입니다.

이는 IT 서비스업에도 큰 변화를 일으키게 됩니다. 예전처럼 RFP^{제안 요청서}에 따라 업체와 솔루션을 조달해 시스템을 만들고 그 시스템을 교육하여 끝내는 프로젝트의 가격 대 성능 비와 효과에 대해 사용자도 소비자도 의문을 갖게 된 것입니다.

이는 일상의 기술들이 IT 전문 분야로 역류하는 현상 덕분입니다. 이제 일반인이 오히려 전문 업자보다도 더 많은 앱을 써 보고, 신선한 기획력이 있을 수 있습니다. 고객의 눈높이는 높아져만 가고, 회사에서도 업무 관련 앱의 사용성을 요구하곤 합니다.

특히나 스마트폰을 둘러싼 플랫폼은 이제 IT 플랫폼이 아니라 기업 활동의 반석, 생활의 기반이 되어 가고 있습니다. O2O나 옴니채널 등 생활 밀착형 온오프라인 융합 트렌드가 이를 증명하고 있습니다.

이제 이 플랫폼은 생활 밀착에서 업무 밀착으로 확장되고 있습니다. 3세대로의 점프는 메인프레임에서 유닉스 사이만큼이나 생소한 점프를 우리에게 요구할지도 모릅니다.

　1세대의 주요 벤더가 IBM, 2세대의 주요 벤더가 오라클이었다면, 3세대는 애플, 구글, 페이스북 등 일상 친화적 기업들입니다. 구글은 Go나 Dart, 페이스북은 Hack와 같은 프로그래밍 언어를 내놓을 뿐만 아니라, 각각 AngularJS나 React.js와 같은 다양한 오픈 소스 프레임워크도 수시로 선보입니다. 데이터베이스도 직접 만들어서 팔지 않고 무료로 공개합니다. 오라클과 같은 기업이 당황할 수밖에 없습니다. 세상은 빠른 속도로 변하고 있습니다.

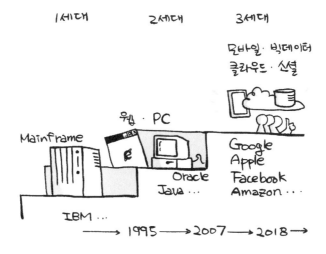

왜 애플과 구글까지
코딩 교육에 뛰어들고 있을까?
코딩 교육이 의미하는 것?

3세대 플랫폼의 선두주자인 애플과 구글은 개발자의 마음을 사기 위해 열심입니다. 구글은 I/O, 애플은 WWDC라는 개발자 행사를 매년 열어 개발자의 환심을 사려 노력합니다. 해마다 여름 전이 많은 기업들의 개발자 행사 기간인데, 주로 프로페셔널 소프트웨어 엔지니어를 대상으로 하는 뉴스가 많이 나옵니다.

그러나 가끔은 아마추어나 미래의 개발자를 위한 소식도 발표되곤 합니다만, 애플 스위프트 플레이그라운드(Swift Playgrounds), 그러니까 스위프트 놀이터 발표가 유독 기억에 남습니다.

스위프트는 애플이 내놓은 차세대 언어입니다. 애플 제품에서 오랜 기간 활약해 왔으나 너무 복잡해서 아무래도 공부하기에 문턱이 높았던 오브젝티브-C를 뒤이을 차세대 주자로 새롭게 고안되었습니다. 후발주자인 만큼 종래의 프로그래밍 언어가 지닌 애로 사항을 풀어 주려 애쓰고 있기에 배우기도 쉬워서 생애 첫 프로그래밍 언어로 좋은 언어라고 애플은 생각한 듯합니다.

게다가 애플이 만들었지만 오픈 소스로 공개되어 있기에 애플 이외에서도 관심이 많습니다. 특히 최근에는 기업 시장에서 잔뼈 굵은 IBM이 적극적으로 밀고 있는 등 점점 입지를 잡아가고 있습니다.

스위프트 놀이터란 바로 이 신식 언어를 아이패드로 배울 수 있는 앱입니다. 스위프트가 본격적인 프로그래밍 언어임에도, 퍼즐 풀 듯이 배울 수 있도록 배려하고 있습니다. 애니메이션과 3차원 세계 속에서 상호작용을 하면서 기본적인 코딩 기술을 누구나 배울 수 있게 합니다.

또 맥 컴퓨터로 옮기면 본격적인 앱으로 직접 변환도 가능합니다. 가볍게 따라갈 수 있는 틀이 준비되어 있어서 그 틀을 따라 코딩하면 메신저와 같은 다른 앱을 통해 공유하거나 웹에 게시할 수도 있게 됩니다. 꼭 아이들만을 위한 것은 아닌 셈입니다.

특히 그동안 정보 '소비' 단말로만 여겨졌던 태블릿으로 앱 만들기 같은 대단한 '생산'이 가능해진 것은 주목할 만합니다. 대화면 아이패드 프로가 펜과 함께 등장하면서 애플은 생산 도구로서의 생산성을 어필하고 싶어 했었는데, '코딩'은 생산 활동으로 제격입니다.

물론 맥에서 실행하는 본격 개발 도구인 Xcode처럼 프로를 위한 개발 환경이 아닌 어디까지나 교육 교재지만, 아이패드를 통해 개발자라는 꿈을 만난다면, 곧 맥이 탐나게 되겠지요. 애플은 이 심리의 흐름을 잘 알고 있습니다.

맥이 윈도우와 PC의 등살에도 오랜 기간 건재할 수 있었던 이유는 아티스트, 디자이너, 개발자 등 생산자들의 지지를 받아 왔기 때문입니다.

그런데 왜 지금 굳이 '코딩 교육'일까요? 그 계기는 시대 변화와 관련이 있습니다. 한국은 초중학교에서 코딩을 의무 교육으로 가르치게 되었습니다. 하지만 영미권에 비하면 그리 빠른 편도 아닙니다. 영국의 경우 2014년부터 이미 코딩이 전국적인 의무 교육으로 도입되었습니다. 미국의 경우 일부 주이기는 하나 고등학교 졸업 필수 과목으로 코딩이 등장하기에 이르렀습니다. '외국어'의 자리를 코딩이 대체하는 법안이 플로리다주 상원을 통과한 것입니다. 켄터키, 조지아, 뉴멕시코, 오리건, 워싱턴주 등에서 이 움직임이 뒤따르게 됩니다.

얼핏 우리 입장에서 생각해 보면 "영어 대신 코딩을 배우자."와 같은 움직임이라고 여겨질 수도 있는데 전혀 그렇지 않습니다. 오히려 영어 공부를 안 해도 되는 영미권이니까 벌일 수 있는 일입니다. 영어 이외의 '외국어'를 배우느니 기계 나라의 '외국어'를 배우는 것이 쓸모 있다고 판단했을 수 있다고 생각하면 그들의 자만이 엿보입니다.

그리고 사실 코딩은 이미 영어의 파생품입니다. 블록을 맞춰 진행하는 쉬운 코딩 교육에 'move'라는 키워드가 등장할 것입니다. 어린이들에게 알파벳을 가르치고, 읽는 법을 가르치고, 또 최소한의 영어 어휘까지 가르친 다음에나 할 수 있는 것이 비영어권의 코딩 교육입니다. move를 '모베'라고 안 읽기 위해서는 미리 배워야 할 것이 너무나 많습니다.

어쨌거나 코딩 교육 열풍은 지금 엄청나게 빠른 속도로 세력을 확대하고 있고, 영미권 못지않게 한국에서도 그 열풍이 퍼져 나가고 있습니다. 동네 사거리에 코딩 학원이 보이고, 마을버스 광고에도 등장하기 시작했습니다.

미국의 경우 속도와 규모가 상당해서 미국 비영리 단체 code. org의 코딩 교육 서비스 'Hour of Code'는 디즈니와의 협찬으로 스타워즈 코딩 튜토리얼을 오픈하는 등 실행 스케일의 폭과 깊이가 점점 커지고 있습니다.

애플은 이러한 사회 분위기에서 비즈니스 찬스를 읽은 것입니다. 그리고 이 기회가 애플의 눈에만 들어갔을 리 없습니다. 구글도

'Coding With Chrome'이라고 크롬 브라우저에서 바로 실행 가능한 교육 앱을 때맞춰 제공하기 시작했습니다. 이 앱을 통해 요즈음 대세인 자바스크립트를 쉽게 배울 수 있습니다. 특히 미국 교육 시장에서 크롬북 등 구글 제품의 점유율은 상당합니다. 아무래도 어린 시절 접했던 기술이 불러일으키는 향수는 커서도 영향을 미친다는 것을 본인들도 느끼고 있기에, 이렇게 초등 교육 시장에 관심이 많은 것이겠지요.

아이들을 위한 코딩 교육이라고 하면, 자꾸 장난감처럼 블록형 프로그래밍 도구를 가르치려고 합니다. 게임처럼 보이게 하여 아이들을 유인하려는 전략임은 이해하겠는데, 굳이 그럴 필요가 있을까 싶습니다.

어른들도 쓰는 프로그래밍 언어를 그대로 아이들한테도 가르쳐도 좋습니다. 아이들이라고 얕볼 필요 없습니다. IT에서 일어난 엄청난 일들은 대개 아이들한테서 일어났습니다. 아이들이 어른들의 컴퓨터를 쓰면서 많은 일들이 벌어집니다.

만약 어른들의 컴퓨터가 아직 벅찬 성장 단계라면, 밖에서 뛰어놀다가 조금 더 커서 개발 툴을 띄워 보면 그만입니다. 이 세상에는 컴퓨터 화면 속 말고도 보고 즐겨야 하는 일들이 너무나 많기에 말이지요.

스포츠 제전은
IT 최전선

대형 스포츠 이벤트는 신기술 경연장입니다. 갓 나온 기술을 적용하려니 걱정도 되겠지만 성공하면 그 선전 효과는 가늠할 수 없습니다. 신제품 시장은 올림픽이나 월드컵 특수를 기다리며 들썩이기도 합니다.

리우 올림픽과 평창 올림픽도 한창 뜨거운 기술들과 협업했습니다. 이 두 올림픽은 각각 서로 VR 원년이라고 주장했을 만큼 상용 제품들이 쏟아져 나왔습니다. 집에 VR 헤드셋이 없으니 관련이 없다고 생각할 수 있지만, 지원 영상물이 늘어난다면 유튜브 360, 페이스북 360 등 웹에서 간이 체험을 해 볼 기회도 늘어납니다. VR은 그 자체로 고화질이 필요한 만큼 영상 소스 고급화도 함께 진행되어 4K뿐만 아니라 8K는 되어야 한다는 공감이 생기고 있습니다.

특히 VR은 선수와 관객, 당사자와 방관자라는 오랜 도식을 깰 가능성을 보여 줍니다. 진지한 승부에 임하는 스포츠 선수들은 힘들기도 하겠지만 즐기고 있을 것입니다. 극적인 순간에 선수의 시점이 될 수 있다면 스포츠에 대한 인식이 달라질 수 있습니다. 시청자도 지켜보는 이가 아니라 당사자의 시점에서 함께 즐기게 됩니다. VR/AR로 현실의 연장선을 확장할 수 있다면 스포츠 관람과 생활 체육을 이을 기회를 찾을 수 있을지 모릅니다.

스포츠가 IT에 기대하는 것은 생생한 화질이나 가상 체험만은 아닙니다. 데이터 처리 능력과 IoT 통신이 빛을 발하는 곳이 있습니다. 예컨대 IoT로 강화된 스포츠 애널리틱스가 뜨겁습니다.

사실 IT는 관객보다 선수에게 더 가까이에 있습니다. 매 경기가 끝난 뒤, 다음 경기를 위해 전력 분석을 합니다. 그런데 선수들이 우르르 몰려가며 움직이는 단체전의 경우 영상만으로는 의미 있는 데이터를 취합하기 힘듭니다. 이제 GPS와 가속도 센서를 탑재한 웨어러블을 선수들에게 장착하고, 훈련에서도 여러 카메라를 동원하여 다중 시점으로 선수의 이동을 파악합니다. GPS 데이터와 영상을 연동해서, 가속도별로 분류하거나, 가속도가 유난히 유별난 구간만을 재생하여 분석하는 등 깊이 파고들 수 있습니다. 몸싸움과 충격도 센서로 가늠해 대비할 수 있습니다.

경기 전체상을 높은 곳에서 일괄 파악하는 데는 드론이 제격입니다. 일반 영상은 옆에서 보는 것이고, 중계 촬영은 공만 따라다니기 때문입니다. 그렇다면 아예 공이 스마트해져서 공을 따라 선수가 어떻게 움직였고 앞으로는 어떻게 움직여야 하는지를 알려줄 수도 있습니다. 아디다스가 스마트 볼 시장의 대중화 가능성을 보여준 이후 심지어 골프공에도 칩이 들어가기 시작했습니다.

실내 경기는 측위가 한층 더 쉬워집니다. IEEE802.15.4의 저전력 근거리 무선 표준으로 더 간편하고 저렴하면서 정확하게 측정할 수 있습니다. 이제 누가 얼마나 볼을 점유하고 어시스트를 했는지, 전광판에는 나오지 않는 통계도 데이터로 쌓일 수 있습니다.

데이터는 선수 자신에게도 자극이 되지만, 선수를 부상으로부터 보호하는 예측 모델을 짜는 데도 요긴합니다.

이와 같이 스포츠 데이터가 대량 쏟아져 나오고 있습니다. 한국의 스포츠 산업 시장은 GDP 대비 3%에 육박, 미국 수준의 열기를 보입니다. 이제 선수의 데이터는 곧 돈입니다. 리크루터는 물론 스포츠 토토 도박사들도 탐내는 데이터가 될 것이니 앞으로 어떤 비즈니스가 생길지 불안 반 기대 반이 아닐 수 없습니다.

우리는 이미 조깅을 할 때 암밴드에 넣은 스마트폰이나 웨어러블로 음악도 듣고 성과와 신체 리듬도 측정하곤 합니다. 앞으로는 조기 축구 회원들도 스마트폰으로 데이터를 공유하며 뒤풀이를 할지도 모르겠습니다. VR 헤드셋으로 하이라이트도 돌려 보면서…….

온라인 쇼핑의 제왕은
왜 온오프라인 융합을 꿈꾸나?

　세상에 검색 엔진은 몇 개나 필요할까요? 세상에 포털과 SNS는 몇 개나 필요할까요? 예전엔 검색 엔진도 포털도 꽤 많았습니다. 하지만 지금은 모두 쓰는 것 하나만 씁니다. '승자독식의 업계', 온라인 업태의 무서운 점입니다.

　온라인은 강력합니다. 물리적 제약이 없고, 가격 경쟁을 하다보니 소비자에게 더 많은 선택지를 제공합니다.

　무엇보다도 온라인의 가장 무서운 점은 알고리즘입니다. 수시로 비교해서 가격을 싸게 하는 교섭력도, 소비자를 붙잡아 두는 개인화의 편리함도 모두 소프트웨어 덕입니다.

하지만 온라인도 한계가 있습니다. 바로 온라인은 온라인일 뿐, 여전히 오프라인 시장이 10배나 크다는 점입니다.

사실 같은 마트라지만 온라인에서 장이라도 보려면 그 좁은 화면으로는 무료배송 가격에도 맞추기가 힘들었는데, 오프라인 마트에 가면 나도 모르게 과소비를 하고 맙니다. 직접 눈으로 보고 귀로 듣고 입으로 맛볼 때 상품은 소비자를 잡아끕니다.

이 오프라인의 마력 때문인지, 여전히 사람들은 오프라인에서 훨씬 더 많은 돈을 쓰고 있습니다. 성장에 목마른 온라인 기업의 눈길은 당연히 오프라인으로 쏠릴 수밖에 없습니다.

고객의 여정에서 걸림돌을 제거하라, 아마존 고의 충격

아마존 고Amazon Go, 이 새로운 슈퍼마켓에서는 물건을 주르륵 집어서 그냥 나가면 그만입니다. 계산대에 줄을 설 필요도 없습니다. 나를 기억하는 주머니 속 앱과 매장 안 센서를 아우르는 인공지능은 내가 뭘 집어서 나갔는지 다 알고 있습니다. 매장을 나가는 순간 내 계정으로 청구하면 그만입니다.

포화 시장에 진입하는 후발주자에겐 색깔이 있어야 합니다. 오프라인에 진출하려는 아마존이 찾아낸 혁신과제는 무엇이었을까요? 우리가 하는 '쇼핑'에서 가장 결정적이지만 귀찮은 일은 장사진을 이룬 계산대를 거치는 일입니다. 그 지루한 과정, 바로 결제를 혁신하는 일이었습니다.

혁신의 비법은 간단했습니다. 바로 개인화된 쇼핑 경험입니다. 바꿔 말하면 소비자 스스로 셀프서비스를 하되 어렵지 않도록 개인 정보를 제공하여 기계의 도움을 받는 것입니다. 여기에는 우리가 이미 개인 정보를 제공하는 데 익숙하고, 또 셀프서비스에는 더 익숙하다는 전제가 깔렸습니다. 실제로 얼마나 소비자가 좋아할지는 모르겠습니다. 하지만 중요한 것은 색다른 체험이고, 소비자의 지루함과 공급자의 비용 모두가 줄어들 가능성이 큰 실험이라는 점입니다.

아마존 고를 움직이는 기술, Just Walk Out

그런데 어떻게 아마존 고는 계산대 줄을 없앤 것일까요. 소비자가 매장 개찰구를 들어올 때 앱으로 스캔을 하여 누구인지 인식합니다. 이때 과거의 구매 이력을 불러들여 정확성을 높일 준비를 합니다.

물건이 놓인 선반의 복합 센서는 얼굴 인식은 물론 소비자가 물건을 집었다 났다 하는 활동을 인지합니다(이때 기존 상식인 RFID는 쓰이지 않았다고 아마존은 밝힌 바 있습니다). 즉 이미지 인식은 물론,

압력, 중량 등 다양한 센서로 물건이 소비자 손을 거치는 것을 파악합니다. 인식 기능에 탁월한 딥러닝과 인공지능이 쓰였으리라 생각되는 대목입니다.

그렇게 물건을 집어 나의 가방에 넣는 순간 가상의 온라인 카트에 물건이 들어가게 되고 나머지는 온라인 쇼핑과 흡사한 방식으로 진행되는 것입니다.

온라인의 기회, 오프라인의 위기

아마존 고처럼 온라인을 본뜬 모델은, 모델의 무한 복제가 가능합니다. 풍문에 의하면 현재 구상은 점포를 2000개로 확장하는 것이라고 합니다. O2O나 옴니채널의 혁신이란 결국 온라인에서 먹혔던 방식 그대로 오프라인으로 진격하는 일인데, 이런 일을 벌일 수 있는 업체란 그리 많지 않습니다. 기술 기업으로서 충분한 역량이 먼저 필요하고, 이런 실험을 과감히 하려는 유통 업체의 의지가 필요합니다. 둘 다 갖춘 아마존은 예외적입니다. 보통은 그러지 못하니 협업을 할 대규모 파트너십을 찾게 됩니다.

이는 곧 오프라인 업자들도 온라인의 도움 없이는 성장이 힘들어지는 시대의 도래를 의미합니다.

미국의 마트는 평균 89명을 고용하면서 영업 이익률은 1.7%에 지나지 않는다고 합니다. 여기서 만약 인건비를 억제하면 영업 이익률의 목표치를 20%까지 높일 수 있다는 것이 이들의 계산입니다.

이미 미국의 오프라인은 긴장 중입니다. 아니 몸살을 앓기 시작했습니다. 세계 최대 소매업체 시어즈의 주가는 최악이고, 미국 대형 백화점 체인인 J.C.페니는 140여 점포를 닫을 예정입니다. 미국 2위 소매점 타깃Target의 연말 성적은 참혹했습니다. 아마존 탓은 아니겠지만, 미래를 보여 주지 못한 결과입니다.

아마존은 온라인 슈퍼 아마존 프레시Fresh에 그치지 않고, 드라이브 스루처럼 차를 잠시 세우고 식료품 등을 픽업해 갈 수 있는 매장인 아마존 프레시 픽업Pickup을 선보였습니다.

소위 BOPUSBuy Online, Pick Up in Store 트렌드입니다. 또한 미국 안에 오프라인 서점을 차근차근 개점하고 있습니다. 전국의 몰에 아마존 전자 제품을 선보이는 팝업 스토어도 퍼져 나가고 있습니다.

점점 앱을 닮아 가는 현실 세계, 극단적으로 자동화되는 점포, 사물 인터넷과 스마트 단말들은 어느새 오프라인도 온라인처럼 만들고 있습니다. 정말 고객이 필요로 하고 기대하는 것을 지금 당장 부담 없이 제공하는 온라인 사업자들의 입김이 커지는 시기가 본격적으로 시작되고 있습니다.

만일 내가 1인 브로드캐스트의
주인공이 된다면?

배우란 잘 차려진 밥상에 숟가락을 얹는 것이라는 그 유명한 겸양의 수상 소감이 기억납니다.

시청자가 스크린에서 보는 것은 출연자뿐이지만 그들이 나오기 위해서는, 연출, 조연출, 작가, 카메라 감독 등 하나의 쇼를 위한 프로젝트가 구성되어야 합니다. 주인공의 원탑 진행처럼 보여도 스포트라이트 뒤 그늘에는 수많은 제작진들이 있습니다.

하지만 1인 브로드캐스트 시대의 개막은 이 모든 것을 혼자 하는 것이 가능하다고 속삭입니다. 또한, 동시에 누구나 스타가 될 수 있을지도 모른다는 희망도 주고 있습니다.

IT는 이를 가능하게 해 줬습니다. 브로드밴드에서 LTE, 그리고 아프리카TV에서 유튜브까지, 1인 미디어를 위한 디지털 무대가 열렸습니다. 인터넷이나 스마트폰 덕에 방송국, 즉 중계자의 대중화 및 민주화가 일어난 것입니다.

요즈음 학생들 사이에는 유튜브 '크리에이터'들이 큰 인기입니다. 1인 방송 진행자를 흔히들 크리에이터라 부릅니다. 지금 1인 미디어의 소비자층은 연령대가 낮은데, 디지털 네이티브일수록 '본방 시청'의 우연한 수동성보다는 검색과 구독이라는 당장의 적극성이 당연시되기 때문입니다.

지금은 어린이지만 이들은 불과 몇 년 뒤에 엄청난 규모의 소비 자층으로 전면에 나서게 될 것입니다. 이들과 함께 성장한 1인 브로드캐스터들도 팬의 움직임에 따라 전혀 새로운 무대를 만들게 될지도 모르는 일입니다.

하지만 아직은 혼자 만든 방송은 티가 납니다. 1인 스타 미디어는 어떻게든 등장했지만 크리에이터로서의 생산성 혁명이 일어나지는 않은 셈입니다. 출연, 연출, 대본, 카메라란 모두 너무나도 다른 기능과 역량을 필요로 합니다. 이 모든 걸 홀로 적절히 아우를 수 있는 크리에이터는 그리 많지 않습니다. 이 총체적 어설픔을 극복할 수 있을 정도의 강렬한 매력과 독특한 개성의 콘텐츠만이 우리 눈에 띌 뿐이지요.

따라서 아직은 게임을 매개로 한 실황 방송 등 독창성 있는 기성 콘텐츠의 2차 활용이 주가 되는 것이 사실입니다. 아니면 뷰티 분야와 같이 자기 자신이 실황 그 자체인 콘텐츠가 많습니다. 한두 명이 할 수 있는 일이란 아직 한계가 있는 것입니다. 게다가 이제 영화 편집 방송 등은 그 수익화에 제동이 걸렸습니다. 유튜브는 활용되거나 인용된 콘텐츠의 원저작자를 굉장히 효율적으로 찾아내 권리를 지켜 줍니다. 어느 하나 쉬운 것이 없습니다.

그러나 쉽지 않기에 기회의 땅이기도 합니다. 테이프를 넘기기 전에 PD들이 편집실에서 할 수밖에 없는 밤샘을 대신할 수 있는 앱이 있다면, 지미집 Jimmy_Jib* 카메라를 운반해 오지 않아도 드론이 무언가 할 수 있다면, 나 이외의 출연자를 네트워크를 통해 자연스럽게 출연시킬 방법이 있다면, 몇 줄의 아이디어로부터 인공지능이 대본을 써 줄 수 있다면. 이 모든 가정의 일부만이라도 가능해진다면 지금보다 훨씬 더 1인 브로드캐스트의 저변은 넓어질 것입니다.

너무 거한 주문이라고요? 방송용 마이크에 셀카봉을 결합한 제품이 등장했습니다. 주문은 거하지만 레시피는 쉬울지 모르는 일입니다.

> ● 지미집
> 크레인 끝에 카메라를 달아 공중에서 바라보는 듯한 생동감 있는 촬영을 하기 위한 장비입니다. 보통 카메라 감독 한 명이 별도로 조작합니다. 중장비 규모상 이 장비의 등장은 프로들의 작업을 의미합니다.

PART 4

물건을 만드는
상식이 바뀌는 세상

📍

기술 혁신의 성과를 체감할 수 있는 곳은
바로 제조물들이 쏟아져 나오는 현장입니다.
물건을 양산해 내는 거대한 공장들,
첨단 제품이 질주하는 거리의 도로들,
21세기는 그렇게 만들어지고 있습니다.

스마트 팩토리가 바꾸는
제조업의 미래

인터넷과 스마트폰은 시민의 생활을 완전히 바꿔 놓았습니다. 그리고 시민의 일터를 바꿔 놓을 일이 지금 벌어지고 있습니다.

지금 사회적 이슈를 만들며 가속도가 붙은 인공지능AI, 빅데이터의 힘을 입고 삼라만상을 전부 데이터로 바꾸려는 사물 인터넷IOT, 그리고 시공간을 재정의하려는 가상 현실VR까지, 변화를 일으킬 주역들은 무엇을 혁신하려 하고 있을까요?

지금 이들은 혁신의 대상이 아니라 혁신의 방법을 혁신하려 하고 있는지도 모르겠습니다. 기술이 기술을 위해 활용되는 공간, 바로 공장입니다.

한국은 명실공히 제조업의 국가입니다. 고도성장의 비결도 대량 생산·대량 소비라는 제조업에 특화된 산업 구조를 완성할 수 있었던 덕이었습니다.

하지만 어째 예전 같지 않습니다. 비단 한국만의 문제가 아닙니다. 수많은 선진 공업국이 똑같은 고민을 안고 있습니다. 대기업은 만들기만 하면 팔리던 과거가 이제는 돌아올 수 없음을 깨닫게 되었고, 중소기업은 중소기업대로 인력난에 허덕입니다. 게다가 고령화로 노동 인구는 줄고 있습니다. 공장의 풍경은 예전에 비해 활기가 없습니다. 제조업의 최전방인 공장이 지금 변화의 요구에 직면하고 있습니다.

늘 새로운 트렌드는 이런 변화의 압력을 먹고 자랍니다. 지금 '스마트 팩토리'가 뜨겁습니다.

데이터로 지키는 공장

지금 공장은 급변하고 있습니다. 공작기계에 컴퓨터가 들러붙고 있습니다. 전화기에 컴퓨터가 침투하던 것과 비슷합니다. 여기에 센서와 같은 다양한 주변기기와 클라우드라는 전지적 시점이 추가되니 지금까지 보이지 않았던 데이터가 덩달아 들어옵니다.

절박한 산업 현장에 긴급 공급되는 이들 데이터 중 투자 대비 수익이 높아 가장 먼저 적용해 볼 수 있는 것은 관리 분야를 둘러싼 데이터입니다.

우리가 건강을 유지하기 위해 수시로 검진을 통해 우리 몸을 돌아봐야 하듯이 공장도 마찬가지입니다. 환경 관련 각종 컴플라이언스* 지침은 물론, 일상적인 보안 및 사고 예방은 하루하루 취합된 데이터에서 시작됩니다. 인생에서 건강에 앞서는 것은 없듯이, 공장이 멈추지 않도록 하는 것이야말로 실속 있고 스마트한 일입니다.

> ● **컴플라이언스**
> 법규를 준수하는 일로, 즉 준법 감시 및 이를 위한 내부 통제를 의미합니다. 기업이 알아서 관련 법규 및 사회적 약속을 준수하도록 하기 위한 절차를 뜻하므로, 기업 윤리까지 포함하는 개념이 되기도 합니다.

에너지 산업은 좋은 예입니다. 유전 표면에 매장된 원유를 자연 압력만으로는 뽑아 내기 힘들 때 ESP Electrical Submersible Pump라는 펌프가 도입됩니다. 이 장비의 성능이 1%만 올라가도 매일 50만 배럴이 추가로 채굴됩니다. 무려 500억 원어치입니다. 이런 장비를 고장 내지 않고 잘 관리하는 것이 가장 확실한 수익 제고 활동인 셈입니다.

이탈리아의 IoT 업체 솔레어 Solair가 마이크로소프트에 인수되었습니다. 이들이 제공하는 주된 솔루션은 공장 생산 라인을 모니터링하는 것입니다. 스마트 팩토리 어드바이저 Smart Factory Advisor는 더 많은 생산량을 최적화된 에너지 효율로 뽑아 내기 위한 클라우드 솔루션인데, 생각해 보면 이러한 관찰과 관리는 공장 밖에서도 쓸모가 있습니다. 솔레어의 솔루션이 에스프레소 머신의 공급망에도 적용되는 등 공장에서 검증된 솔루션 활용도는 뜻밖에 넓습니다.

산업혁명 이래 공장은 늘 사람이 돌봐 왔습니다. 하지만 공장이 스스로 공장을 돌봐도 좋을 시대가 어느새 찾아오고 있습니다.

생산 기술과 정보 통신의 결합

소프트웨어는 상상하는 모든 것을 만들어 주지만, PC와 인터넷이라는 현실이 아닌 세계에 가두기도 합니다.

이를 현실로 끌어당기는 역할을 하는 것이 스마트폰에서 IoT까지의 하드웨어 분야 혁신입니다. CPS(Cyber Physical System)라는 트렌드도 그렇게 열렸습니다. 하드웨어와 소프트웨어의 융합, 이 둘의 시너지가 디지털 혁신을 만들고 있습니다.

스마트 팩토리에서는 제품으로서의 하드웨어가 아니라 도구로

● CPS
물리적(Physical) 실세계의 다양한 정보를 센서 네트워크를 동원해 흡수하여 가상 공간(Cyber)에서 빅데이터 처리로 운영함으로써 다양한 산업 및 사회 문제에 활용하려는 시도입니다. 사이버·현실 사이 상호 연계를 통해 정보 사회 다음 단계로 도약하자는 개념으로, IoT와 비슷한 개념이지만 CPS는 산업 및 사회 효율화를 위해 물리적 세계와 가상 세계라는 두 세계의 정보 융합에 초점을 둘 때 주로 사용됩니다.

서의 하드웨어에 주목할 만합니다. IT에 의해 달라진 생산 기술이 공장이라는 생산 공간을 변화시키고 있습니다. 트렌드가 아니라 이미 현실이 되고 있습니다.

사업은 늘 '유연성'을 확보하고 싶어 합니다. 공장도 예외는 아닙니다. 그 욕망을 IT는 이해하고 있습니다.

최근 계속 3D 프린팅이 시끄러웠습니다. 취미의 영역을 벗어나지 못한 채 잠잠한 것처럼 보일 수도 있지만, 실은 조용히 대형 현장에 스며들고 있습니다.

3D 프린팅이 시제품이나 목업을 위한 간이 생산 기술의 틀을 벗어나 양산용으로 발전하게 되면, 재고를 신경 쓸 필요 없이 설계도만 챙겨 놨다가 그때그때 적시 생산을 할 수 있게 됩니다. 구형 제품 재고 확보도 충분히 길게 잡을 수 있으므로 소비자 후생에도 직접적인 도움이 됩니다. 15년 된 가전이 고장 나도 바로 부품 하나 찍어 보낼 수 있으니 말입니다. 시공간의 제약으로부터 유연해지는 것입니다.

문제는 과연 언제쯤 3D 프린팅을 우리 공장으로 데려오는지에 있는데, 세계는 이미 달려나가고 있습니다.

GE의 경우 금속 가루를 고형으로 만드는 3D 프린팅 공정으로 엄청난 고열에서도 견디는 엔진 부속을 만들고 있습니다. 지금까지 연료 노즐은 여러 공급업자로부터 부품을 받아 다시 조립해서 만드는 고난도의 제품이었는데, 3D 프린팅을 도입하고 단일 부품으로 찍어 낼 수 있게 되었습니다. 사출 성형이나 절삭으로는 도저히 만들 수 없는 부품도 한 번에 만들 수 있습니다.

3D 프린터 등장 이래 각종 부품이 점점 공장에서 만든 것 같지 않고 에일리언 우주선에서나 쓸 것 같은, 생명체가 자라난 듯한 생김새가 되고 있습니다. 그럼에도 품질은 오히려 좋아져서 25%나 가벼워지고 강도가 5배 높아졌습니다. 차세대 엔진처럼 한 회사의 주요 제품에 3D 프린팅된 부품이 본격 탑재됩니다.

3D 프린팅은 새로운 국면으로 접어들고 있습니다. 지금까지는 2D 인쇄를 반복해서 3D를 만드는 것이었는데, 영화 터미네이터의 액체 괴물처럼 액상에서 3D를 건져 내는 묘기를 보이는 카본 3D라는 업체가 있습니다. 콘택트렌즈 같은 산소 투과형 용기에 수지로 웅덩이를 만들고 빛과 산소로 화학 반응을 일으켜 모양을 만들면서 건져 올립니다. 속도도 빠르고 계단 모양의 흉이 지지도 않습니다.

한편 로봇은 '소프트'해집니다. 산업용 부품 제조사 ABB의 유미 YuMi라는 로봇은 만화에서 나올 법한 듬직한 외모입니다. 리씽크 로보틱스의 박스터 Baxter와 더불어 협조형 산업 로봇의 대표 주자인데, 로봇이란 이제 동료 작업원, 너와 나라는 이름처럼 우직해 보입니다. 가까이 있어도 다치게 하지 않기에 쓰기 쉽고, 인간을 닮은 외모의 로봇들을 보노라니, SF 세계란 미래의 일이 아니지 싶습니다.

스마트 팩토리는 생태계이자 시장

독일은 스마트 팩토리 분야에 강합니다. 인더스트리 4.0으로도 알려진 스마트 팩토리 개념 정립에 큰 역할을 한 지멘스, 보쉬 등의 기업이 있는 국가이기도 하지만, 인더스트리 4.0 구상 자체가 민관 협력의 대표적 성공 사례이기 때문입니다. 정부 주도의 한정된 '독일형' 혁신으로 끝날 수도 있는 아이디어지만, 참가 기업들은 그렇게 자폐적인 시도는 의미 없다고 생각했던 점이 달랐습니다.

보쉬만 해도 중공업에 접목한 IoT 기술을 가지고 미국의 IIC 와 협력을 발표합니다.

보쉬의 공장은 이 IIC 기반 아키텍처에 근거한 소프트웨어로 유연성을 강화하여 하나의 생산 라인에서 서로 다른 유압 밸브 200종을 생산할 수 있게 됩니다. RFID와 블루투스로 현장에서 미세 조정을 할 수 있도록 유연성도 갖춥니다.

독일의 SAP, 프랑스의 다쏘, 인도의 타타 등 국제연합군이 인더스트리 4.0이라는 독일 표준과 IIC라는 미국 표준을 융합시킵니다.

이처럼 스마트 팩토리는 생태계 게임이 되어 가고 있습니다. 공장 하나가 제품을 만들어 가는 단계마다 겪게 되는 고충이 소프트웨어적 면모를 발휘하는 스마트 팩토리 사업 기회가 될 수 있습니다.

어차피 혼자서는 해결할 수 없는 이 숙제를 공장 기계 각각의 모듈화를 통해 서로 통합하듯이 함께 풀어 가는 것입니다. 마치 화면에서 드래그하듯 추상화하여 시뮬레이션하고, 마지막으로 이 모든 정보가 클라우드에서 데이터로 분석됩니다.

지멘스는 마인드스피어MindSphere라는 클라우드 기반 개방형 사물 인터넷 플랫폼을 만들고 있습니다. SAP의 HANA 클라우드를 이용하는 만큼 소프트웨어적 준비도 탄탄합니다.

스마트 팩토리 분야는 향후 2022년까지 연평균 성장률CAGR 9.3%로 성장하여 205조 원 규모에 달하리라는 예측이 있습니다.

기회는 점점 늘어 갑니다.

독일 제조사인 하팅Harting은 깔끔한 IoT 아이템으로 에르메스 상을 수상했습니다. MICAModular Industry Computing Architecture라는 리눅스 기반 산업용 모듈 미니 컴퓨터인데 각종 공장 장비를 신경망처럼 연결되도록 돕습니다. 친숙한 USB 인터페이스로 장비가 이어 컴퓨터로 만듭니다. 공장 전체를 가상화하여 프로그래밍할 수 있게 된 것입니다.

초창기의 스마트 팩토리가 공장 자동화나 ERP 등을 적용한 IT화였다면, 이제는 설비 관리 등 관리 경영을 플랫폼화하려는 시도가 본격적입니다. 에너지 절약 등 친환경 해법 또한 더불어 주목할 만한 요소가 되고 있습니다.

그런데 스마트 팩토리가 가야 할 스마트함의 끝은 이 정도가 아닙니다. 궁극적인 목적은 무엇을 언제 어떻게 얼마나 생산할지 경영상 판단을 하는 일일 것입니다. 사실 인공지능이 아니라도 궁리할 구석은 많습니다. 이미 십수 년 전 인텔에서는 생산부와 영업부 사이에서 내부적으로 선물   시장을 적용하는 아이디어를 시도한 적이 있습니다. 경영 최적화란 경영진만이 하는 것이 아니라, 현장이 각자의 이익을 올리려는 판단 속에서 이루어지는 것이라는 믿음에서 시작한 실험이었습니다.

이제는 경영진이나 현장 실무진뿐만 아니라 공장 기계까지도 그 판단을 할 수 있는 테크놀로지가 준비된 시대가 찾아왔습니다. 스마트의 새로운 국면이 열린 셈입니다.

중간관리자가 되는 IoT? 스마트 워크 3.0?

PLC°, SCADA°, MES° 등 지금까지의 스마트 팩토리 트렌드는 공장 자동화로 더 많은 로봇을 산업 현장에 밀어 넣었습니다. 하지

● PLC(Programmable Logic Controller)
공장의 제어 및 감시에 사용하는 장치입니다. 즉 하드웨어를 지칭합니다.

● SCADA(Supervisory Control And Data Acquisition)
공장이나 단지를 전반적으로 총괄 감시 제어하는 중앙 시스템을 말합니다. 특정 PLC가 어떤 공정을 관할한다면 스카다는 전체 흐름의 설정을 조율한다거나 이상을 파악하고 기록하는 일을 처리합니다.

만 로봇의 정교함과 유연성이 최종 도약을 하기 전까지 그 빈틈은 인간이 채울 수밖에 없습니다. 인간은 여전히 필요합니다.

하지만 소프트웨어에 의해 정의된 공장, 즉 공장 자동화의 고도화가 지속적으로 진행될수록 생산 현장에서 분임조*의 판단은 믿음직스럽지 못하다는 사실 또한 파악하기 시작했습니다. 양산 직전 인간의 판단 오류로 양산 개시가 지연되어 적잖은 손해를 끼치기도 합니다.

소프트웨어 개발에서 빌드와 테스트를 자동화하고 지속적 통합이 일상화된 것처럼, 산업 현장에서도 '빌드와 테스트'를 가상으로 지속적으로 검증할 수 있다면, 소프트웨어가 팀장이 되고 인간이 팀원이 되는 공장도 공상 과학만은 아닙니다. 인간은 각종 VR, AR, 웨어러블 및 거치형 IoT 장비로 실시간 지령을 받게 됩니다. 이를 가능하게 하는 것은 물론 소프트웨어입니다. 네트워크 단가만큼이나 폭락한 센서 단가로 인한 센서의 일반화, 이를 중개 및 연계할 IoT 단말들의 대중화 또한 이러한 추세를 만들

CI Continuous Integration

● MES(Manufacturing Execution System)
제조 실행 시스템입니다. 제조 공정을 파악하고 관리하고 작업자에게 필요한 지시를 하거나 서포트를 하는 시스템으로 생산관리 시스템이라고 부르기도 합니다. 공장의 생산 라인과 직접 연계되어 최적화하여 생산성을 높이고 불량률을 줄이는 등 오퍼레이션 관리를 한다는 면에서 SCADA·PLC와 ERP·SCM 사이에 위치합니다. 그런 면에서 현장과 경영 사이를 연계하는 시스템이라 볼 수도 있습니다.

● 분임조
임무를 나누어 맡은 조라는 뜻으로 주로 공장에서 널리 쓰이는 산업 용어입니다. 예컨대 품질 관리 분임조라는 말은 QC 서클(Circle)과 같은 뜻입니다.

고 있습니다. 데이터에 의한 자동 결정이 충분히 이뤄질 정도의 대량 데이터 스트림을 현장에서 만들 수 있게 된 것입니다.

공장은 이제 애자일 [*]과 리얼 타임이라는 협업 공간의 가치를 공유하고 그 안에서 각자 일을 합니다. 그곳이 지금까지의 현장보다 더 편안하고 쾌적한 업무 환경으로 비친다면, 인간 직원은 웨어러블을 포함한 신체 센서를 받아들일 것입니다.

● **애자일**
가볍고 민첩하다는 뜻의 애자일은 원래는 결과물을 빨리 내고 이를 점진적으로 개선해 가는 소프트웨어 개발 수법을 뜻하지만, 스타트업 경영과 같은 다양한 분야에서 목격되는 실용주의를 뜻하기도 합니다.

특히 졸음이나 부주의가 사고를 불러일으킬 수 있는 공간에서, 센서 착용은 사회를 위한 일일뿐만 아니라 본인을 위한 일일 수도 있습니다. 생체 인식 등 새로운 신체 정보 활용에 대한 거부감을 완화할 마중물은 계속 시도될 것입니다. 생체 신호를 검토한 IoT 보스는 흔쾌히 출근하지 말고 집에서 일하라고 쿨하게 말해 줄지도 모릅니다.

산업용 AR/VR? 사무실과 공장의 스크린과 도우미로

페이스북은 무려 2조 5천억 원을 들여서 어떤 유망주를 전격 인수한 적이 있습니다. 머리에 뒤집어쓰는 가상 현실 헬멧이랄까

고글이랄까 헤드셋 같은 것이었습니다. 지금까지 가상 현실이라고 하면 어딘가 어색한 놀이 동산 행락 기구 같은 이미지였지만, 오큘러스는 이 이미지를 일거에 업그레이드했습니다.

삼성과의 전격 합작도 진행되어 삼성 기어 VR은 갤럭시 노트 CPU와 화면을 그대로 쓰는 합체형 모델로 등장했습니다. 이 아이디어는 구글의 개발자 행사 구글 I/O에도 전파되어 카드보드Cardboard, 즉 골판지 VR이 배포됩니다. 종이접기처럼 골판지를 접어 스마트폰을 끼워 넣으면 그럴듯한 오큘러스 비품이 완성됩니다.

통찰은 넘치면 공유되기 마련입니다. 구글 개발자 행사에 참석하지 못했어도, 골판지 VR의 짝퉁 버전을 몇천 원이면 구매할 수 있습니다. 그리고 'Cardboard' 앱을 검색하여 설치하면 어느덧 성

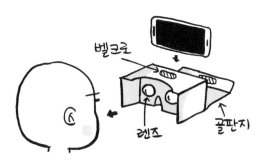

큼 다가온 미래를 시식할 수 있습니다. 덴마크판 다이소라고 하는 염가 체인점 플라잉타이거에도 폰을 끼워서 즐길 수 있는 VR 헤드셋을 팔고 있습니다. 아직은 만 원쯤이지만 잡화점에서 한 삼천 원쯤에 판다면 누구나 부담 없이 즐길 수 있을 것입니다.

AR과 VR의 시장 상황과 관련 제품들은 상당히 견고해지고 있습니다. HTC나 소니의 장비들은 기대 그대로 잘 등장했고 적당히 히트했습니다. 물론 아직은 하드코어 게이머들의 전유물이지만, 업계에서 전반적 관심을 끌기에는 충분했습니다.

VR이 점점 대중화될수록 기업은 현장에서의 활용 가능성에 대해 궁금해하기 마련입니다. 극도의 몰입이나 집중이 필요한 직업의 경우에는 VR 헤드셋을 착용하는 것이 효과적일 수 있습니다. 산업 현장에서 보호 장구를 입듯이 AR, VR 헤드셋을 착용하는 일이 일상이 될 수도 있습니다.

특히 AR은 현장에서의 작업 설명서 및 지시사항 제시용으로 탁월합니다. 독일 철강 회사 티센 크루프가 엘리베이터 유지 및 보수에 홀로렌즈를 활용한다는 뉴스가 전해졌는데, 오프라인에서 일은 하지만 온라인을 늘 참조하는 업무 방식으로 생산성을 높이겠다는 전략입니다.

미래의
맞춤

패션의 완성까지는 모르겠으나, 패션의 기본은 '핏'입니다. 어깨와 팔 길이, 허리춤까지 잘 맞는 재킷을 입고 나면, 내 몸이 지금까지 보편적 타인을 위한 옷 속에서 얼마나 벙벙해 하고 있었나 깨닫습니다. 이 '맞춤'의 깨달음이란, 오로지 한 사람을 위한 수고와 품과 시간의 결정체인 만큼, 값비싼 것이었습니다.

신체에 착악 감기는 '완벽한 핏', 굳이 따로 수놓은 문양이나 이니셜이 있지 않더라도 모두가 느낄 수 있는 명백한 사치입니다.

'핏'에는 심리적인 것도 포함됩니다. 그녀만을 위해 준비된, 세계에서 하나밖에 없는 디자인의 장신구는, 마치 잘 맞춘 구두처럼 미끄러져 들어가 마음과 '핏'이 됩니다. 우리는 그렇게 나만을 위한 사건과 사물에 약합니다.

공산품이란 대량 생산되는 것임을 알고 있으면서도 행여 같은 옷을 입은 사람들과 만날까 가끔은 두렵습니다. 오죽 흔했으면 똑같았을까? 이 시선이 거북한 겁니다.

인간에게 꾸밈이란 자신을 표현하는 개성과 이를 만들 물자와 인력을 동원할 힘을 나타내는 것이기도 합니다. 수제, 맞춤 구두, 맞춤 양복, 이 단어들이 낡지만 결코 바라지 않는 것은 바로 이 힘이 들어 있기 때문입니다.

오로지 나만을 위해 존재하는 듯한 그 느낌, '핏', 우리가 우리도 모르게 수긍하는 이 마력에는 이러한 긴장이 숨어 있고, 이는 일종의 권위였습니다.

소셜과 모바일, 클라우드가 난무하는 스마트 시대, 미디어에서 정치까지 모든 권위가 흔들리고 재정의되어 가는 이 대격변의 시대에 '맞춤의 권위' 또한 예외가 아닙니다. 3D 테크놀로지는 우리의 신체를 스캔하고, 우리 몸은 클라우드 위에서 이미 데이터가 되어 버린 디자인과 만나 계산되어 다시 3D 프린터 위에서 나일론과 수지로 뽑혀 나옵니다. 맞춤의 권위란 겨우 터치 한 번, 클릭 한 번의 차이에 불과해져 버린 것입니다.

이제 숙련된 세공사만이 가능했던 정교하고도 아름다운 문양, 신기에 가까운 이 장인 정신을 동원할 재력이 없어도, 기계와 기술에 의뢰할 수 있다면 누구에게나 '맞춤의 권위'가 허락됩니다. 또 다른 의미의 '생산 수단의 민주화'가 시작된 셈입니다. 마치 인터넷과 프린터가 활자와 글쓰기의 권위를 민주화한 것처럼 세상을 흔들기 시작합니다.

자전거처럼 대량 생산의 끝에서 수공예의 차별화로 명품의 권위를 얻던 제품들은 만만한 대상이 되었습니다. Ralf Holleis가 만든 자전거는 3D 프린터(정확히는 LaserCUSING, Concept의 C와 Fusing으로 만든 합성어)로 프레임의 티타늄 이음매를 찍어 내도 여전히 장인 내음이 납니다. 합리적 가격의 자전거로 알려진 양산 업체 자이언트가 3D 프린터로 찍어 낸 맞춤 안장 너머로는 수많은 자전거 장인들의 어두운 표정이 겹쳐 보입니다. 내 엉덩이는 과연 3D 프린터의 출력과 장인의 손길을 구분할 수 있을까요?

한 땀 한 땀 따던 장인의 세대는 이해하지 못하는 창의성을 오히려 전자화된 정확성으로 한 치의 오차도 없이 반복적으로 뱉어 내고 깎아 대는 기계가 폭발시킬지도 모릅니다. 레이디 가가는 벌써 여러 번 드레스를 '뽑았습니다'. 3D 프린터로 말입니다.

손으로 깎은 하나의 목제 만년필은 재현이 불가능하지만, 레이디 가가의 드레스는 소스가 파일로 존재할 것입니다. 만약 이 파일이 팬들을 위해 클라우드에 공개된다면 이론상 전 국민이 프린트할 수도 있습니다. 보세니 카피 옷이니 20세기 모방은 애교에 불과한 완벽한 모방의 세계가 펼쳐집니다. 게다가 나의 사이즈에 맞게 변숫값이 조정된 '맞춤 모방'의 세계가 말입니다.

대량 맞춤의 시대는 그렇게 개막하고 있습니다. 맞추고 느낄만한 '핏감'은 가지가지입니다.

6초 만에 이를 닦을 수 있다는 틀니 모양 칫솔은 개개인의 치아에 맞게 만들어집니다. 질근질근 핏을 느끼며 6초 동안 씹으면 됩니다. 신체 일부란 알고 보면 참 맞춤 인쇄되기 좋은 대상입니다. 그렇지만 내 불균질한 치아 배열이 적나라하게 드러난 이 칫솔을 패션이라 말하기는 싫어집니다.

내 몸 구석구석을 스캔하여 맞춰 보며, 아무리 완벽히 '핏'을 살려도 충족되지 못하는 무언가도 있습니다. 어쩌면 미래의 맞춤에서 중요한 것이란 남이 만드는 물건이 내 몸에 잘 맞는 것이 아니라, 내 마음에 맞는 물건을 모두와 나눌 수 있는 기쁨일지도 모릅니다. 무한히 복제될 무언가의 처음이 되는 일, 패션이란 결국 그런 것이 아닐까요?

패션의 기본은 '핏'이었을지 모르나, 패션의 완성은 결국 '나다움'인 것입니다. 대량 생산을 돌고 돌아 대량 맞춤 시대가 된 것을 이제야 깨닫고 있습니다.

삼라만상이 다운로드 가능해지는 시대

서방에서 설계를 하고 생산은 아시아에 맡기는 방식, 예를 들자면 애플 제품마다 찍혀 있는 'Designed in California Assembled in China' 생산 방식이 없어질 수도 있습니다. 단순한 제조물 같은 경우 제조란 그냥 '프린트'하는 것일 테니 생산 공장이 필요 없어지는 것입니다.

설계 사무소 뒤쪽 창고에서 3D 프린터 돌아가는 소리만 요란할 수도 있습니다. 특히 요즈음과 같이 다품종 소량 생산의 시대에는 대량 발주보다 이편이 유리할지도 모릅니다.

더 나아가 집마다 생산이 가능해진다면, 물건을 사고파는 일도 다르게 생각될 수도 있습니다. 예를 들어 신규 약정으로 들여온 빛나는 신상 스마트폰에 커버도 씌우고 케이스도 사러 갑니다만, 이 케이스야 말로 나만의 디자인으로 찍어 내기 적합한 품목입니다. 기종별 템플릿을 내려 받아 내 이름을 새겨 케이스를 뚝딱 만들 수 있습니다. 이 정도 일은 애호가들 사이에서 이미 벌어지고 있습니다.

소스 파일만 구할 수 있으면 물건을 가질 수 있는 일은 마치 파일만 내려 받으면 뭐든 즐길 수 있던 인터넷과 소프트웨어의 디지털 문화를 떠오르게 합니다. 이제 비트뿐만 아니라 아톰˚도 무한 복제가

● 아톰
비트가 정보의 최소 단위라면, 아톰은 물질의 최소 단위입니다. 지금까지 아톰은 비트와 달리 이동과 복제가 힘들어서 디지털만의 차별점이 있다고 이야기되었습니다.

가능해진 후기 디지털 사회가 찾아온 것입니다.

　데이터를 입수하기 쉬워졌기에 현재 3D 프린터 사용자 중 90% 이상은 캐드와 같은 설계 프로그램을 조작할 필요를 못 느낍니다. 3D 모델 데이터는 인터넷이나 친구로부터 얻으면 그만입니다. 이쯤 되면 플라스틱과 관련된 취미의 세계를 놀라게 할 사건이 아닐 수 없습니다.

　만약 앞서 소개한 아이 로봇의 아우디라던가 스타워즈의 다스 베이더 마스크를 다운로드할 수 있다면 흥분할 이들은 한둘이 아닐 터이니 말입니다.

　3D 프린터의 진보로 소재가 다변화됨에 따라 흥분의 대상은 얼마든지 늘어날 수 있습니다. 티타늄 소재는 안경과 같은 장신구에서도 알아주는 재료인 만큼, 티타늄 파우더를 활용한 3D 프린터와 함께라면 홍대 앞에 액세서리 샵을 차려 버릴 수도 있습니다. 이태리 공방에서 수작업으로 만들던 고가의 자전거 부품도 그냥 찍어 버릴 수 있습니다.

과도한 환상은 금물, 그럼에도 꿈꾸게 하는 기계

3D 프린터는 염가형 제품이 지닌 층층이 쌓아 가는 조형법의 한계가 명확합니다. 층이 단층처럼 눈에 보이는 것도 문제지만, 블록 쌓기와 같기에, 위에서 누르면 안 무너져도 옆에서 가하는 힘에는 약해서 사출 성형 플라스틱 제품과 같은 실용성은 없습니다.

적층 조형 말고 분말 고착식이면 나아질 수도 있겠지만, 이쪽은 또 가루가 흩날리기 쉽기에 가족의 건강이 신경 쓰입니다. 코앞에 와 있다 생각한 미래도 막상 손을 뻗으면 이렇게 좀처럼 잡히지 않곤 합니다.

그리고 또 생각해 보면 하나의 소재로 찍어 내야 하는 3D 프린터의 특성상, 단일 소재 제품에 한정되는데, 복잡해진 현대 사회에 그런 물품은 뜻밖에 그리 많지 않습니다. 여러분 주위의 사물들은 하나같이 하나 이상의 소재의 결합품입니다. 그렇다면 역시 활용처는 그릇이나 프라모델 정도일 텐데, 이것을 위해 고가의 장비를 꼭 들여야만 하나 자문하게 됩니다. 게다가 비용면에서도 조그마한 장난감을 만든다면 몰라도 kg당 몇 만원은 하는 수지를 아무 데나 뿌려 댈 수는 없는 일입니다.

그러나 위에 열거한 수많은 제약 조건에도 불구하고 어느새 3D 프린터는 우리 방구석에 들어와 자리를 차지하고 있을지 모릅니다.

컴퓨터도 그렇게 우리 책상 위로 올라왔고, 결국은 손바닥을 차지해 버렸듯이 말입니다.

그리고 이러한 진취적 모험가를 위한 개발 환경도 속속 갖추어지고 있습니다. 오토데스크 123D 등 매우 간단히 3D 프린터용 디자인을 할 수 있는 무료 제품도 있고, 스마트폰 앱으로도 설계할 수 있습니다. 최근에는 포토샵도 3D 프린터 모델링을 지원하여 디자인을 손볼 수 있게 되었습니다. 분명한 것은 하드웨어를 만드는 일이 소프트웨어를 만드는 코딩보다는 쉬워졌다는 것입니다.

디지털의 힘으로 창업하는 일이 손재주가 있는 모든 이들에게 해방되었다는 점이 3D 프린터에서 희망을 찾는 이유일 것입니다.

왜 IT 제품은
점점 더 조용해질까?

🔊

주위 3미터 근방에 놓여 있는 가전제품을 살펴봅시다. 처음 산 제품이 얼마 없을 겁니다. 아버지 세대였다면 생애 처음의 TV, 세탁기, 냉장고 등 신규 수요가 주는 두근거림으로 사회가 가득 차 있었을지도 모르겠습니다.

고도성장을 졸업하고 사회의 목적이 성장에서 성숙으로 넘어간 지금, 우리의 소지품은 대개 신제품입니다.

스마트폰도 약정이 끝나기 전에 고장이라도 나면 "고치시는 것보다 새로 사시는 것이 더 낫습니다."라고 정중하게 권해 옵니다. 이는 계획적 진부화Planned Obsolescence라는 일종의 경영 방침과 전략입니다.

현대 사회의 대량 생산과 대량 소비가 맞물려 톱니처럼 돌게 하기 위해서는 계속 신제품이 밀려 나와야 합니다. 그런데 요즈음 제품들은 고장이 잘 나지 않습니다. 전자 제품의 고장은 대개 움직이는 부위에서 시작합니다만, 스마트폰만 보더라도 움직이는 부품이 별로 없습니다. 사용자가 '낙하의 충격'이라는 뜻밖의 보너스라도 쥐어 주지 않으면 고장이 잘 나지 않습니다.

그렇다면 이제 제품의 기능적 혁신으로 물욕을 자극해야 합니다만, 제품의 기능적 개선도 디자인 궁리도 한계가 있기 마련입니다. 될 수 있는 한 지금 갖고 있는 물건에 불만을 품게 만드는 것이 마케팅이자 광고입니다.

스마트 단말과 같이 젊은 시장이라면, 비교적 늘 새로운 아이디어가 나오고 끊임없이 비교되므로 그나마 역동적입니다. 심지어 약정이 끝나자마자 고장이 나게 설계한다 해도 불만이 그리 크지 않을 것입니다.

하지만 다른 가전 장르들은 제각각 수십 년의 역사를 지녔습니다. 혁신도 지칠만한 세월, 때로는 마땅한 혁신의 카드가 보이지 않는 경우가 많습니다.

혁신이란 무엇일까요? 사람들은 무엇으로부터 혁신을 느낄까요? 시각이나 촉각이 주는 사용성도 있지만, 청각도 그 역할을 합니다. 소음은 움직이는 부분에서 발생합니다. 그런데 최근 전자 제품의 발전 방향은 움직이는 부위를 줄여 나가는 것에서 시작되고 있습니다. 대표적인 것이 컴퓨터의 '팬 리스'화입니다. 컴퓨터라면 CPU와 전원부에 거대한 팬이 도는 것이 상식이었지만, 뉴 맥북 등장 이래 스마트폰처럼 모든 선풍기가 사라진 PC들이 생겨나고 있습니다. 하드디스크 안 모터가 사라져 플래시 디스크로 바뀐 듯 말입니다.

이처럼 조용한 것이란 곧 혁신적이라는 개념이 소비자 사이에 정착하게 됩니다. 조용함이란 움직임을 원활하게 하여 소음을 줄이는 개선이 아니라, 움직임이라는 근본적인 원인을 제거하는 혁신이라는 것이지요. 예컨대 복합기에서 스캔을 하거나 인쇄를 할 때 종이를 가지런하게 하는 데 소음이 발생합니다. 그러나 종이가 삐뚤어졌더라도 소프트웨어적으로 이를 정확히 계산하여 삐뚤어진 채로 스캔을 해 보정한다면, 소음은 경감됩니다.

소음이란 진부함의 상징이 되려나 봅니다. 삐걱거리는 일이 산업의 냄새를 빼지 못한 구형 하드웨어란 듯이 말입니다. 30dB 이하의 조용함이 꼭 필요한 것도 아니지만, 기계음을 거부하려 듭니다.

하지만 움직이는 부품들은 별로 걱정하지 않을 겁니다. 배터리 시계가 넘치는 세상에서 최고의 명품 시계는 째깍째깍 소리가 나는 기계식 시계이듯, 장인이 만드는 소리의 낭만을 소비자가 언젠가 다시 깨닫게 되리라 믿기 때문이겠지요.

IT로 읽는
미래의 자동차

스마트폰 이후 혁신의 주인공, 스마트한 자동차 커넥티드 카

스마트폰이 세상을 뒤엎은 것처럼, 천지개벽을 일으켜 기회를 만들어 줄 포스트 스마트폰의 주연 배우는 누가 될지 모두 궁금해합니다. 4차 산업혁명이라는 대소동도 결국은 이 주인공을 찾기 위한 오디션 같아 보입니다.

그런데 사물 인터넷에서 인공지능까지 21세기적 혁신의 모든 요소를 다 아우르고 있는 것은 이미 있습니다. 바로 자동차입니다.

자동차는 여전히 현대 소비 사회의 정점에 있는 상징적 품목입니다. 얼핏 무관해 보이는 IT와도 연관은 꽤 깊어서 테슬라와 같은 제품은 양산 이래 IT 업계에서도 늘 관심의 중심이었습니다.

미래 자동차의 모습으로 인공지능 자율 주행 차만 주로 이야기되고 있지만, 미래 자동차의 본질은 이미 스마트폰 속에 들어 있을지도 모릅니다.

스마트폰을 만지고 스마트폰에 의존하는 일상, 화면을 밀고 누르는 손맛도 즐겁지만, 어느새 정보가 손끝에 놓여 있고 정말로 서비스와 재화가 오가니 손에서 놓을 수 없습니다. 그렇게 달라진 '체험'은 새로운 가능성에 '연결'됩니다. O2O라며 오프라인의 아날로그 비즈니스가 온라인과 연계되어 디지털화되고 있는데, 이렇게 새로운 가치가 연결되고 개방된 공간에서 제휴되는 API 경제가 스마트폰 덕에 폭발했지만, 여기에 연결될 수 있는 것은 스마트폰뿐만이 아닙니다. 각종 IVI(In-Vehicle Infotainment) 시스템이 일반화되고 또 플랫폼화되면서, 지금까지 스마트폰 앱으로 만들어졌던 모든 활용 사례가 자동차에도 열릴 수 있습니다. 즉, '체험'을 가능하게 한 '연결'이 새로운 '가치'를 만듭니다. 커넥티드 카도 마찬가지입니다.

사실 이미 자동차 애호가에게 자동차란 그저 이동의 수단이 아니라, '카 라이프'라 불릴만한 생활 그 자체입니다. 이동을 포함한 내가 존재하는 공간이었기에 소비문화의 정점에서 가처분 소득을 탕진하게 만든 면이 있었습니다.

이제 그 공간이 마치 디지털 비서가 모시는 듯한 안락한 공간으로 변모하려 합니다. 수행 기사가 보좌하는 대형 고급 세단은 아니라도, 살가운 디지털 플랫폼이 주는 '체험' 덕에 우리는 더더욱 스스로 '연결'되려 합니다. 자동차도 이제 팔고 끝나면 그만인 공산품이 아니라, 매월 갱신을 하고 싶은, 혹은 할 수밖에 없는 서비스가 되고 있습니다. API 경제의 말단이 스마트폰이나 웨어러블이라면, 걸터앉을 수 있는 자동차는 API 경제로의 연결 고리가 될 것이며, '가치'가 모일 수 있는 공간인 셈입니다.

① 기술의 집대성인 내연기관 대신 흔한 모터와 배터리

② 기술의 차별화는 탑재된 컴퓨터와 센서+통신기능

스마트카가 일상이 되는 어느 날

스마트폰은 그 전신인 PDA가 그렇듯이 비서로 의인화되곤 합니다. 클라우드에서 빅데이터까지 온갖 트렌드 기술과 일심동체가 되어 주인을 보필합니다. 시리나 빅스비, 구글 어시스턴트와 같은 이 비서들은 하나같이 클라우드 저 너머에 있지만 나를 적극적으로 이해하기 시작합니다. '스마트'란 언제부터인가 바로 이처럼 개인적이지만 동시에 전지적 시점의 똑똑함을 의미하게 되었습니다.

스마트카도 마찬가지입니다. IoT의 센서 기술의 세례를 받은 자동차도 이제 클라우드와 빅데이터의 은총을 받고 전지전능한 비서가 됩니다. 주인이 좋아하는 음악 정도 손쉽게 틀어 줍니다. 애플 CarPlay나 구글 안드로이드 오토쯤은 이제 신차 스펙의 기본이 되었습니다.

이처럼 스마트카는 별로 미래의 이야기가 아닙니다. 국내에 들어오지는 않았지만 토요타 미라이Mirai라는 수소 연료 자동차*가 있습니다. 이 차는 늘 센터와 통신이 연결되어 있습니다. 수소 스테

● 토요타 미라이 수소 연료 자동차

미래는 전기차라고 다들 생각하고 있는 와중에 연료 전지차가 양산되기 시작했습니다. 아직 연료 전지는 그 인프라가 많이 모자랍니다. 시작 당시 일본 국내 충전 설비도 수십 군데에 불과했습니다. 이를 참작해서인지 초기 생산량은 수백 대 규모였지만, 어느새 캘리포니아에서만 3천 대 넘게 팔렸습니다. 지금 이 풍경은 예전 하이브리드가 토요타에서 처음 나올 당시를 방불케 합니다. 시기상조가 아닐까 생각하는 제품을 먼저 내놓아 시장에 충격을 주고 기다립니다. 그러다 보면 환경과 인식이 정비되고, 어느덧 선구자는 진짜 리더가 되는 것입니다. 혁신의 대가는 그런 것입니다.

이션을 찾기 위해서입니다. 이 자동차는 무엇보다도 자신의 생존을 위해 클라우드와 연결되어 있는 것입니다.

언제나 클라우드와 연결될 수 있다면 무엇이든 기록하고 무엇이든 계산할 수 있습니다. 급기야 그동안의 패턴을 분석해 어디로 모실지도 알아서 제안하는 드라이빙 파트너가 될 수도 있습니다.

흥미로운 일은 이 파트너를 조수석이 아닌 운전석에 앉힐 수 있을 때 벌어집니다. 자동 운전은 이미 1950년대부터 차도에 케이블을 심어 차량을 유도하기 위한 인프라를 꿈꾸며 키워 온 꿈입니다. 그러나 이제 GPS 및 카메라 등 각종 센서의 등장으로 도로 설비 없이도 가능해졌습니다. 긴급 자동 브레이크 기능이나 액티브 차선 유지 기능 등은 이미 현실의 기능이 되어 버렸습니다.

이 의인화된 기사와 대화를 하다 보면 알아서 가야 할 곳을 제안할 수도 있습니다. 피곤한 하루라면 기분을 풀어 줄 음악과 함께 차창을 내리고 고속의 드라이빙을 시작할 수도 있습니다. 출근길에 상사의 스케줄을 비교하여 잠시 쉬었다 가도 된다고 참견을 할지도 모릅니다. 현실에서의 움직임을 맡기는 순간 수행 기사가 해 줄 수 있는 일의 폭은 상상을 벗어나는 것입니다.

그런데 그의 생각은 어떻게 계산되는 것일까요? 통계적으로 위험한 길을 피해감으로써 약간 비용은 더 들어도 나를 생각해 주기만 하던 배려 깊은 차였지만, 교통사고의 순간 동승자 중 한 명만 살릴 수 있다는 계산이 나온 후의 핸들은 어떻게 움직일까요?

만약 어떤 차량에는 소비자보다 기업의 이익을 우선시하는 코드가 들어 있다면 어떨까요? 다른 모듈에서 계승된 코드로라도, 혹은 버그로라도, 아니면 외부로부터의 해킹으로 들어갈 수도 있는 일입니다. 사고 직전의 순간 자동 운전 차량이 자신의 평판을 보호하는 결정을 내린다면 어떻게 될까요?

동남아 지진 해일을 직감한 코끼리는 해변을 걷기로 한 코스의 여행객을 태운 채로 산으로 이동해 버렸습니다. 김유신의 애마보다 훌륭한 빅데이터의 직관을 지닌 스마트카는 우리를 어떤 미래로 데리고 갈까요?

커넥티드 카, 그 시작은 안으로부터

신차를 20세기 자동차와 비교했을 때 가장 격세지감을 주는 것은 역시 화려해진 내장 디자인일 것입니다. 그중에서도 대시보드를 파고드는 LCD들이 점점 대화면이 되면서 차는 곧 컴퓨터임을 강조하기 시작합니다. 차량에 컴퓨터가 들어오기 시작한 것은 유서 깊지만, 이제는 주행을 위한 계산과 기록을 위한 기계가 아닌 네트워크에 연결된 단말이 되어 갑니다.

이미 내비게이션과 블랙박스 등 자동차마다 들어 있는 기본적인 정보 처리 기구들은 스마트폰처럼 클라우드에 연결되었습니다. 길 안내를 실시간 빅데이터 정보로 처리하는 것은 기본이고, 모든 주행 영상을 클라우드에 백업할 수도 있습니다.

삼성전자는 전자 장비 업체 1위인 하만 (Harman) 을 인수했습니다. 하지만 하만도 오디오로 유명하듯, IVI의 흐름은 대개 인포테인먼트 (Infotainment), 어찌 보면 운전과 이동이라는 차 본연의 기능과는 거리가 있는 편의 기능이 많았습니다. 이 흐름이 차에서 아무리 귀와 눈을 호강시켜 줘도 그 체험만으로 '스마트'한 차를 만들어 주지는 않습니다. 차의 본질을 강화하는 즐거운 손맛이란 무엇인지, 그 사용자 체험 (UX) 의 혁신이 앞으로의 과제일 것입니다.

예컨대 HUD (Head Up Display, 차량 전면에 운전자의 시야로 바로 보이는 디스플레이) 는 시야 1m 내외에서 맺히는 것이 대다수였습니다. 하지만 요즈음에는 3m 전방에 있는 듯한 느낌을 주거나, 카메라로 교통 표식을 인지하여 이를 끌어다가 보여 주는 제품들이 등장하여 전방 주시에 최적화하는 체험을 더 하고 있습니다.

차 대 차 통신 (V2V) 및 차 대 시설 통신 (V2I, Vehicle to Infrastructure) 을 넘어 V2X (Vehicle to Everything) 도 기대됩니다.

기존 근거리 통신망을 이용한 V2X에서 이동 통신망을 활용한 도로 시설 및 차량 사이 정보 소통이 일상화될 수 있다면, 마치 인터넷에 접속하기 시작한 전화와 같은 일이 벌어질 수 있습니다. 도로에 로그온되어 다른 차량, 즉 다른 유저를 인지하게 된 순간 할 수 있는 일은 무궁무진하기 때문입니다.

자동차도 스마트폰 생태계에 편입되는가?
CarPlay와 안드로이드 오토

통신 시장의 천하가 애플과 구글로 두 쪽이 나 있다는 점은 이제 누구나 다 아는 상식입니다. 자동차 내장 시스템도 이 두 쪽의 천하에 편입되기 시작했습니다. 애플과 구글의 스마트폰 자동차 연계 기능이 본격적으로 시장에 진출하기 시작했기 때문입니다.

그렇다고 해서 갑자기 우리들의 자동차가 전격 Z 작전의 키트가 되는 것은 아니고, 전화, 음악, 지도, 메시지, 여기에 시리 정도의 기본적으로 스마트폰으로 할 수 있는 일을 차로 할 수 있는 것입니다.

이 분야는 이미 IVI(In-Vehicle Infotainment), ICE(In-Car Entertainment) 등으로 불리는 '차량 정보 통신' 시스템 시장을 만들고 있습니다. 원래 포드는 Ford Sync, 토요타는 T-Connect, 현대는 Blue Link 등 각자의 시스템을 키워 왔는데, 마치 스마트폰 대통일 이전 피처 폰 브랜드가 난립하던 풍경을 떠오르게 합니다.

iOS in the Car로 알려졌던 애플의 CarPlay는 역시 iOS의 전통

을 이어 받아 상당히 단순하고 군더더기가 없습니다. 운전에 집중해야 하는 상황을 염두에 둔 듯합니다.

안드로이드는 오픈 오토모티브 얼라이언스 라는 협회를 만들어 현대자동차, NVIDIA 등과 안드로이드 응원을 위한 연합군을 만들었습니다. 매립형 내비게이션이 들어가는 LCD 화면에 뜨는 안드로이드 오토 디자인은 구글 머티리얼 디자인* 분위기가 물씬 납니다. 머티리얼 디자인은 차량에 더 잘 어울리는 듯합니다.

● **머티리얼 디자인**
구글이 안드로이드 스마트폰에 적용한 사용자 체험 디자인의 체계 및 이를 구현하기 위한 방식을 일컫는 말입니다. 현실 세계에 기반한 표현을 중시하는데, 물체의 겹침이나 그림자가 지는 모습 등을 재현하여 사용자가 직감적으로 사물을 대하듯 그 조작법을 유추할 수 있게 하는 것이 특징입니다.

많은 자동차 브랜드들이 눈치를 보고 있습니다. 그러나 차량의 주인이 어떤 스마트폰을 쓸지 미리 알 수는 없는 일입니다. 게다가 차의 평균 수명은 스마트폰보다 훨씬 깁니다. 따라서 많은 자동차 브랜드가 이 둘을 동시에 지원하기로 했습니다.

사실 어느 한쪽에만 줄을 서야 하는 일은 아니므로 집필 시점 현재 대다수 브랜드가 안드로이드 진영에도 참가하지만 유독 토요타와 BMW가 보이지를 않습니다. 이들은 애플의 CarPlay에만 이름이 올라와 있습니다.

자동차 회사는 모두 차량 정보 통신 시스템 분야가 차량의 차별화 요인이 될 것이라 믿고 있습니다.

혼다의 경우 미국 연구 거점인 실리콘 밸리 랩 안에 혼다 디벨로퍼 스튜디오를 개설해 일반 앱 개발자들을 위한 차량 앱 최적화 지원을 돕기로 나서기로 합니다. 개발자에게 구애 작전을 펼치는 산업이 여기 또 하나 더 생긴 셈입니다.

그런데 쌍두마차격인 CarPlay도 안드로이드 오토도 모두 화면 껍데기뿐입니다. 차들은 알아서 독자적 시스템을 만들고 연결만 이들 스마트폰에 합니다. 일종의 원격 접속인 셈이니 동시에 지원하는 일은 비교적 쉽습니다.

스마트폰을 차에 케이블로 연결하기만 하면 바로 쓸 수 있다는 점에서 운전자의 심리적 부담도 덜합니다. 새롭게 무언가를 공부하거나 관리할 필요가 없기 때문입니다. 아무래도 스마트폰은 매일 가지고 다니고 차를 타지 않을 때도 필수품이니 꼼꼼히 관리가 되기 마련입니다.

PC의 강자인 마이크로소프트도 Windows in the Car라는 이름으로 비슷한 시도를 했지만, 현실화하지는 못했습니다. 다만 그들의 인공지능 어시스턴트 코타나를 닛산이나 BMW에게 삽입하는 시도를 하고는 있지만 시장에서의 존재감은 한참 떨어집니다.

한때 마이크로소프트 운영체제가 자동차까지 삼킬 것 같은 기세였던 적이 있었지만, 격세지감을 느끼게 합니다. 포드의 Sync가

2세대까지는 마이크로소프트 기술을 썼는데 3세대부터는 블랙베리가 지니고 있는 QNX 운영체제 기반으로 옮겨 버렸습니다.

진짜 스마트 자동차가 하고 싶은 일은 지금의 껍데기가 아닌 정말 iOS나 안드로이드와 같은 스마트 시대의 OS를 탑재하는 일일 것입니다. 아직 이 분야는 주인이 없습니다. 상상력의 한계만큼 생각해야 할 것이 많기 때문이겠지요.

많은 운전자들이 도로에 정체가 시작되면 스마트폰을 꺼내 들고 무언가 시작합니다. 버스에 앉아 창가를 내려다보며 승용차의 운전석을 볼 때가 있습니다. 정말 많은 이들이 다양한 일을 함께 처리하며 운전을 하고 있습니다. IVI든 ICE든 이 차량 정보 통신 시스템, 안전 운전이라는 가장 중요한 가치에 도움이 되는 일일까요? 자동차까지 스마트폰에 중독되어 버릴 때 어떤 일이 벌어질지 두근두근 되는 설렘에 앞서 다소 무거운 긴장감이 드는 것도 사실입니다.

모두 안전 운전하기 바랍니다.

자율 주행의 새벽이 오기 전에

커넥티드 카를 이야기할 때 우리는 흔히 인공지능이 운전하는 자율 주행 차량을 떠올립니다. 가장 혹하는 미래상이기도 하고, 또 관련 기술 수준이 근래 엄청난 점프를 하고 있기에 당연한 일이기도 합니다.

앞에서 볼 수 있듯이 이미 국내 자동차 업체와 전자 회사들도 애플 및 구글의 생태계와의 제휴에는 적극적이지만, 스마트 강국 한국에서는 서비스를 충분히 만끽하기는 조금 힘들 듯합니다.

왜냐하면, 한국에서는 규제와 여러 사정으로 지도와 같은 기능이 완비되지 못한 반쪽짜리 서비스가 될 가능성이 크기 때문입니다. 물론 카카오와 제휴한 안드로이드 오토처럼 국산 업체와의 협업으로 풀 수도 있습니다만, 모든 서비스가 유기적으로 결합한 체험을 할 기회를 놓친다는 점은 섭섭하지 않을 수 없겠습니다. 그러지 않아도 가뜩이나 수출용과 내수용의 역차별 문제로 시끄러운 국내 자동차 메이커로서는 본인들이 통제할 수도 없는 변수가 생기니 골치가 아픕니다. 소비자 입장에서도 지금 쓰고 있는 스마트폰과 합체하여 더 좋은 차가 될 수 있는데, 그 기회를 놓치게 되는 것 같아 속도 쓰립니다.

자동차란 교통이라는 문화와 규제의 덩어리와 뒤엉켜 있기 때문에 그 미래는 손에 잡힐 듯 잡히지 않을 것입니다. 지금 당장 내게 운전대가 없는 완벽한 자율 주행 차가 있더라도 동네로 데리고 올 수는 없습니다. 좁은 언덕 골목에 모든 차가 양방향으로 곡예 운전을 하기 때문입니다.

불법과 재량이 지배하는 공간, 구시가지 이면 도로의 정서입니다. 큰 도로라고 다르지 않습니다. 스마트카에 대한 국토교통부의 각종 법규는 아직 준비되어 있지 않고, 이는 보험사도 마찬가지입니다.

보험사들은 자율 운전 시대가 되면 자동차 손해 보험 업계가 완전히 재편성되리라는 것을 알고 있습니다. 우선 사고 자체가 급감할 것이기 때문입니다. 대부분 사고는 인간의 부주의와 능력 부족으로 벌어집니다. 그렇게 믿음직스럽지 못한 인간을 운전석에서 배제하게 되면, 사고란 이제 시스템 에러에 의해서나 벌어지는 일이 됩니다. 그리고 그 에러에 대한 보험 가입 대상은 운전자가 아닌 자동차 제조사가 될 가능성도 큽니다. 마치 제조물 책임 보험에 가입하듯이 말이지요.

심지어 보행자가 가해자가 될 수도 있습니다. 절대로 사람을 칠 수 없도록 설계된 차량이 사람을 피하려다가 다른 차량과 충돌한 경우를 생각해 봅시다. 오늘날 철로 추락 사고가 과실 전차 교통방해죄가 될 수 있듯이, 미래에도 자율 주행 교통방해죄가 적용될지 알 수 없는 일입니다.

이처럼 생각할 거리가 많으니 이를 위한 문화적, 법규적 준비는 분명히 기술 발전보다 느릴 수밖에 없습니다. 미래란 선형적으로 찾아오지 않습니다. 새벽처럼 갑자기 밝아집니다.

대신 아직 어둠 속에 있는 동안은 어렴풋이 보이는 기회를 찾아 나가면 됩니다. 똑똑해지기 위해 네트워크에 연결하는 자동차, 기회는 이 연결성에 있습니다.

커넥티드 카가 지금 당장 할 수 있는 스마트한 연결은 스마트폰에 익숙한 기업과 소비자들에게 가시적인 가치를 줄 수 있습니다. ICE나 IVI라 불리는 영역은 차 안에서의 이동 시간을 어떻게 활용하게 할 것인지를 넘어 지금 내가 하고 있는 이동의 가치를 어떻게 최적화할지 알려 줍니다.

마치 LTE, 와이파이, 블루투스, NFC 등 다양한 통신 경로로 스마트폰이 소통을 하듯, 자동차도 이제는 말문이 트여 소통을 시작하고 있습니다.

사무실이 PC와 인터넷으로 변모했듯이, 지금 자동차는 새로운 변화를 앞두고 있습니다. 지금은 그냥 길 안내만 하는 내비게이션이지만, 앞으로는 업무 지시도 함께 할 수 있을 것입니다. 내 차가 여가의 공간에서 업무의 공간으로, 그리고 이동하는 사무실로, 이와 같은 최적화의 요구는 IT 업의 숙제가 될 것입니다. 한때 사무자동화가 SI를 키운 것처럼 말입니다.

IT가 자동차의 질서를 재편성하는 날

미래 자동차에서 중요한 것은 바퀴를 굴리는 힘이 아닙니다. 그 힘은 전기 모터와 내연 기관에 의해 정복된 지 오래입니다. 전기 모터와 내연 기관을 다루는 자동차 회사의 재주는 이미 완성형에 가까워서 다양한 하이브리드°가 나오며 칵테일처럼 섞어 쓸 정도입니다. 요즈음 자동차 업계가 시끄러운 이유는 이 힘 때문이 아닙니다.

● 하이브리드
엔진과 모터가 동시에 들어 있는 자동차들입니다. 대표작인 프리우스는 벌써 20주년이 넘었습니다.

바퀴를 어디로 굴릴지 결정하는 지능을 둘러싼 혁신이 벌어졌기 때문입니다. 지금까지는 전적으로 운전자의 책임이자 기술이었던 이 일이 이제 지능이 됩니다. 그리고 이 지능은 공유되고 계산될 수 있다는 점에서 반드시 인간의 전유물이라고 할 수도 없어졌습니다. 소프트웨어에 의해 바퀴의 방향과 속도를 결정하는 일이 벌어지기 시작한 것입니다. 바야흐로 자동차에도 인공지능 열풍이 불고 있습니다.

자동차 업계는 곧 IT 업계가 되고 있습니다. 이는 자동차의 전체 역사를 두고 봐도 전례 없는 흥미진진한 일일 수밖에 없는데, IT는 보통 지금까지의 상식을 흔드는 일을 동반하기 때문입니다.

자동차 산업에서 종래의 상식이란 무엇일까요? 그것은 성장을 위해서 더 많은 자동차를 길 위에 쏟아낼 수밖에 없는 사정, 운전대

앞에서 지친 표정으로 운전에만 전념해야 하는 답답함, 책임을 망각하거나 준비되지 않은 이들에 의한 교통사고였습니다.

어쩔 수 없는 일이라고 치부하기에는 미래에 주는 부담이 너무나 컸습니다. 그 해법을 IT에서 찾아보기로 한 사건, 이 흐름이 바로 커넥티드 카의 트렌드입니다.

잠시만 생각해 보면, 자동차를 움직이게 하는 것은 수단이지 목적이 아닙니다.

목적은 바로 우리가 이동하는 일, 즉 모빌리티*에 있었고, IT가 뒤집을 상식은 바로 이 부분이었습니다.

● **모빌리티**
이동성이란 뜻으로 포드와 같은 자동차 회사들은 모빌리티 회사라 불리고 싶어합니다. 미래에 중요한 것은 운송 수단의 판매가 아니라 이동 그 자체일 것이기 때문입니다.

앞으로 필요해질 모빌리티 솔루션 프로바이더

포드는 IBM과 손을 잡았습니다. 이미 스탠퍼드 및 MIT와 자율 주행을 위한 인공지능 연구를 진행 중이라 놀라울 것은 없지만, IBM과 같은 IT 솔루션 제공자와 함께 클라우드 기반 분석을 함께 하기로 했다는 점에 주목할 만합니다.

자동차를 운전하는 것은 미시적인 활동이지만, 어떤 자동차가 어디에 어떻게 움직이도록 할지 결정하는 거시적인 활동도 앞으로는 중요해집니다. 트럭이나 택시의 배차 지시를 빅데이터에 근거하여 컴퓨터가 내리게 하는 일은 솔깃한 솔루션입니다.

포드와 같은 자동차 회사는 자동차 제조사의 과거를 벗어나려하고 있습니다. 대신 이동하는 모든 일, 즉 모빌리티에 대한 솔루션 프로바이더가 되려는 미래로 나아가려 합니다. 이는 자동차 회사만의 꿈이 아닙니다. IBM도 마찬가지이고 구글도 마찬가지입니다. 움직이는 일 너머에 보이는 기회가 너무나 큽니다.

예를 들어 출퇴근은 그 자체로서 즐거운 일이 아닙니다. '고객의 고충'이야말로 거대한 성장 기회입니다. 이동해야만 하는 모든 이들에게서 발생하는 비즈니스 찬스는 무궁무진하고, 우버의 시가총액이 그렇게 높게 평가받는 이유도 여기에 있습니다.

지금까지 교통이란 공공과 행정의 영역이었습니다. 물론 앞으로도 그렇겠지요. 하지만 IT는 끊임없이 지금이 최선인지에 대한 질문을 해댑니다. 카카오 택시와 같은 민간업자가 난입하는 것과 마찬가지로 교통 전반에 걸쳐 혁신의 요구는 지속될 수밖에 없습니다.

지능 교통ITS 사업은 공공사업 영역이었지만, 앞으로는 도로의 선진화에서도 탑다운이 아닌 바텀업의 혁신이 일어나지 말라는 법이 없습니다. 아이폰의 등장으로 통신업 가치 사슬에 와해가 일어난 것처럼, 아이폰에 해당하는 그 어떤 기술이 등장하게 된다면 탑다운의 질서는 울며 겨자 먹기로 이를 받아들일 수밖에 없습니다. 반복되는 역사입니다.

커넥티드 카가 있는 사회

2016년 겨울 샌프란시스코 최대 택시 회사가 도산해 버렸습니다. 파산할 때 제출한 서류에 기재된 여러 사정 중에는 우버와의 경쟁이 언급되어 있었습니다. 우버는 겨우 창업 6년 만에 100년도 더 된 포드나 GM의 시가총액을 추월했는데, 이 부풀어 오른 거품의 비결은 바로 우버가 상징하는 그 무언가에 있습니다.

우버는 비트의 세계에서는 너무나 당연했던 알고리즘을 아톰의 세계에 실현하고 있습니다. 비트의 세계에서는 지금도 수많은 패킷들이 인터넷 라우터를 오가고 있습니다. 이러한 전달과 매칭의 알고리즘이 현실 세계에 적용된다면 인간과 사물의 이동 전체를 아우를 수 있기에, 벌어질 수 있는 일에 모두의 기대가 쏠리고 있습니다.

비슷한 사례로 코요테Coyote 로지스틱스란 회사가 있습니다. 10년도 안 된 스타트업인데, 2015년 물류 거인 UPS에 2조 가까운 금액에 인수됩니다. 수만 개에 이르는 작은 운송업자가 빈 차로 다니지 않도록 매칭해 주는 것이 본업입니다.

오프라인에서의 디지털 중개업자를 표방하는 이런 회사들이 만약 비트가 아닌 아톰의 이동을 총괄하는 라우터Router의 원형이라면, 앞으로 벌어질 일은 상상을 초월할지도 모릅니다. 이미 우버는 사람을 찾아가는 기능을 선보이기 시작했습니다. 상대방에게도 앱이 깔렸다면 목적지가 바로 그 사람이 됩니다. 자동차란 그저 움직이기 위한 하나의 수단에 불과합니다.

헬싱키에서 시작한 휨Whim이라는 앱은 우버에서 한발 더 나아가, 렌터카, 대중교통, 자전거 등 다양한 수단을 사용자 일정에 맞춰 제시합니다. 비 오는 날과 러시아워에 어울리는 탈 것은 다를 수밖에 없겠지요. 자동차에 대한 관심이 옅어지는 젊은 층 때문에 고민이 깊은 자동차 기업에게는 이런 모든 아이디어가 불편합니다.

이제 자동차 회사들도 자신들은 제조업이 아니라 '모빌리티 서비스' 제공자라고 선포하며, 이동 체험의 최적화를 이야기할 수밖에 없습니다. 사용자들의 만족을 최우선시하는 서비스들이 등장하고 심지어 자동차 회사들도 이런 서비스 회사가 되려는 것은 지금까지 가장 사용자에게 가까운 회사들인 통신업 및 인터넷 서비스업에게도 자극적인 일입니다.

얼마 전 자동차 브랜드 테슬라와 포르셰가 미국 컨슈머 리포트 소비자 만족도 조사에서 1, 2위를 차지했던 적이 있습니다. 모두 체험을 자랑하고 싶은 차들입니다. 소비자의 만족을 결정하는 요소란 외양이나 주행 성능만이 아닙니다. 테슬라는 말할 것도 없지만, 포르셰도 포르셰 커넥트나 PCMPorsche Communication Management 등 탄탄한 전장 플랫폼이 훌륭한 가이드가 되고 있습니다.

커넥티드 카가 있는 사회는 어떻게 완성될 수 있을까?

백수라도 스마트폰만큼은 최신형을 살 수 있습니다. 하지만 자동차는 이런 지름신 영접이 쉽지 않습니다. 2년마다 새 차를 사는 것은 여의치 않습니다. 차란 여전히 내구성 사치 소비재입니다. 아무리 신차가 디지털 세례를 받더라도, 이 차들이 시장에 퍼지지 않으면 의미가 없습니다. 소위 애프터마켓에서 설치되는 것은 한계가 있습니다.

하지만 자동차 시장은 지금 지각 변동 직전입니다. 파워 트레인 동력 전달 장치의 큰 변화가 벌어지고 있기 때문입니다.

바로 전기차나 수소차로 대변되는 차세대 동력원의 대중화입니다. 이미 엉망이 되어 버린 우리 환경을 복원하는 일에 자동차 역할론이 커진 덕입니다.

독일 연방 의회는 2030년까지 내연 기관을 탑재한 신차는 판매 금지하도록 의결하고, 이 결의안을 가지고 EU 각국에 압력 중입니다. 물론 강제력이 있는 상황은 아니지만, 이러한 정치적 제스처는 적어도 독일 자동차 업계는 준비되었다는 신호로 볼 수 있습니다. 실제로 벤츠나 폭스바겐 등이 전기차 비중을 향후 10년 동안 반 수 가까이 늘릴 것이라는 예측이 있습니다. 파리 협정에 따르면 EU의 경우 2030년까지 CO_2 배출량을 1990년의 40% 이하로 줄여야 합니다.

내연 기관은 메이커의 역사가 담긴 장인 정신의 결정체였습니다. 이 벽이 무너지면 모터나 제어 시스템을 개발하는 부품 메이커가 약진하는 계기가 될 수 있습니다. 계열 줄 서기가 강했던 자동차 업계 특유의 부품 수급이 개방화되어 수직 통합이 붕괴되는 것입니다. 자동차를 둘러싼 플랫폼 중 특정 분야에서라도 세계적 경쟁력을 지니면, 전 세계의 자동차 업체와 거래를 틀 수 있어 스마트폰 쇼크에 버금가는 변화가 벌어질 수도 있습니다. 그리고 무엇보다도 이러한 변화는 자동차에 대한 신규 수요, 혹은 자동차에 대한 전혀 새로운 접근을 가져올 수도 있습니다.

이제 신경 써야 할 것은 이 사회가 지닌 수용력입니다. 교통이란 기본적으로 규제 산업입니다. 여기에 기존의 운수 사업자, 자동차 회사, 보험 회사 등 다양한 기득권과의 조화를 어떻게 끌어 낼지의 문제도 있습니다.

특히 여전히 운전자의 태만과 실수로 벌어지는 교통사고는 좀처럼 줄고 있지 않습니다. 자율 주행을 비롯한 커넥티드 카의 신기술이 디지털로 기능하는 가드 레일을 만들거나 초등학교 등굣길에서는 속도를 낼 수 없게 한다면, 미래에 내게도 벌어질 수 있는 불행을 방지할 수 있을 것입니다.

기술은 늘 더 좋은 사회를 가져다 준다고 믿는 일, 커넥티드 카도 지금 같은 꿈을 꾸고 있는 것입니다.

새로운 시대의 제조업의 모습,
여러분의 공장은 스마트 팩토리 5단계 중 어디에?

노동자가 대규모로 고용되어 대량 생산하던 공장 시대가 저물고 있습니다. 대신 그 자리에는 로봇이 하나둘 들어오기 시작합니다. 소위 제4차 산업혁명 이야기에서 인공지능으로 대체되는 일자리 걱정이 늘 뒤따르는데, 이미 제조업에서는 컨베이어 벨트 앞에 자리 잡고 앉아 있는 로봇의 풍경이 낯설지 않습니다. FA공장 자동화 덕입니다.

지금도 공장에서는 수많은 관절형 로봇 팔들이 춤추듯 움직이며 부품을 가져다 끼웁니다. 자동차도 휴대전화도 모두 그렇게 만들어집니다. 첨단의 전자, 기계 공학은 바로 공장에 제일 먼저 집대성되고 있습니다. 바로 FA 시대가 만들어 준 풍경입니다. 공장 견학을 한번 가 보면 그 근미래적인 풍경에 압도당하는 일이 종종 있습니다. 이미 공장에는 먼저 미래가 다가와 있는 것입니다.

그렇게 미래로 달려가는 공장이지만 아직 아쉬움이 많습니다. 우선 시민들은 공장을 부담스러워합니다. 친환경적임을 구체적인 각종 삭감 실적을 통해 증명해야 합니다. 자동화가 곧 품질에 문제가 없다는 것을 의미하는 것도 아닙니다. 경영은 더 짧아진 리드 타임(생산부터 완성까지 걸리는 시간)을 요청하기도 합니다. 합리화를 하지 못한다면 아무리 미래 지향적인 공장이라도 해외로 이전되는 신세를 면치 못할지도 모르는 일입니다.

사실 제조 라인에서 생기는 수많은 정보와 신호들은 모두 개선과 혁신의 힌트입니다. 다만 이들의 정보가 집약되지 못하고 현장에서 경영으로, 하나의 흐름으로 관리되지 못해 가치를 알아채지 못할 뿐입니다. 그런데 지금까지는 어떻게 보면 열혈 공장 분임조와 지혜로운 공장장이라는 우연한 조합이 있어야만 가능했던 현장의 기적이 안정적으로 복제되려 하고 있습니다. 바로 IT의 힘에 의해서 말입니다.

클라우드, IoT, 빅데이터 등 최근 IT 트렌드는 어느 하나도 공장에서 버릴 것이 없습니다. 스마트 팩토리란 그 추세를 말합니다. 제조업의 생산은 세계화되고 있습니다. 현지 공장이 늘어갈수록, 공장끼리 클라우드로 연결하여 생산 관리를 하고, 공장 안의 모든 생산 기기 및 단말이 IoT 기술로 연결되어 정보를 나눕니다. 이 무한대 빅데이터를 통해 최적의 생산 관리와 품질 관리를 이루어 내는 것입니다. 그리고 이 모든 것이 마치 스마트폰의 게임 화면을 들여다보듯 경영진에게 투명하게 보여집니다.

각종 생산 설비로부터의 정보를 적극적이고 망라적으로 수집하는 활동이 본격화되기 시작합니다. 또 지금까지 공장을 관리하던 각종 제어 기능들을 클라우드로 고도화 및 전산화하고 이를 다시 빅데이터 해석을 통해 최대한 지능화합니다.

마치 '스마트'폰이 우리가 일상을 사는 법을 뒤흔든 것처럼, 현대 ICT의 '스마트'한 요소들은 공장을 한 단계 비약시키려 하고 있습니다.

'스마트' 팩토리라는 트렌드가 형성되기 시작한 것입니다. 이 트렌드는 다른 IT 키워드만큼이나 사공이 많기에 해석도 동상이몽이 많지만, 종합해 보면 크게 5단계의 진보 과정을 거치고 있습니다.

① FA라는 공장 자동화

공장 자동화는 이미 산업혁명과 함께 시작했다고 해도 과언이 아닐 정도로 오랫동안 진행되어 왔습니다. 앞으로 중요시되는 것은 단일 작업의 자동화가 아니라, 전체 작업의 일관된 자동화입니다. 경영 입장에서는 작업 시간을 초 단위로 이어 붙이고 싶을 정도로 효율을 꾀하고 싶습니다. 이를 가능하게 하는 비책이 있습니다. 모든 공정이 물 흐르듯 멈추지 않고 흘러가도록 자동으로 전체 최적화를 하는 것입니다. 하지만 이는 공작 기계 하나 도입했다고 가능한 것이 아닙니다. 요즈음 공장이 '스마트 팩토리'의 꿈을 꾸기 시작한 것은 바로 이 전체 최적의 자동화에 대한 욕망 덕분입니다.

② 가시可視化

공장 플로어에서는 이미 수많은 정보가 발생하고 있습니다. 하지만 안타깝게도 이 소중한 정보들은 인지되지 못한 채 공중으로 흩날리고 있습니다.

뜻밖에도 혁신의 실마리는 현장에 있을지 모릅니다. 현장은 이미 알고 있습니다. 가끔 통솔력 있는 공장 분임조의 특출난 혁신 활동이 극적인 구사 활동으로 이어지는 경우가 화제가 되기도 하지만 어디까지나 예외적입니다. 현장 정보는 잘만 모은다면 통찰을 이끌어 내기에 충분한 신호가 될 수 있지만, 정작 의사 결정을 해야 할 이에게 정보가 전달되지 않거나 모처럼 정보를 가진 이들이 의사 결정을 하지 않는 상황이 공장의 혁신을 방해하고 맙니다.

개선과 효율화를 과감하게 실행하기 위해서는 현재를 알아야 하는데 이를 파악하기 위한 데이터는 늘 부족합니다. 공장에는 인사나 회계 데이터와 연동해 다차원 분석을 할 가치 있는 데이터가 흐르고 있습니다. 수집되는 정보는 공장 기계가 뱉어내는 작업 데이터나 공장 환경 데이터뿐이 아닙니다.

스마트 팩토리의 다양한 솔루션들이 빅데이터와 클라우드를 플랫폼에 포함하는 이유는 이처럼 온갖 데이터를 망라적으로 수집한 다음 정리하여 깔끔한 선택지를 제시하기 위해서입니다. 가시화를 목표로 삼는 단계에 접어든 공장에는 수많은 대시보드 스크린들이 공장 복도뿐만 아니라 경영진 스마트폰에도 펼쳐지기 시작하고 있습니다.

③ 통합과 제어

마치 ERP로 사무 프로세스가 통합되듯, 공장의 제어 계통도 가시화된 데이터를 토대로 미세 제어가 가능해질 수 있습니다. 공장에 깔린 센서가 뿜어 내는 '리얼 타임 데이터 플로우'를 관찰하다가 적시에 제어 명령을 내림으로써 공장을 효율적으로 운영할 수 있습니다.

따라서 이 분야에서는 HMIHuman Machine Interface 혁신도 중요시되어, 화면 없이 어떻게 사람과 소통하는 공장이 될지도 관심사입니다. 예컨대 조명이나 소리로 원격 관제를 할 수 있게 하는 솔루션들이 스마트 팩토리에 모이고 있습니다.

이미 이 단계에 접어든 역량을 갖춘 공장이라면 바로 다음 단계인 자율화로 시선이 이동해 있을 것입니다. 왜냐하면 최근 기계 학습, 즉 인공지능에 의한 공장 자율화가 워낙 뜨겁기 때문입니다.

④ 자율화

이미 3단계까지 진행된 상태라면 IoT가 공장에 파급되기 시작한 상태입니다. IIOT Industrial Internet of Things 라는 유행어도 이 상황을 소개하고 있습니다.

IoT는 그저 센서 네트워크라고 이해되기 쉽지만, 단지 이들 센서가 데이터를 모으는 것뿐만 아니라 지능형 IoT 디바이스가 되어 서로서로 실시간으로 협조하면서 현장에서 내릴 수 있는 판단을 바로 내릴 수 있게 됩니다. 주위 환경으로부터 학습하여 환경에 적응하는, 일종의 지능화가 바로 이 단계에서 가능해집니다.

예를 들어 과거의 불량 이력과 환경 변수를 전부 학습한 상태라면, 컨베이어 벨트에서 나오는 소음이나 진동만으로도 불량을 예측할 수도 있습니다.

기존 자동화 Automation 와의 차이는 비용을 줄일 수 있다는 것입니다. 인건비 감소뿐만 아니라 오류가 날 환경을 사전에 교정하는 등 예방적 관리를 가능하게 함으로써 경영 리스크를 줄입니다. 기계 스스로 열화를 감지하는 것과 같이 공장 플로어에서의 방대한 데이터를 토대로 스스로의 안녕을 꾀하기도 합니다.

공장이 멈췄을 때의 손실을 막는 일처럼 확실한 수익 제고 활동은 없습니다. 스스로를 돌볼 줄 아는 공장의 최우선 과제는 바로 멈추지 않는 일입니다. 설비 종합 효율 OEE: Overall Equipment Effectiveness 을 스스로 계산하여 예측 활동을 하는 공장도 이제는 꿈은 아닙니다. 인공지능 덕에 인간의 역할은 유사시 개입, 아니면 최종 결정과 책임 부여의 책무로 줄어들고 있습니다.

⑤ 플랫폼화

지금까지의 공장 혁신은 대개 어떻게 비용을 줄일지에 있었습니다. 스마트 팩토리라고 말해도 이 정도 변화는 생산 관리 최적화와 다르지 않다고 생각되기 쉽습니다. 하지만 기업 전체의 과제는 이러한 지엽적인 절감보다는 대국적으로 어떻게 변화의 시기에 생존할 수 있을지, 즉 지속적으로 매출을 늘릴지에 있습니다. 쉬울 리 없는 일이지만 수많은 제약 조건 탓에 할 수 없었던 일을 감행하는 용기에서 해법을 찾을 수 있습니다. 바로 생산량과 생산 품목을 포함한 경영상 판단을 현장에서 스마트하게 하는 일, 이것이야말로 이상적 스마트 팩토리의 최종적 모습, 바로 관리 경영의 플랫폼화라 할 수 있습니다.

공장마다 지금까지는 복잡하거나 비용 구조가 맞지 않아서 감행할 수 없었던 안건이 있습니다. 하나하나 개별적으로 처리해야만 했던 생산 방식의 경우, 숙련공이나 경험자가 부족해 물량을 받지 못해서 기회를 흘려보냈습니다.

하지만 모듈을 조합해서 소프트웨어를 만들 듯, 공장 또한 API*를 오픈하여 외부 모듈을 결합할 수도 있고 심지어 인공지능에 의해 도움을 받을 수도 있습니다. 발주량과 같은 동향마저 예측하여 최적화된 생산 설비를 구성하고 제안할 수도 있습니다.

이제 공장은 놀지 않습니다. 엉뚱한 물량을 떠맡아서 손해를 보지도 않습니다. 소비자 입장에서도 새로운 수요가 형성된다면 생산까지 빠르게 이뤄지는 역동적 시장 경제의 주역이 되어 갑니다.

다품종 소량 생산과 '매스 커스터마이제이션*'이 일상다반사가 되는 시대, 생산뿐만 아니라 물류, 배포, 소매, 판매 후까지 밸류 체인* 전체 최적화가 이뤄진 사회, 세계 규모의 디지털화를 통한 원가 절감과 신규 기회 포착이 이뤄지므로 지금까지와는 다른

● **API(Application Programming Interface)**
소프트웨어의 일부 기능을 공개하여 다른 앱이 연계할 수 있도록 한 사양입니다.

● **매스 커스터마이제이션**
대량 맞춤으로, 컴퓨터의 도움으로 생산 체제를 유연하게 가져가 고객이 원하는 상품을 만드는 일입니다. 개별 맞춤의 유연성과 대량 생산의 저비용이라는 장점이 있습니다.

경제권이 구성될 수도 있습니다. 예를 들어 자동화와 자율화가 고도화될수록 개도국에서도 양질의 제품을 만들 수 있습니다. 인도나 아랍권 등 개발 도상국들도 고난도의 IT 부품 및 항공기 부품 등 지금까지는 힘들다고 여겨졌던 고숙련 안건을 수주하고 있습니다.

하지만 그렇게 네트워크화 및 시스템화될수록 과제도 함께 늡니다. 공장이 역으로 경영 리스크가 될 수도 있기 때문입니다. 공장이나 대규모 플랜트 등 인프라 제어 시스템을 노린 사이버 공격이 일례입니다. 공장에서는 OPC UA°니 Modbus°니 MQTT°니 일반적으로는 익숙지 않은 IT 기술이 보통 쓰이니 괜찮으리라 낙관하기 쉽지만, 해킹으로 인한 업무 정지 피해가 실제로 발생하기 시작했습니다. 공장 제어 장치(PLC)를 표적으로 한 공격도 더는 공상 과학이 아닙니다. 하지만 이 역시 스마트 팩토리라는 트렌드가 열어 주는 기회이자, 인더스트리 4.0의 '4.0 솔루션'이 풀어야 할 우리 사회의 과제입니다.

스마트 팩토리 덕에 우리 업의 본질은 어떻게 바뀔까요? 우리가 답할 차례입니다.

● 밸류 체인
사업 활동을 기능별로 나누었을 때 각 기능 단위가 어떤 부가가치를 만드는지에 주목한 것입니다. 원자재에서 가공·배송·마케팅·판매·서비스까지의 일련의 활동을 공정의 집합이 아니라 가치 사슬로 보고 이를 경쟁사와 비교할 때 어떤 강점이 있는지 명확히 하여 차별화 전략을 도출하곤 합니다.

● OPC UA(Open Platform Communication Unified Architecture)
서로 다른 소프트웨어를 쓰는 다른 제품 사이 데이터 교환을 위한 신뢰성 높은 산업 통신용 데이터 교환 표준입니다. 인더스트리 4.0에서 채용되어 주목을 받았습니다.

● Modbus
1979년 PLC용으로 개발된 프로토콜입니다. 특정 회사용이었으나 그 사양이 공개되어 있어서 PLC뿐만 아니라 다양한 전자기기 사이에 데이터 전달을 위해 쓰이고 있습니다. 산업 분야에서 사실상 표준으로 널리 쓰입니다.

● MQTT(Message Queuing Telemetry Transport)
인터넷 TCP/IP 기반 통신 프로토콜로 짧은 신호를 자주 보내기에 적합한 경량 프로토콜입니다. 부하가 적으면서 처리 속도가 빨라 기계끼리 정보 교신을 하는 사물 인터넷에 적합합니다.

PART 5

온 세상 사람들이
다 말하는
그 트렌드에 대해

빅데이터, 인공지능, 클라우드 등
각종 IT 유행어는 교양이 되고 있습니다.
빅데이터로 학습된 인공지능이
클라우드로 올라가는 시대답습니다.

빅데이터 트렌드로부터
챙겨야 할 것들

빅데이터란 단어가 유행했던 적이 있습니다. 이 단어만 붙으면 마치 미래를 바로 예측해 버리고, 고객의 욕망을 정확히 읽어 버릴 것만 같은 느낌이 들었습니다. 그래서 그런지 특히나 경영진의 관심을 한몸에 받는 귀한 단어로 등극하기도 했습니다.

그렇지만 빅데이터를 학습하면 할수록, 이 물건은 아무나 할 수 있는 것이 아니라는 생각이 들고 맙니다. 등장하는 사례들은 보통 수십, 수백 대의 서버를 분산 연결하고, 이 위에 숙련된 개발자가 좀처럼 이해하기 힘든 프로그래밍을 능수능란하게 해서 만들어진 것이기 때문입니다.

하둡*이니 맵리듀스*니 이해하기 힘든 기술만 잔뜩 등장합니다. 이렇게 인력과 장비 동원이 가능한 곳은 모두 이름만 들으면 알만한 초거대 기업들입니다. 아직 여력이 없는 작은 기업 종사자라면 빅데이터 사례들과의 괴리가 느껴져 우울해질 수도 있습니다.

그런데 별로 우울해 할 필요가 없습니다. 빅데이터의 '빅'은 다양한 종류의 데이터가 숨 쉴 틈 없이 쏟아져 들어와 거대하게 쌓이는 이미지이지만, 사실 이런 초거대 데이터 없이도 비슷한 효과를 낼 수 있기 때문입니다. 빅데이터가 빅데이터 트렌드를 만들 정도로 유명해지게 된 계기는, 오히려 '빅'보다는 '데이터'의 힘에 있습니다. 데이터에 근거한 경영 판단 및 사업 전략을 취했더니 성공했다, 이것이 본질입니다. 따라서 우리에게 오히려 지금 중요한 것은 작은 데이터라도 소중히 여기는 전략입니다.

물론 모든 데이터를 풍족하게 모으고 모아 전부 다 전수 조사할 수 있는 잉여의 시대에 접어든 것은 충격적이지만, 온 세상 모든 비즈니스에 그 잉여의 시대가 찾아온 것은 아닙니다. 일반 기업

● 하둡

긴 글이나 그림처럼 구조화되어 있지 않은 대규모 데이터를 고속으로 처리하기 위한 오픈소스 플랫폼입니다. 이를 여러 컴퓨터에서 분산하여 처리하는 것이 특징으로, 여러 컴퓨터에서 나누어서 흩어 놓을 수 있으므로 대규모 시스템 확장을 저비용으로 할 수 있습니다. 그 아이디어는 구글의 논문에서 나온 것으로 이를 토대로 오픈소스로 구현한 것입니다.

● 맵리듀스

분산 처리를 실제로 하기 위한 프로그래밍 모델입니다. 역시 동명의 구글 분산 처리 기술을 토대로 하고 있습니다. 흩어져 있는 입력값을 매핑(Map)한 후 이를 다시 적절히 뭉뚱그려(Reduce) 출력하는 방식입니다.

에게는 도대체 무엇이 전수조사일까요? 인터넷 기업이야 자신에게 드나드는 모든 데이터 트래픽을 다 잡아 두겠다는 호언을 할 수도 있겠지만, 일반 기업에게는 고객의 움직임을 전부 다 모으겠다는 욕망은 곧 비용이 될 뿐입니다. 오히려 적당한 샘플로 적절히 취한 데이터만으로도 통계적으로 충분히 유의미할 수도 있습니다. 지금까지는 아예 이러한 데이터에 근거한 기획이 없었던 것이 문제이지, 데이터가 작아서 문제인 것은 아닙니다.

이미 기업 내외부에는 '빅'은 아니라도 적당한 데이터는 얼마든지 있습니다. 이 데이터에서 해석해야 할 지표를 찾는 것, 그러니까 데이터 중 무엇이 어떤 관계에서 기업의 이익을 올리는 데 도움이 되는지, 인과관계를 파악하는 것만으로도 훌륭한 성과를 올릴 수 있습니다.

즉 많은 기업에게 지금 당장 시급한 것은 하둡을 구축하는 것이 아니라, 이미 가지고 있는 데이터를 엑셀로 회귀분석하는 것일지도 모릅니다. 물론, 엑셀은 이미 다양한 데이터 원으로부터 대량 데이터를 분석 가능한 파워 피봇*과 같은 '빅' 데이터 분석 기능이 충분하니, 내친김에 진짜 빅데이터 세계에 뛰어들 수도 있습니다. 빅데이터 트렌드 덕분에 우리에게 익숙한 도구들이 더욱 좋아지고 있습니다.

● **파워 피봇**
엑셀에서 사용할 수 있는 데이터 분석 도구의 하나로 대규모 데이터 셋을 조작하고 관계를 설정하는 등 본격적인 데이터 모델링을 엑셀 조작법 그대로 수행할 수 있습니다.

빅데이터 트렌드는 이처럼 성공 사례로부터 많은 제품과 서비스를 만들어 주고 있는데, 이 중 각자의 실상에 맞는 것을 취사선택하는 여유와 지혜가 필요합니다. 특히 NoSQL* 솔루션 정도는 충분히 고려할 만합니다. 하둡을 쓰지 않고 간편히 설치할 수 있는 기술도 있는데, 기존 데이터베이스에서 처리하기 힘들거나 적합하지 않은 다양한 안건을 색다른 각도에서 공략할 수 있습니다. 게다가 대부분 오픈 소스라 상용 데이터베이스처럼 라이선스 비용이 들지 않는 것도 장점입니다.

● NoSQL
일반적인 관계형 데이터베이스(RDBMS)에서 처리하기 힘든 다양한 형태의 데이터 형식 또는 데이터 구조 등을 처리하기 위해 등장한 신진 데이터베이스 제품들입니다. 이들은 대개 RDBMS에서 활용되는 SQL 구문을 쓰지 않습니다.

테이블 설계도 하지 않고, API로 간단히 조작하는 가벼운 업무를 만들 때, 또는 실시간으로 대규모 처리가 일어날 때, 중소 중견 기업도 의외로 쓸만한 것이 NoSQL 제품입니다. 실제로 대기업들이 빅데이터 기술을 확보하는 이유 중 하나로, 상용 데이터베이스 종속으로부터 탈피하려는 목적이 있는 경우도 많습니다.

또한 빅데이터 사례 중에는 외부 데이터를 활용하는 경우가 많습니다. 고객 니즈의 전체 모습을 다각도에서 확보하기 위해 자기 회사 이외의 데이터도 적극 활용하자는 것인데, 공공 데이터 중에는 작지만 의미 있는 데이터도 많습니다. 중요한 것은 큰 데이터가 아니라, 작아도 유의미한 데이터라고 생각하면 수집할 수 있는 것들은 많아집니다.

오늘도 빅데이터 트렌드는 수많은 데이터와 기술들을 쏟아내고 있습니다. '이미 여러분이 쓰고 있는 도구', '비교적 쉽게 적용할 수 있는 새로운 기술', 그리고 '아직 여러분이 신경 쓰지 않았던 데이터'가 '통계학에 기반한 기획'과 만난다면, 여느 빅데이터 사례 부럽지 않은 여러분만의 데이터 중심 경영을 할 수 있을 것입니다. 결국 경영도 인생도 제약 조건 아래에서의 취사선택이지요. 빅데이터 유행은 이를 다시금 알려 주고 있습니다.

인공지능이라는
그리운 미래

ICT 분야처럼 변화의 파도가 거센 곳도 없습니다. 지금까지 당연하다고 생각되었던 수익 모델, 가장 잘한다고 생각하던 분야가 어느 날 갑자기 세상에서 그다지 중요한 것이 아니라 이야기되곤 합니다.

한 시절의 강자였던 마이크로소프트는 뜬금없이 윈도우와 오피스 대신 모바일과 클라우드에 미래가 있다고 하고, 또 한 시대의 강자였던 IBM은 빅데이터, 클라우드, 그리고 왓슨으로 대표되는 '인지 컴퓨팅' 분야에 심혈을 기울이겠다고 합니다.

그리고 돌고 돌아 모두가 에너지를 다 쏟게 된 분야가 있으니 바로 인공지능이라는 그리운 미래였습니다. 인공지능이라는 말은 단어 자체도 입에 착 감기는 것이 끌리는 면이 있습니다. 바로 SF 단골 소재이기 때문입니다. 인공적으로 만들어진 지능이라니 흥미를 불러일으키지 않을 수 없지요.

인공지능은 전산학의 오랜 유망주였습니다만, 과도한 기대와 냉혹한 현실의 격차 사이에서 좌절한 쓸쓸한 기억을 지닌 분야입니다. 계산적 알고리즘에 의해 인간의 지능을 대체하려는 시도는 어느 시점 이후 사실상 포기한 것이 사실이었습니다. 그 좌절의 시기를 흔히들 '인공지능의 겨울'이라고 이야기하지요.

우리는 SF 덕에 인공지능에 대해 각각 어떤 이미지를 가지게 되었습니다. 하지만 컴퓨터 속 인공지능은 그저 함수에 불과합니다. 입력이 있으면 출력이 있고, 인풋을 넣으면 아웃풋이 나오는 그저 하나의 프로그램인 셈입니다.

인공지능이란 것은 결국 입력값을 받아서 출력값을 뱉는 일종의 반복 기계에 불과합니다. 그렇게 대단해 보이는 알파고도 이세돌이 둔 수를 입력받아서 자기가 둘 수를 뽑아내는 기계이지요.

다만 인풋이 엄청나게 많습니다. 입력값이 엄청나게 많다는 점에서 다변량 분석과도 크게 다르지 않습니다. 예컨대 학생들의 전 과목 성적을 다 입력받아서 살펴봤더니, 수학과 과학 성적은 같이 움직이고, 언어와 사회 성적이 유사성을 보인다고 합시다. 변수 사이에 상관관계가 있음을 알고 그룹화할 수 있겠지요.

동원 가능한 다양한 데이터를 파악하고 대상을 유사한 그룹끼리 분류하는 일은 통계에서 흔히 해 온 일입니다. 데이터를 수집하고, 정리하고, 분석해서, 여기서 통찰을 이끌어 내는 통계학의 지혜가 현대 인공지능을 움직이는 힘이기도 합니다.

자, 이제 문제는 이 기계가 무엇인지 궁금해집니다. 이걸 어떻게 만들까요? 그 역사가 바로 인공지능의 역사입니다. 자 입력이 들어오면 이렇게 하면 되겠지, 저렇게 하면 되겠지, 아 이런 입력에는 또 이렇게, 수많은 If와 Then이 이어진 거대한 프로그램, 또는 참조할 만한 데이터베이스를 일목요연하게 정리한 '전문가 시스템'이기도 했습니다. 일종의 사전을 끼고 입력의 내용을 찾아 나가는 것이지요.

그러나 인간이라는 자유분방한 상대가 주는 입력은 무궁무진합니다. 그 경우의 수를 전부 사전에 계획하는 일이란 쉽지 않고, 좌절이 곧 찾아오게 됩니다.

하지만 기계 학습이라는 방식이 등장합니다. 그렇게 인간의 입장에서 만든 논리를 집어 넣지 말고, 대량의 데이터를 다 쏟아 넣어 버리고, 여기서 어떤 규칙성을 찾도록 하거나 분류하는 시도가 펼쳐집니다.

즉, 지금까지의 기계가 입력값을 처리하는 방식을 짜 넣어서 출력값을 만들었다면, 기계 학습은 우리가 가지고 있는 모든 데이터, 그러니까 입력값과 원하는 출력값을 다 집어 넣고, 입력에서 출력으로 이어 줄 방식을 도출하도록 하는 것입니다.

이처럼 반복적으로 입력하여 자극을 주고 그 패턴을 학습시키는 것이 기계 학습입니다. 그리고 이게 어느 정도 효과적이었습니다.

그런데 여기서 기계 학습이라는 말은 오해를 불러일으키게 됩니다. '아, 이제 기계가 맹렬한 속도로 학습을 하겠구나.', '갑자기 엄청나게 똑똑해지겠구나.'라고 생각하곤 합니다. 그런데 여기서 말하는 학습은 전혀 자기 주도 학습이 아니라서, 학생들이 하는 학습하고는 거리가 있습니다. 오히려 반복 훈련이라는 말이 적합할지도 모르겠습니다.

하지만 입력값을 충분히 마련할 수 있는 빅데이터 시대이고, 컴퓨터도 충분히 빨라져서 반복 학습이 부담이 없습니다. 충분한 양은 질을 개선하기 시작합니다.

그리고 여기에 딥러닝이 등장합니다. 딥러닝도 일종의 기계 학습인데요. 그 방식이 약간 특이합니다. 종래의 기계 학습은 데이터에서 규칙을 끌어 내거나 분류를 할 때, 인간이 어디를 주목해야 하는지 정해 줬습니다. 예컨대 사진에서 자동차를 인식하기 위한 기계를 만든다고 했을 때, 자동차면 동그라미가 아래쪽에 있고, 사각형이 이렇게 붙어 있고 특징 하나하나를 지정해 줬어야만 했습니다. 융통성이 아쉬웠습니다.

이 세상에는 문제 해결 방식을 하나하나 적어 줘서는 도저히 해결하기 힘든 문제로 가득 차 있습니다. 완전 정답은 아니지만, 그럴 듯한 답을 짧은 시간에 도출하고 싶어집니다.

방대한 데이터를 막대한 컴퓨팅 능력으로 흡수한 후, 뇌의 시냅스와 같은 깊은 다단계의 신호 처리 시스템 속으로 깊게 거치게 했더니, 알아서 추상화가 이뤄진다는 깨달음이 바로 딥러닝이고 이 방법론은 크게 유행하게 됩니다.

고성능 컴퓨터와 클라우드의 등장으로 지금까지는 동원하기 힘들었던 양의 데이터를 반복적으로 주입할 수 있게 되었습니다. 따라서 가시광선의 샤워를 받은 눈 세포가 시신경 및 뇌와 해 왔던 작용들까지도 흉내 낼 수 있게 되었지요.

수십만 장의 사진을 던져 주고 내버려 두면, 그 안에서 사람의 지시 없이도 나름의 의미를 찾는 일이 가능해집니다. 사진도 결국은 데이터이고, 그 안의 픽셀이 천이백만 화소이면 변수가 천이백만 개 등장하는 셈입니다. 이를 수십만 번 입력하는 것입니다.

딥러닝 기계 학습에 대해 생각할 때 참고가 될만한 역사적 사건이 하나 있습니다. 2012년 구글은 대용량 컴퓨터 군집에게 엄청난 양의 사진을 쏟아 부어 보았습니다. 딥러닝 시스템은 사진을 읽어 들이더니, 누구도 시키지 않았는데, 그리고 왜인지는 모르겠는데, 유독 고양이를 이해하기 시작했습니다.

기억의 상이 맺히기 시작한 것입니다. '인이 박인다'는 말이 있지요. 우리 뇌 속 뉴런 사이의 연결 강도가 바로 '기억'이듯이, 컴퓨터는 수많은 그림의 픽셀을 흡수하면서, 그 자극 각각을 모으고 모아 기억을 만든 것입니다.

우리 생체에는 뉴런이라는 신경 세포가 네트워크를 이루고 있습니다. 이 네트워크에는 신경 전달 물질이 파도 타듯 전달되면서 각 세포의 분자 또는 연결망 가지가지에는 흔적이 남게 됩니다.

딥러닝 프로그램으로 만들어진 신경망도 그 자극의 크기에 따라 가중치를 먹여 가며 흔적을 만듭니다. 이 흔적의 축적이 기억이고, 지능의 기본이 되는 인식은 보통 기억에 의해 작동되지요. 여러 번 보다 보니 알게 되는 셈입니다.

영상 인식은 인공지능 연구의 대표적인 사례입니다. 사진을 보여 주면 그 사진이 무엇에 대한 것인지 파악하는 대회가 주기적으로 열리며, 각종 대회에서 각국의 연구자들이 고안한 딥러닝 기반 영상 인식은 혁혁한 성과를 거두고 있습니다.

이는 마치 시신경이 만들어지는 일과 같은 사건입니다. 지금까지는 앞을 볼 수 없었던 컴퓨터에게 눈이 생긴 것입니다. 이처럼 시각 처리에 주로 쓰이는 딥러닝을 CNN이라고 합니다.

마찬가지로 귀가 생기는 것 같은 사건도 곧 뒤따랐습니다. 시계열로 쏟아져 들어오는 정보에 대해 반복적으로 순환해 나가면서 다시 딥하게 네트워크를 만들어 가면 되었습니다. 이런 것이 뭐가 있지요? 우리들의 말, 음악 등이 이에 해당합니다. 주로 이런 일을 다루는 기술을 RNN이라고 합니다.

아마존 알렉사나 구글 어시스턴트와 같이 클라우드에 쌓인 방대한 빅데이터로 학습한 프로그램이 실시간으로 사용자에게 신속하고 친절한 음성 응대를 할 수 있게 된 것입니다. 딥러닝 기계 학습 인공지능이 꽤 쓸 만하다는 점이 증명되기 시작합니다. 어느새 인공지능은 현실성을 띠게 된 것입니다.

기계 학습 발전의 핵심은 텅 빈 기계를 데이터로 반복 학습시키는 것에 있었던 것입니다.

인공지능의 물량 공세

딥러닝이라는 기계 학습 인공지능은 우리 두뇌 속의 뇌세포를 흉내 낸 방식이었지만, 이를 실제 물리적인 실체로 구현해 내는 일은 쉽지만은 않았습니다. 엄청난 양의 신경 세포가 동시에 점멸하는 두뇌의 작용이란 컴퓨터 CPU에게 적합한 일이 아니었기 때문입니다.

데이터와 프로그램이 메모리로부터 CPU 같은 프로세싱 유니트, 즉 처리 장치 단위로 로딩되고 그 결과값이 다시 메모리에 기록되는 현대 컴퓨터의 구조를 고안자의 이름을 따 폰 노이만 Von

Neumann 구조라고 부릅니다만, 우리 뇌의 구조는 이런 식으로 되어 있지 않습니다.

생물의 뇌 안에서는 1,000억여 개의 뉴런 신경 세포가 100조 개의 시냅스신경 세포를 가지처럼 이어 신호를 주고받는 부위로 신경망을 구성하며 신호 처리를 하고 있습니다.

반면, CPU는 하나입니다. 물론 오늘날 여러 개의 코어를 담고 있지만 그래 봐야 몇 개 되지 않습니다.

그나마 컴퓨터 게임 그래픽을 위해 마련된 GPU는 동시에 수많은 삼각형을 계산하고 그래서 입체를 만들던 실력이 있었기에, 이들 하나하나의 분산된 계산력으로 신경망을 흉내 내게 하기에 적합했습니다. 엔비디아와 같은 GPU 업체 주가가 대폭등을 한 것도 인공지능에 GPU가 어울린다는 사실 덕이었습니다.

이렇게 수백 개의 코어를 지닌 GPU로 그나마 비슷하게 흉내 낼 수 있었지만, 이 코어들은 지나치게 다기능이기 때문에 그만큼 전기만 더 소모합니다.

그렇다면 아예 본격적으로 뇌를 흉내 낸 '칩'을 만들어 보자는 아이디어가 떠오를 수밖에 없습니다. 구글이나 인텔도 신경망에 특화된 전용 칩을 만들고 있습니다. 그중에서도 흥미로운 시도는 IBM이 만들고 있는 생물의 뇌를 닮은 칩, 뉴로모픽 칩입니다. 100만 개의 프로그래밍이 가능한 뉴런, 2억 5600만 개의 프로그래밍이 가능한 시냅스로 구성되어 기존의 폰 노이만형 컴퓨터와는 사뭇 다른 방식으로 작동되면서 인공지능의 두뇌를 꿈꾸고 있습니다.

이처럼 대규모의 기계 학습을 본격적으로 하려면 막대한 컴퓨팅 파워가 필요합니다. 따라서 그동안 딥러닝 기반의 기계 학습은 아마존, 구글, 페이스북, MS 급의 물적 및 인적 자원을 지닌 곳에서 하는 일로 치부되었습니다. 하지만 딥러닝을 위한 텐서플로 같은 소프트웨어가 공개되고, GPU나 FPGA* 등을 잘 접목한 하이브리드 장비들이 소개되면서 그 문턱이 한층 더 낮아졌습니다.

페이스북은 이를 위해 GPU 기반 오픈 소스 하드웨어를 Big Sur, Big Basin이라는 이름으로 공개했습니다. 컨테이너* 관리를 위한 쿠버네티스_{Kubernetes} 등도 개방되어 널리 쓰이고 있는 마당이기에 이제 중견 기업도 의지만 있으면 자체적인 딥러닝 기계 학습 시스템을 꿈꿀 수 있는 시기가 되었습니다.

오픈 소스 생태계가 마련되면 관련 시장이 커집니다. 모든 IT 트렌드가 알려 준 교훈입니다. 마치 하둡 생태계가 완비되면서 빅데이터가 기업으로 퍼져 나간 것과 비슷합니다.

● FPGA(Field Programmable Gate Array)
현장에서 써넣을 수 있는 논리 회로의 배열이라는 뜻의 FPGA는 논리 회로 설계를 즉각 그 자리에서 하드웨어 언어로 프로그래밍해서 수정할 수 있는 반도체를 말합니다.

● 컨테이너
항만에서 보이는 운송용 컨테이너가 표준화되었기에 물류 혁신은 일어날 수 있었습니다. 컨테이너가 없었다면 택배 박스 같은 것 하나하나를 어떻게 옮길 수 있었을까요? 소프트웨어 컨테이너의 등장 배경도 마찬가지입니다. 소프트웨어와 소프트웨어를 돌리기 위해 필요한 부분만을 컨테이너에 패키징하여 어디에서나 동작할 수 있게 한 것입니다.

게다가 빅데이터 유행 이후 무조건 일단 쌓기 시작한 데이터로 뭘 어떻게 해야 할지 모르겠다는 현장의 사정도 있습니다. 잘 모르겠지만 딥러닝 기계 학습이 통찰을 가져다주지는 않을까 막연하나마 기대를 하게 됩니다.

모든 기업이 이런 시스템을 자체 구축할 수는 없는 일이기에, 다양한 서비스와 솔루션이 해결법을 찾아주겠다고 나서기 시작했습니다. IT 산업에서는 또 하나의 기회의 문이 열린 듯 시끄럽습니다. 인공지능도 결국은 프로그램이고, 다른 모든 IT 시스템과 마찬가지로 클라우드에서 관리해 줄 수 있기 때문이기도 합니다. 클라우드를 통한 인공지능 솔루션화 및 상품화는 이미 시작되고 있습니다.

그리고 이제 클라우드에서 가동되는 소프트웨어라면 딥러닝을 도입하여 인지 능력을 갖추게 하는 것이 자연스러운 진보로 보이기도 합니다. 어차피 클라우드로 모이기 시작한 역량, 그곳에서 통합이 이뤄지고 있습니다.

클라우드로
모여 버린 미래

🔊

　클라우드는 매년 발표되는 각종 IT 트렌드에서 빠진 적이 없을 정도의 단골입니다. 그도 그럴 것이 전반적인 IT 투자가 감소하는 경향인 오늘날에도 지치지 않는 성장을 구가하고 있는 분야이기 때문입니다.

　클라우드는 구름처럼 늘 하늘 위에 떠 있기에 물리적 위치가 중요하지 않습니다. 그 구름 위로 서버를 올리고, PC도 올리고, 저장 장치도 올리고, 네트워크도 올리고, 올릴 수 있는 전산 자원은 모조리 위로 올릴 기세입니다.

　클라우드는 트렌드가 되고 있는 다른 신기술과의 친화성도 매우 높습니다. IoT나 빅데이터 등 아무 유행어를 앞에 붙여도 위화감 없이 그럴듯합니다.

이미 빅데이터 분석은 곧 클라우드에서의 분석이 되어 버렸습니다. 빅데이터 자체가 클라우드에 쌓이고 있으니 당연합니다. 앞으로 IoT 센서들이 빨아올리는 현장의 데이터들도 클라우드에 쌓이게 되겠지요. 언뜻 들으면 당연한 소리로 들립니다. 아직 시작 단계의 IoT, 그 대부분이 디바이스끼리의 소통이지만 결국 무언가를 하기 위해서는 클라우드에 들릴 수밖에 없습니다.

클라우드는 이와 같은 수평적 혁신 요소와의 결합에서 그치지 않고, 각 업계의 특성에 맞춰 수직적으로 나란히 늘어서기도 합니다. 바로 목적 지향형 클라우드의 등장인데요. 업태별로 프리셋을 만들어서 제공하는 것입니다. 클라우드라는 기반 위에 업종별 토탈 솔루션을 제공하고 그 위에서 애플리케이션만 작성하면 됩니다. 금융업이라고 치자면 금융업에 어울리는 미들웨어나 데이터베이스, 메시지 큐*, 그리고 그 설정까지 한번에 서비스 받는 것입니다. 금융업에 걸맞은 보안과 가격까지 덤으로 말입니다.

> ● 메시지 큐
> 정보를 다른 시스템에 전달할 때 동시에 주고받지 않아도 '큐'에 넣으면 받을 수 있도록 비동기형 통신을 제공하는 프로토콜이나 시스템입니다.

상황이 이렇게 급변하다 보니 클라우드는 이제 선택이 아닌 필수가 되었습니다. 한때는 전산실 직원이 자신의 자리를 위협할까 두려워 도입을 주춤하던 적이 있었는데, 이제는 그 명분도 변명도 옛이야기입니다다. 요즈음의 가상 프라이비트 클라우드는 사내 인프라를 그대로 클라우드에 옮겨 버립니다. 우리 회사만의 특이성도 그대로 따라 올라갑니다. 게다가 보안은 어설픈 사내 전산실보다 낫습니다.

앞으로는 기업 시장에서 두 가지 트렌드가 정착할 듯합니다. 하나는 신규 서버 구매를 억제하는 '클라우드 디폴트'입니다. 또 하나는 각종 노후 시스템을 고도화함에 있어, 그대로 클라우드로 패키징해 덮어 버리는 '클라우드 마이그레이션'입니다. 이 둘 다 클라우드에 대한 통찰과 경험이 있어야 하는 일이기도 합니다.

기업이 하나의 클라우드에 모든 것을 맡기는 일은 드뭅니다. 장점이 각각 다른 다양한 클라우드를 골고루 섞어 가며 활용할 가능성이 큽니다. 이들을 어떻게 조합하여 클라우드 칵테일을 만들지는 책임 있는 의사 결정자의 솜씨와 손맛에 달려 있습니다.

근래처럼 정치·경제적 불확실성이 커질수록 기업은 투자에 신중해집니다. 대규모 신규 투자를 일으키는 건설형 IT 프로젝트보다는 생산성을 높인다거나 구조를 개선하는 리모델링형 IT 프로젝트가 선호됩니다. 아예 앞으로는 설비투자CAPEX보다 운용유지비OPEX를 우선시하는 클라우드형 경영이 대세가 될 수도 있습니다. 지금까지 경영 혹은 조직적 이유로 미뤄졌던 클라우드로의 이행이 본격화될 가능성도 큽니다.

그동안 클라우드에 지녔던 막연한 불안을 불식시키는 역할을 하는 이에게 기회가 있습니다. 기업 경영인이라면 모두 어느 누군가 살며시 다가와 생산성 향상과 비용 절감이라는 측정 가능한 구체적 혜택을 친절히 귀띔해 주기를 기다리고 있다고 해도 과언이 아닙니다.

여러모로 프로젝트를 할 여건은 안 되지만, 프로젝트를 안 할 수는 없습니다. 이것이 기업의 현황입니다. 그렇기에 클라우드처럼 적합한 것도 없습니다.

점점 더 많은 것이 소프트웨어에 의해 변하고 있습니다. 이제 앞으로는 서버라는 물리적 실체는 완전히 잊힌 채, 궁극적으로는 구름 위 어딘가에서 도는 프로그램 함수만 남게 될 수도 있습니다. 요즈음 개발 프로젝트에서는 서버를 관리할 필요나 부담 없이, 서버가 있다는 것도 잊고 함수 호출을 합니다. 바로 '서버리스' 트렌드입니다. 이런 '서버리스'가 여러분 기업에도 찾아오지 말라는 법은 없습니다.

PART 6

통신과 네트워크의 오늘,
IT에서 ICT로

📍

접속이라는 의식에서 이어짐이라는 일상으로.
미래의 통신은 행위가 아닌
상태가 되어 가고 있습니다.

LTE 이후의
세계

‘데이터를 쓰는 일’이란 얼마나 힘든 일이었나요. 여행지 모텔에서 전화기 뒤를 주섬주섬 더듬어 모뎀 선을 꼽고 다이얼 업을 했던 추억이 갑자기 떠오릅니다. ‘접속’은 마음먹고 진행해야 했던 일종의 의식이었고, 비일상이었습니다. 그렇기에 접속을 통해 다른 차원으로 넘어간다는 비일상적 상상도 생겨날 수 있었습니다.

지금이야 데이터를 쓰는 일이란 그저 일상입니다. 그 안에 친구들이 있고, 일이 있고, 심지어 인생이 있습니다. 손바닥 위 스마트폰을 펼쳐 다듬작거리며 그 안쪽을 늘 엿보고 있습니다. 분리 불가능한 또 다른 세계가 어느 때보다도 강하게 우리 삶에 묶여 있습니다.

풍부함과 여유, 리치의 시대

스마트폰이 등장하고 3G가 퍼져 나가면서, 리치Reach의 시대가 열렸습니다. 언제 어디서나 인터넷 세상이 구석구석 다다를Reach 수 있게 된 것입니다. 바야흐로 대중화의 시대, 하지만 충격적인 혜택이 충분히 퍼진 이후에는 고도화에 대한 열망이 찾아 옵니다. 리치Rich해지고 싶은, 그러니까 풍요롭고 여유로워지고 싶은 것입니다.

네트워크에 있어 리치함이란 고속이요, 무제한이요, 빠릿빠릿함, 즉 저지연低遲延이었습니다. LTE는 많은 경우 집에서 쓰는 와이파이 인터넷만큼, 때로는 그 이상으로 빨랐습니다. 집에서도 PC가 아닌 스마트폰으로 인터넷을 쓰는 인구가 늘어난 만큼 '빠르다'라는 가치는 분명 어필하는 면이 있었습니다. 그러나 이러한 수요면에서 선택보다 공급이 형성한 분위기가 한국 LTE 시장을 형성했습니다.

한국 모바일 시장에서 'LTE폰'이라는 것은 곧 세대가 교체된 최신 휴대전화라는 뜻이기도 했습니다. 빠른 네트워크 속도의 효과는 대화면의 고해상도 화면과 쾌적해진 처리 속도에 의해 배가되었습니다. 두드러지게 시원시원한 사용감은 그렇게 구형 휴대전화들과 차별화되어 가면서, 소비 시장을 넓혀 갔습니다.

네트워크보다는 오히려 LTE라는 마크가 달린 단말의 리치Rich함이 먼저 다가온 셈이었습니다. 그것은 큼지막한 화면과 굳이 필요한지 알 수는 없지만 여러 개의 코어, 그리고 풍성한 메모리 공간이었습니다. 어느새 집의 PC보다도 고성능 기계를 주머니에 넣고 다니는 '리치'한 기분은 곧 생활 속의 작은 사치가 되었습니다.

　인구 밀도가 높다는 것은 그만큼 비교의 기회가 많다는 뜻이기도 합니다. 지하철에서, 사무실에서, 문화센터에서, 타인의 손바닥 위에서 펼쳐지는 더 넓고 밝고 빠른 신세계는 청빈한 이의 구매 욕구마저 손쉽게 자극합니다. 스마트폰은 내 몸에서 가장 가까이에 있는 사물이고, 가방이나, 필기구, 손목시계, 기타 장신구가 지니고 있던 위상이었기에, 새로운 소비문화의 선봉장이 될 수 있었던 겁니다.
　이렇게 LTE처럼 네트워크 신상품이란 풍성하고 여유로움을 나타내는 상징 기호가 되기도 합니다. 아무래도 통신사에 의해 많은 IT 제품이 유통되는 덕이겠지요. 어쨌거나 강해진 단말과 두꺼워진 네트워크는 새로운 가능성을 열어 줍니다.

　네트워크에서의 풍요로움이란 그 존재를 잠시 망각하는 순간을 가져옵니다. 네트워크를 신경 쓰는 일조차 잊게 하는 속도의 임계점이 있습니다. 우리집 PC에서 저속 모뎀을 쓰다가, 고속 모뎀을 쓰다가, ADSL을 쓰다가, 광랜을 쓰는 그 일련의 발전사를 되돌아보면, 분명 필요 충분한 쾌적함에 달하는 순간, 컴퓨터와 컴퓨터 사이 머나먼 공간을 넘나들며 연결해야 하는 스트레스 없이 당연한 일상이 되는 순간을 맞이하게 됩니다. 그리고 그 순간마저 그냥 순식간에 당연해져 버립니다. 호의가 어느 순간 권리가 되듯이, 이 고마운 순간은 당연한 권리가 됩니다.

한국 컴퓨터에게 초고속 인터넷은 그런 것이었습니다. 컴퓨터를 켜면 당연히 인터넷이 연결되어 있고, 순식간에 웹 사이트가 열립니다. 어쩌면 스마트폰에게 데이터란 이처럼 당연한 권리가 되겠지요.

구차하게 와이파이를 기웃거릴 필요도 없이, 번잡하게 공유기를 조작할 필요도 없이, 모든 기계가 각자의 방식으로 네트워크에 매달려, 그 기계는 자신의 메모리인지 지구 반대편의 클라우드인지 구분하려는 의지마저 잊은 채, 네트워크를 당연시하는 거만함을 부리는 날 말입니다.

다운로드 시대의 종언과 초대규모 다중 모바일 시대

초대규모 다중 모바일 시대가 되면 어떤 일이 벌어질까요? PC에서의 행보는 힌트가 될지 모릅니다. 온라인 게임, MMORPG에서 '초대규모 다중 사용자 온라인Massive Multiplayer Online'이라는 접두어를 가능하게 한 것은 바로 초고속 인터넷이었습니다.

요즈음 스마트폰 게임이 열풍입니다. 지금은 앱 위주로 구성된 스마트폰 사용 시나리오가 변할지 모릅니다. 생각해 보면 예전 PC 잡지에는 CD가 부록으로 들어 있었습니다. 최신 유행 유틸리티가 담겨 있었던 겁니다. 그러나 언제부터인가 아예 PC에 프로그램을 설치하는 일이 줄어들기 시작하더니, 웬만한 일은 다 그냥 웹으로 가능하게 되어서 새로운 프로그램을 찾아 까는 일이 낯설어집니다. 네트워크가 충분히 빠르다면, 굳이 내 PC에 자료와 처리 기구를 내려 받아 보관해야 하는 동기 부여가 사라지기 때문입니다.

스마트폰에는 지금 많은 앱들이 자리를 잡고 있지만, 네트워크를 읽는 속도가 내장 메모리를 읽는 속도와 체감상 차이가 없어지는 시대가 오면, 굳이 무언가를 설치할 필요가 없어질 수도 있겠지요.

다운로드가 정말 무의미해지는 것은 앱보다는 한 번 보면 의미가 없어지는 문화 콘텐츠일 수 있습니다.

영화를 메모리에서 읽어들이나 인터넷 저편에서 스트리밍으로 상영하나 차이가 없다면, 굳이 미리 다운로드하여 메모리와 데이터를 선불로 소진하는 의미가 없습니다. 필요할 때마다 필요한 만큼 보면 되기 때문이지요. 자주 듣는 음악도 마찬가지입니다. 이미 스트리밍 시장이 정착하면서 MP3를 다운로드하여 폴더에 모아 놓는 일이 무의미해졌습니다. 검색 서비스가 지원되면서 가사 및 부가 정보와 함께 네트워크 너머에서 관리되는 편이 차라리 낫기 때문입니다.

부담이 사라지는 것은 다운로드뿐만 아닙니다. 업로드도 가벼운 일상이 됩니다. 어쩌면 우리는 지금보다 더 풍성하게 우리의 정보를 클라우드에 헌납할지 모릅니다. 우리는 우리 인생에서 무슨 수를 써도 유튜브에 올라오는 영상물을 다 볼 수 없습니다. 너무나도 많은 영상물들이 업로드되고 있기 때문입니다. 여기에 스마트폰 업로드까지 가세하면서 그 팽창은 어마어마해졌습니다. 구글 포토는 촬영한 영상을 바로 동기화해 버립니다. 스마트폰을 블랙박스처럼 쓰는 경우 그 영상을 수시로 업로드할 수 있습니다. 언젠가 오늘날의 한반도 풍경을 알려 주는 훌륭한 사료가 되겠지요.

다운로드와 업로드를 의식하지 못하게 될수록 우리의 현실과 네트워크 너머의 또 다른 현실은 점점 더 실시간으로 동기화됩니다. 그리고 언젠가 네트워크 존재 자체를 의식하지 않는 경지, 그리치Reach하고 리치Rich한 풍요로운 세상은 기어코 펼쳐지겠지요. 세대G를 거듭하며 진화 중인 이동 통신 시장에서 눈을 뗄 수 없는 이유입니다.

5G로 더 두꺼워질
생활의 혈관

3G, LTE를 지나 LTE-A에 '광대역'까지 붙어, 더 빨라지고 넓어진지 꽤 됩니다. 하지만 아직 많은 이들은 "어, 난 그렇게 빠른 네트워크 필요 없는데."라고 말합니다. 5G가 되어 영화 한 편이 몇 초면 받아진다고 하면, 그럴 필요가 있나 싶은 표정이기도 합니다.

때때로 우리는 잠재된 욕구에 대해 스스로 모르는 경우가 많습니다. 특히 아직 존재하지 않았던 것을 소개하고 다룰 수밖에 없는 미래 산업일수록 더욱 그러합니다. 더 빨라지고 넓어진 통신망이 지닌 의미란 사실 직관적이지 않습니다. 새로운 통신망이 등장할 때마다 늘 동영상과 TV 전화, 영상 통화가 예로 등장할 수밖에 없는 것도 이해가 갑니다. 조금이라도 이해하기 쉬운 예를 찾기란 이렇게 어려운 일입니다.

5G와 같은 통신 네트워크의 진보는, 영화와 같은 큰 덩어리를 빨리 받을 수 있다는 것뿐만 아니라, 무수한 작은 정보들이 수시로 스트레스 없이 쾌적하게 오고간다는 뜻이기도 합니다. 오히려 이 점이 더 중요합니다. 온라인과 오프라인을 잇는 혈관이 넓어져 혈류가 더 원활하게 돌게 되었음을 의미하기 때문이지요.

클라우드와 함께라면 PC 따위는 우스워

데이터 네트워크 등장과 발전은 하나의 흐름을 더 빠르게 해 왔습니다. 그것은 PC보다 더 좋아진 스마트폰, 그리고 가정의 인터넷보다 더 좋아진 개인 무선 인터넷을 향한 흐름입니다. 이제 개인 컴퓨팅 생활의 중심이 완연히 모바일로 이행해 버렸습니다. 충분히 큼지막한 화면, 노트북보다 촘촘한 해상도에 PC보다 훨씬 다양한 애플리케이션 종류까지, 세상의 많은 일이 스마트폰 기준으로 기획되고 있습니다.

구글의 크롬캐스트만 보아도 스마트폰과 태블릿이 거실의 중원인 TV를 차지하려는 욕심도 자격도 있었음을 알 수 있습니다. 어지간한 업무는 구글과 마이크로소프트가 서로 경쟁을 한 덕분에 스마트폰과 태블릿으로 끝내도 상관없을 기세입니다.

사진을 공유하거나 자료를 공유하기 위한 개인 클라우드 공간은 종류도 다양하고 가격도 무료에서 유료까지 다양하게 애용되고 있습니다. 스마트폰과 태블릿은 지금 가장 중요한 엔터테인먼트 도구이자 생산성 도구가 되어 버린 셈입니다.

용량은 PC보다 미약할지 모르고, 화면도 PC보다 작지만, 더 큰 클라우드와 더 큰 TV 화면을 손쉽게 품어 버립니다. 여기에 블루투스로 턱 하니 키보드가 물리고 스피커도 물립니다. 한 시절의 표어였던 '모바일 퍼스트Mobile First'가 이제는 그냥 현 세태를 담담히 표현한 일상어로 들립니다.

스마트폰과 태블릿이 이렇게 커 나갈 수 있던 계기는 바로 언제 어디서나 네트워크에 LTE와 3G, 그리고 와이파이로 결합되어 클라우드와 인터넷이라는 더 큰 세상으로 사용자를 이끄는 첫 번째 현관이기 때문입니다.

그리고 그렇게 스마트폰은 고객에게, 특히 젊은 청춘들에게 가장 중요한 소지품이자, 액세서리이자, 투자 대상이 되어 갔습니다. 이 폰은 또 다른 세상을 열어 주는 문, 추억을 담는 사진기, 친구와 이어 주는 소통의 창일 뿐만 아니라, 공부를 돕는 백과사전이요, 시름을 달래 주는 바보상자를 자처하는 살가운 애완 기계가 됩니다. 가장 똑똑하기에 인간과 가장 가까운 반려 기계가 되어 버렸습니다.

5G 그리고 스마트폰 이후

이 소중한 기계가 이제 더 두껍고 쾌적한 혈관으로 더 큰 네트워크 세상과 튼튼하게 연결됩니다. 마치 하드디스크를 다루는 PC처럼 네트워크를 다루는 스마트폰이 등장하게 되는 것입니다.

5G의 미래는 여기에서 시작합니다. 5G의 특장점이라고 공히 이야기하는 세 가지가 있습니다.

우선 속도입니다. 물론 현실에서의 차이는 있겠습니다만, LTE와 비교하면 무려 10~100배의 속도 증가가 목표입니다.

더 중요한 것은 지연Latency이 사라진다는 점입니다. 이 점이 더 중요한데, 예를 들어 자율 주행 중에 도로에서 네트워크가 1초 기다리게 되었을 때 벌어질 일을 생각해 보면 5G에 거는 기대를 알수 있습니다. 5G는 지연 시간을 1밀리 초1000분의 1초로 기대합니다.

마지막으로는 동시 접속 대수의 증가입니다. 하나의 기지국에 붙을 수 있는 장비의 수가 100배로 늘어날 예정이니, 이제 스마트폰만이 데이터 통신을 하란 법이 없습니다. 지역별로 대역폭도 지금의 1000배를 목표로 하니, 이렇게 늘어난 풍요는 우리가 지금은 생각하지 못하는 새로운 기회와 생활을 가져다 줄 확률이 높겠지요.

그래도 늘 우리 곁엔
와이파이

5G 시대가 오고 있습니다만, 우리들의 데이터 섭식을 지탱해 주고 있는 최대의 영양 공급원은 어떤 네트워크일까요? 물론 개인차는 있겠습니다만, 여전히 무선 랜, 그러니까 와이파이일 것입니다.

일단 전선이 거치적거릴 일 없고, LTE 종량제 데이터 요금에 불안하며 주눅 들 필요도 없습니다. 속도는 유선을 바로 연결한 것보다 못합니다만, 그렇다고 크게 느리지도 않습니다. 대단한 게임이나 동영상을 본다면 모를까 일상생활에는 지장이 없습니다.

집에 하나쯤은 있는 공유기에 스마트폰이 연결된 상태가 스마트폰에게는 아마 가장 안정적인 상태입니다. 그렇게 와이파이는 스마트 생활의 필수품이 되어 있습니다만, 너무나 당연해서인지 신경이 잘 안 가는 부분이기도 합니다.

와이파이로 배터리 절약?

3G나 LTE보다 와이파이를 쓰는 편이 대개 배터리에 도움이 됩니다. 'A Close Examination of Performance and Power Characteristics of 4G LTE Networks'라는 논문에 따르면 한국의 LTE가 아니라서 직접 참고는 하기 어렵겠습니다만, LTE는 3G나 와이파이보다 빠르지만, 와이파이보다 전력이 비효율적이고 3G보다 못하다는 이야기를 하고 있습니다. 단 대용량 전송의 경우 3G보다 낫다고 합니다.

어쨌거나 상식적으로 봐도 공유기가 내 곁에 늘 있는 와이파이와는 달리 언제나 기지국 사정을 살펴야 하는 3G나 4G가 배터리에 좋을 리 없습니다. 실제로 3G나 4G의 데이터는 데이터를 실제로 옮기는 일에 소모되는 양보다도, 접속을 늘 유지하기 위해 다음 전송을 기다리는 구간인, 전문 용어로 Tail이라는 구간에서 소모되는 양이 많습니다. 즉 가능하다면 언제나 와이파이에게 내 데이터 생활을 맡기는 것이 속도는 물론 배터리 절약의 지름길이라 할 수 있습니다. 실제로 유심 카드를 뽑아 버린 낡은 스마트폰이 꽤 배터리가 오래가곤 해서 깜짝 놀라곤 하지요.

이러한 장점 때문에 데이터를 와이파이로 오프로드Offload[*]한다는 업계 용어, 그러니까 짐을 벗어 놓는 심정의 용어가 생기게 된 것은 아닐까 합니다.

● 오프로드

LTE·3G의 데이터 네트워크 부하를 와이파이 무선랜으로 자동으로 분산시켜 덜어 주는 일입니다. 광대역 망과 와이파이가 긴밀하게 연동되어 사용자는 단절을 느끼지 못하게 하는 것이 목표입니다.

댁의 와이파이는 안녕하십니까?

앱 스토어나 구글 플레이에서 Wifi로 검색해 보면 다양한 탐지기들이 등장합니다. 가끔은 한 번 돌려 볼 필요가 있습니다. 그럼 각자의 공유기가 한적한 채널을 쓰고 있는지 붐비는 곳에 몰려 있는지 알 수 있습니다. 몰려 있으면 당연히 채널 간섭이 일어날 수밖에 없는 일, 피할 수 있으면 멀리 피하는 것이 좋겠지요.

대도시의 아파트 같은 경우 2.4GHz의 일반적 주파수로 검색해 보면 포화되어 있는 경우가 있습니다. 그럴 때는 5GHz를 시도해 보는 것이 좋습니다. 일단 쓰는 이들이 많이 없고, 또 그 자체로 채널 사이 간격이 널찍하여서 간섭의 영향이 좀 덜합니다.

와이파이는 늘 켜 두는 것이 좋을까요? 배터리를 생각한다면 와이파이를 명백히 쓸 리 없는 야외에서는 꺼 두는 것이 좋겠지요. 그러나 와이파이에는 데이터를 전달하는 주업 이외에 부업이 하나 있습니다. 그것은 GPS 없이도 대략의 내 위치를 알게 해 주는 효용입니다. 스마트폰은 와이파이 신호가 파악한 기지국과 공유기 정보를 가지고 내 위치를 계산해 냅니다. 일단 실내를 포함하여 가장 빠르게 우리의 대략적인 위치를 알 수 있게 해 주는 것입니다. GPS가 탑재되지 않은 일부 태블릿에서도 지도 앱을 띄우면 귀신같이 내 위치를 알고 있는 이유는 바로 이 덕입니다.

스마트폰의 초창기 시절, 혹은 PDA 시절에 와이파이는 귀한 몸이었습니다. 미력한 기계의 특성상 늘 와이파이를 켜 놓기에는 배터리가 부담되었고 무엇보다도 아이폰 도래 이전의 1세대 스마트폰에는 아이러니하게도 아예 와이파이가 없었습니다. 통신사 입장에서는 통신 요금이 발생하지 않는 와이파이가 미웠을 테니까요.

그러나 지금은 와이파이야말로 데이터 부하를 오프로드Offload 해 주는 좋은 친구임을 깨닫게 되었지요. 그뿐만 아닙니다. 와이파이로 폰을 '테더링Tethering'하여 노트북과 '묶어서' 쓰면 결국 와이파이 덕분에 통신 요금이 발생할 수 있는 셈이니 오히려 효자 품목일 것입니다. 와이파이 테더링이란 스마트폰의 데이터를 와이파이를 통해 LTE 같은 데이터 네트워크가 없는 다른 단말에게 나눠 주는 기능입니다. 스마트폰의 테더링 설정에서 집의 공유기와 같은 이름과 암호를 사용한다면, 여러 단말을 동시에 쓸 때 별도 설정 없이 쓸 수 있습니다. 어차피 테더링이 필요한 순간이란 집 밖이니 말입니다. 그리고 또 하나, 와이파이 테더링은 배터리를 많이 먹습니다. 그럴 때는 와이파이보다 더 절약 정신이 뛰어난 통신 기술을 쓰면 됩니다. 바로 블루투스 테더링입니다. 블루투스는 온종일 켜 두어도 배터리가 별로 닳지 않습니다. 물론 속도는 다소 느리지만 말입니다.

언젠가 이대로 가다가는 LTE 등 차세대 모바일 유료 통신이 와이파이보다 빨라지지는 않을까 하는 공상을 한 적이 있습니다. 그러나 기우였습니다. 여전히 와이파이는 가장 저렴하고 안정적이며 또 배터리를 덜 먹는 통신 방식으로 우리 곁에 남게 되었습니다. 물론 아직까지는 말입니다.

성기고 듬성듬성해도
촘촘한 메시

🔊

메시Mesh라는 말은 낯설어 보이지만 실은 익숙한 일상 용어입니다. 메시 소재로 만들어진 옷이든 신발이든 파우치든 하나 집어 들어 살펴보면 듬성듬성한 그물망이 눈에 띕니다. 이 메시라는 단어는 메시 네트워크라는 용어 덕에 업계에 꽤 오래전부터 정착됐는데, 그 특성도 역시 듬성듬성함에 있습니다.

모든 단말이 중앙 집중적으로 허브에 매달린 네트워크가 아니라 서로 끼리끼리 연결되어 있어서 기지국의 분배가 없어도 어찌어찌 듬성듬성 이어지는 네트워크, 어떤 상황에서도 탄력적으로 기능할 수 있다는 장점 덕에 재해와 같은 유사시에 활용이 기대되었는데, 그 잠재력이 진짜 터진 것은 IoT 도래 후였습니다.

직비/ZigBee/와 같은 M2M/Machine-to-Machine, 기계 대 기계/, IoT 망이라든 가 V2V/Vehicle to Vehicle, 차 대 차/ 네트워크 등과 같이 지금까지의 중앙 집중형 네트워크로는 도무지 어찌할 수 없는 영역을 단말의 협조로 커버하자는 전략에 시장성이 있었던 것입니다.

메시란 이처럼 듬성듬성해 보이지만 끼리끼리 그물망처럼 얽혀서 탄탄해진다는 함축이 들어 있는 용어입니다. 요즈음은 와이파이 메시를 지원하는 신형 와이파이 공유기 제품들이 등장하기 시작했습니다. 특히 집이 큰 북미 지역에서 마루 주방 등 집안 곳곳에 포드를 흩어 놓고 와이파이 신호를 전파하는 방식입니다. 보통 지원 제품들은 공유기 두세 대가 들어 있는데 이들을 적절히 배치해 놓으면 서로 이어지면서 온 집안을 촘촘히 커버하게 됩니다.

한국의 가옥 구조에서도 평수가 커지면 집안 구석까지 전파가 도달하지 않을 때가 있습니다. 공유기를 여럿 설치하고 확장하는 방법이 있었지만 보통 다른 SSID*로 설정을 하곤 했기에 원하지 않는 공유기에 계속 붙어 있는 처지가 되곤 했습니다. 하지만 메시 지원 제품은 여러 개를 그냥 늘어놓기만 하면 알아서 조율해 줍니다. 802.11ax라는 차세대 와이파이 기술 표준에는 이 메시의 성능을 한층 더 강화하기 위한 배려가 적용될 예정이라고 합니다.

● SSID(Service Set IDentifier)
와이파이 공유기를 식별하기 위한 이름입니다.

디바이스 메시

메시의 개념은 단지 네트워크뿐만 아니라 다양한 응용 분야로 퍼지고 있습니다. 이 유행은 꽤 오래전부터 시작되었는데, 그 계기에는 하나의 상품이자 서비스가 있었습니다. 2000년 중반경부터 연구되어 2013년까지 운영되었던 마이크로소프트의 메시후에 Live Mesh로 명명라는 상품 및 서비스입니다.

메시는 빌 게이츠의 뒤를 이은 마지막 CSAChief Software Architect, 최고기술책임자였던 레이 오지Ray Ozzie가 심혈을 기울였던 작품입니다(지금 마이크로소프트의 주 수입원이 되어 버린 클라우드 서비스 애져Azure를 기획하기도 했던 그는 2010년 퇴사하고 이 직함은 계속 결번됩니다).

앞으로는 앱과 클라우드 서비스가 융합되어 함께 쓰일 것이고, 모든 것은 온라인을 통할 것이란 통찰이 녹아 있었으며, 여러 단말 사이 폴더를 서로 동기화하고 또 원격 접속을 하게 하는 선구적 기능을 지니고 있었습니다. 그 기술은 약간 달라지기는 했지만 원드라이브, 원격 앱 서비스 등의 모습으로 계승되어 오늘에 이르고 있습니다.

그 후 클라우드를 통한 기기 사이 융합은 이제 주류가 되었습니다. 애플 제품을 여럿 써도 아이클라우드를 통해 다 연결이 되고, 구글 제품을 여럿 지니고 있어도 구글 계정을 통해 서로 이어집니다. 기기마다 다른 소프트웨어를 써도 클라우드 서비스로 하나가 되니 이미 개념적으로는 촘촘한 그물망이 만들어집니다. 메시적 활용은 이미 이처럼 곳곳에 퍼져 가고 있습니다.

소프트웨어와 서비스가 듬성듬성 끼리끼리 얽혀서 탄탄한 체험을 제공해 준다는 메시의 철학은 이제 IoT 시대를 맞이하여 전자제품 전반으로 확산되고 있습니다. '디바이스 메시Device Mesh'라는 묘사는 이를 지칭합니다. PC와 모바일이라는 도식을 넘어 다양한 디바이스가 등장한 지금, 사용자의 일상과 다양한 활용 장면을 다 감싸는 문맥을 그물망처럼 아우르는 일이 중시되리라는 것입니다.

웨어러블, AR, VR 등 요즈음 뜨는 사물 인터넷 체험은 앱의 경계를 무너뜨리고 있습니다.

우리는 지금 스마트폰 앱에 의존하고 있다 보니 앱을 만드는 일이 꽤나 중요하다 생각할 수 있지만, 일부 앱은 알림창을 통한 상호작용만으로 충분한 경우도 있습니다. 이런 시나리오라면 UI 화면이 아예 필요 없을 수도 있고, 웨어러블을 포함한 다양한 '디바이스'에서도 불편함 없이 동시에 정보를 주고받을 수도 있습니다. 그리고 아예 그 패턴을 지능적으로 파악할 수 있다면, 사용자 개입 없이 뒤에서, 그러니까 클라우드 위에서 사용자를 위해 분명 일 처리는 하지만 눈에 띌 일은 없는 서비스나 앱이 될 수도 있습니다.

특히 사물 인터넷 트렌드가 양산하고 있는 엄청난 양의 센서들은 지금 공적 공간은 물론 사적 영역에도 퍼져 나가, 점점 우리에 대한 거대한 빅데이터를 만들고 있습니다. 지금은 분절된 이 데이터의 흐름이 이어진다면 그 가치는 어마어마해질 것입니다.

이렇게 나와 디지털이 만나는 접점이 제각각 듬성듬성할지라도 잘 얽어서 탄탄한 가치의 그물망을 만들자는 것이 바로 디바이스 메시고, 이런 이름으로 명명되기 이전부터 잇따라 이뤄지고 있는 발전이기도 합니다.

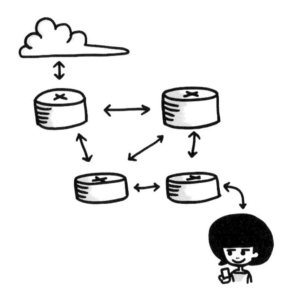

웨어러블을 입고 우리가 메시에 편입될 때

메시는 연초에 발표하는 각종 IT 전략 기술 트렌드에 디바이스 메시, 디지털 메시, 지능적 디지털 메시Intelligent Digital Mesh 등 여러 가지 이름으로 등장하곤 합니다.

기기가 끼리끼리 연결되면 결국 디지털 속 우리 생활도 서로 연결됩니다. 듬성듬성 제각각 떨어져 있었던 것들이 뭉쳐서 디지털 그물망, 즉 메시를 만든다는 이야기입니다.

메시의 추상적인 개념은 그럴듯하더라도 이를 현실에서 실현하는 것은 별개의 문제입니다. 그렇다면 무엇이 우리 자신까지 편입된 메시를 만들 수 있을까요?

먼저 위화감 없이 접점을 아우르는 사용자 체험이 필요합니다. 지금까지도 디지털 기기들은 많았지만, 이들은 제각각의 운영체제와 인터페이스로 자기주장이 강했습니다. 하지만 오히려 최대한 자아를 뒤로 한 채, 사용자 입장에서 조화된 체험을 제공해 줄 수 있다면, 사용자는 자신이 여러 개의 기기를 쓰고 있고 또 서로 이어져 있다는 인식조차하지 않게 됩니다.

VR이나 AR도 때에 따라서는 그러한 조화와 통합을 위한 선택지가 될 수도 있습니다. 생산성 향상을 위한 가장 강력한 수단은 몰입이니 말입니다. 앞으로의 일터에서는 VR이나 AR 장비와 같은 웨어러블 디바이스를 쓰고 일을 하게 될 수도 있습니다. VR이나 AR은 그 자체가 어쩌면 차세대 고성능 개인 디스플레이로 볼 수 있으니, 마치 대형 모니터를 하나 마련하는 기분으로 헤드셋을 뒤집어 쓰고 업무에 몰입할 수도 있는 일입니다.

뿐만 아니라 손목이나 귀에 각종 신체 신호 추적 장치를 업무 중 꼽고 있는 것을 아예 취업 규칙으로 삼을 수도 있습니다. 거북한 규칙으로 보이긴 하지만 더 높은 생산성과 안전을 위해서라는 명분이라면 수긍해야 할지도 모르는 일입니다. 이미 잘 활용하고 있는 운동선수의 경우처럼 단지 개인 생산성을 향상한다는 명분도 있을 것입니다. 비행기 파일럿이나 대형 차량 운전사 등의 경우와 같이 직업적 퍼포먼스가 공공 안전의 문제와 연결되는 직업이라면 더욱 그렇습니다.

하지만 살에 닿는 인터페이스가 모두에게 달갑지는 않을 수도 있습니다. 이것은 구글, 애플, 마이크로소프트가 모두 하나같이 음성 인터페이스에 집착하는 이유입니다. 육성이야말로 인간적이고 원초적이기에 무엇보다 편합니다. 사용자와 컴퓨터 사이의 인터페이스가 점점 컴퓨터를 배려할 필요가 없어질 정도로 고도화된다면, 그 모습은 결국 음성일 것입니다.

형태가 무엇이 되었든 내가 지금 조작하는 장치가 무엇인지 신경 쓰지 않고, 조작해야 하는 데이터가 어디 있는지도 신경 쓰지 않고, 오로지 원하는 목적에 집중할 수 있는 일은 인터페이스의 꿈이지만, 곧 준비해야 할 미래이기도 합니다.

메시는 뒤편의 클라우드가 계산하여 통합해 내는 일이기도 하지만, 사용자 앞의 인터페이스가 엮어야 하는 일종의 종합적 사용자 체험인 셈이라 볼 수도 있습니다.

이처럼 주변 환경Ambient 사용자 체험 이 기기 사이 메시에 녹아들 때, 우리를 둘러싸고 있는 전반적 디지털 환경의 그물망은 완성됩니다.

소위 스마트 세상이 되어 가면서 이제는 모든 산업이 IT 산업이 되었고, 소프트웨어는 사회와 산업 곳곳에 스며들고 있습니다. 이에 적응한 기업과 그렇지 못한 기업의 격차와 역전 현상은 많은 이들에게 기회인 동시에 스트레스가 되기도 합니다.

실제로 기업이 만드는 부가 가치의 상당 부분이 디지털로 넘어가고 있습니다. 소비자들의 생활 거점도 디지털로 이행 중입니다. 최종 고객이 이렇게 이미 디지털화된 지금, 디지털 비즈니스는 선택이 아닌 필수입니다. 그들이 어떠한 메시, 즉 어떤 그물망 속에서 빠져 살고 있는지, 니즈와 고충에 대해 고민하기 적합한 시기입니다.

사실 어느 때보다도 빅데이터와 사물 인터넷, 심지어 인공지능과 같은 종래의 유행어는 무게감을 갖게 되었지만, 이들이 기업 활동에 어떤 시너지를 낼 수 있는지에 대해 아직 현장은 확신이 없습니다.

게다가 기업 구성원이 기업 밖에서 일상적으로 사용하는 앱과 기업 안의 업무 사용성 및 생산성 격차가 커지고 있습니다. 기업 시스템에서도 구글이나 페이스북 급의 성능과 체험을 은연 중 요구하게 된 것입니다. 기업별로 개별 업무 앱을 고도화하는 일은 끝이 없고 지치는 일입니다. 하지만 때는 바야흐로 '포스트-앱 시대'로 접어들고 있습니다. 이미 흩어져 있는 다양한 업무와 서비스를 조화롭게 클라우드에서 엮고 통합하여 하나의 그물망을 만드는 일, 메시라는 트렌드가 우리에게 주는 교훈입니다.

문화에 따른
기술의 수용

통신은 우리의 의사나 정보를 전달합니다. 그 방식은 태고 이래 다양한 방식으로 발전되어 왔고, 우리는 삼라만상이 제약 없는 방식으로 연결되고 있는 사물 인터넷 사회로 행진하고 있습니다.

3G든 LTE든 언제 어디서나 네트워크에 연결된 '언제나 커져 있는Always On' 인터넷 사회입니다. 그러나 소통하는 방식은 여전히 문화에 따라 제각각, 나름의 맛이 있습니다. 같은 기술이라도 어떠한 문화에 의해 수용되느냐에 따라 활용도가 제각각인 셈이지요.

예를 들어 와이파이 인심은 제각각입니다. 어떤 동네는 상점마다 무료 와이파이를 다 개방하다 보니, 와이파이 접속을 순례하는 것만으로도 인터넷이 끊기지 않고 거리를 활보할 수 있습니다. 와이파이 인심이 박한 외국에서 온 관광객 입장이라면 그 고마움은 이보다 더할 수 없겠지요.

데이터 통신에 대한 입장도 문화에 따릅니다. 우리에게는 최신 스마트폰을 초고속 통신망으로 쓰는 것이 당연시되고 심지어 이것은 청소년들 사이에서 일종의 '또래 압박Peer Pressure'이 되고 있습니다만, 우리보다 잘사는 선진국 중에는 월 1만 원 선에 저속 데이터를 무제한 제공하는 곳도 있습니다. 느려도 느긋하고 소박하게 살아가는 사람들이 많으면 설계될 수 있는 요금제겠지요. 외국인 관광객 입장에서는 우리 공항에 내리자마자 선불 유심을 사서 느리더라도 저렴한 정액제 데이터를 쓰고 싶지만 마땅한 것이 없습니다.

문화는 그 문화 속에서 살아온 사람들의 역사를 반영합니다. 통신과 관련된 문화도 그러합니다. 이러한 문화를 하나하나 유람하는 동안, 사람이 서로 소통하는 것이 우리 생활에 나아가 우리 미래에 어떠한 영향을 미치고 또 앞으로 끼칠 수 있는지 느낄 수 있게 되겠지요.

NFC의 우울,
NFC의 봄

스마트폰 안에는 여러 통신 기술이 들어와 있습니다. 하지만 사용 빈도는 또 다 다릅니다. 스마트폰 3대 통신 기능인 데이터, 와이파이, 블루투스에 이어 마지막으로 끼어들어 온 것이 있습니다. 바로 NFC입니다. 소위 말하는 근거리 무선통신인데, 기술 자체의 역사는 짧지 않습니다.

이미 오랜 기간 미래의 혁명이라 얘기되었던 RFID의 한 버전이고, 또 유비쿼터스 센서 네트워크, 줄여서 USN이라 불리던 것의 총아가 바로 NFC입니다. 그러나 이런 자기소개 없이도 NFC와 사실상 같은 기술 기반으로 운영되고 있는 것이 이미 우리에게는 더없이 친숙하면서 누구나 지갑에 한 장쯤 있는 교통카드입니다.

지금이라도 스마트폰의 NFC를 켜고 지갑 속 교통카드를 대보면 스마트폰은 교통카드를 인지하고 무언가 일을 하려 듭니다. 못 쓰는 교통카드를 침대 옆에 두고 스마트폰을 가져다 대면 무조건 메모장이 뜨게 하여 그날의 일기를 써 볼까 생각한 적이 있습니다.

NFC가 스마트폰에 기본 탑재되면서 다양한 활용 사례에 대한 기대가 커졌었습니다. 각국에서는 각자의 방식으로 그 사용처를 찾아갔는데, 아직 어느 나라도 이렇다 할 대박 사례는 만들지 못한 채, 스마트폰 사용자 대다수는 자신의 폰에 있는 이 기능을 전혀 인지하지 못하고 들고 다니고 있습니다. NFC도 결국은 RFID 중에서도 13.56MHz 사양을 말하는 것인데, 한창 RFID의 장밋빛 복음이 전도되었던 2000년대 중반으로부터도 벌써 한참 지났습니다.

다만 희망적인 것은 그 꿈의 네트워크를 읽을 수 있는 말단 센서가 지금 대부분의 안드로이드 단말이 되었다는 것입니다. 이미 안드로이드는 스마트 단말의 점령군입니다. 그 양으로 볼 때 당장이라도 양질 전환이 일어날지도 모르는 일입니다. 블루투스도 그랬습니다. 지금은 태연하게 블루투스 헤드셋이나 블루투스 키보드 등을 애용 중인 우리이지만, 처음에는 너무나 번잡한 공상 과학적 주변기기였습니다. 94년에 태어났지만 뜰 듯 말 듯 답답한 기간이 대부분이었고 최근에서야 블루투스 전성기가 찾아왔습니다.

NFC라는 기술도 우리 생활에 녹아 문화 사이에 빈틈을 차지하기까지 수많은 세월이 필요할 겁니다. 2004년에 포럼이 결성되었지만, 오랜 기간 아이폰 iOS로부터는 외면받고 있습니다.

스마트폰을 결제 수단으로 쓰는 아이디어는 좋으나, 여전히 스마트폰을 가져다 대는 일은 원활하지 않습니다. 차라리 그럴 바에야 QR 코드가 낫다는 듯, 많은 결제 앱들이 NFC 이외의 대안도 함께 모색 중입니다.

NFC도 블루투스 헤드셋처럼 누구나 이해할 수 있는 효용이 찾아와야 합니다. 만원 지하철에서 음악을 듣다 보면 옆 사람에게 걸리던 그 선이 사라진 거지요. 블루투스는 두 손이 바쁘면서 수시로 통화해야 하는 업종에게는 필수품입니다. 그러나 NFC는 아직 그런 결정적 효용을 발견하지 못하고 있습니다. 아니 이미 있었습니다만, 교통카드가 이미 그 효용을 가져가 버렸습니다. 물론 국산 안드로이드 폰으로 교통카드를 대체하는 기능이 있습니다만, 대세가 되었다고 말하기는 힘듭니다.

하나의 효용이 확립되면 그 효용을 가능하게 하는 기반 기술이 함께합니다. 예컨대 블루투스가 기본으로 포함되고 또 늘 켜져 있게 되니, 여기에 다른 기타 활용 사례, 이 경우는 키보드, 파일 전송, 테더링 등 아이디어가 폭발하면서 분리 불가능한 필수적 표준으로 자리잡게 되는 것입니다.

스마트폰에는 그렇게 데이터, 와이파이, 블루투스라는 세 가지의 핵심 통신 기술이 자리를 확보하게 됩니다. 이제 NFC가 그 네 번째 멤버가 될 수 있을지 모두 궁금한 상황입니다. 한때 시끄러웠던 와이브로는 이 자리 진입에 실패합니다. 다른 데이터 기술과의 차별점을 찾지 못해 스마트폰에 탑재되는 기회를 잃었기 때문이지요.

다행히 NFC는 적어도 안드로이드에서는 상당히 안방을 파고들어 왔습니다. 그러나 이 파급이 하나의 플랫폼에서 멈추고 있는 이유는 이미 NFC가 탑재된 스마트폰들이 특별한 것을 보여 주지 못하고 있기 때문입니다. 천천히 두고 보면 될 일인 것이겠지요.

iOS 버전이 올라갈 때마다 조금씩만 기능을 허용하면서 버티고 있는 애플, 정말 NFC가 급하다면 잡스의 유훈이 어쨌건 간에 기능을 추가해 버렸을 테니까요.

모든 폰에서 NFC가 늘 켜져 있는 순간이 올까요? 온다면 전화기와 마주칠 수많은 사물은 스스로 안테나를 세우게 될지도 모릅니다. 그리고 그렇게 쫑긋 선 안테나 사이에 퍼질 자기장에 어떤 정보가 넘나들게 될지 수많은 사람이 궁금해하고 아이디어를 내겠지요. 모든 스마트폰에서 되는가 그렇지 않은가 이 범용성과 보편성의 문제, 즉 유비쿼티Ubiquity야 말로 보편적 네트워크를 가능하게 할 전제 조건인 것입니다.

NFC가 스마트폰에서 보편성을 확보할 수 있다면 오지 않으리라 여겨졌던 NFC의 봄은 올지도 모릅니다. 블루투스가 그랬던 것처럼요.

사물 인터넷도
광역망 시대

사물 인터넷, 사람이 아닌 물건이 인터넷을 하겠다고 나서는 시대가 왔다고는 하지만, 한 가지 모자란 것이 있습니다.

사물은 준비되어 있지만, 인터넷은 사람이 쓰는 것 그대로라는 것입니다. 웹도 그렇고 와이파이나 3G, LTE도 그렇습니다. 하지만 사물들이 늘어나고 너도나도 인터넷을 하겠다고 하는 시대가 되자, 사물 입장에서는 사람들의 인터넷이 지닌 한계가 거슬리기만 했습니다.

먼저 와이파이는 전기를 너무 먹습니다. 사람이야 자기 소지품 쯤 충전할 줄 알지만, 물건들은 그럴 줄 모릅니다. 아예 몇 년 배터리를 갈지 않았으면 좋겠습니다. 맨홀 아래나 현수교 꼭대기에 설치해 둔 센서에 배터리를 갈아 주러 가기는 싫을 것입니다. 블루투스, 직비 등 나름 검소한 통신도 있지만, 그래 봐야 짧은 거리에만 허용됩니다. 그리고 사물 위치가 바뀔 수도 있습니다. 그럴 때마다 언제나 사람 신세를 질 수는 없습니다. 물론 사물에게도 LTE를 놓고 싶지만, 사물의 수량과 가격을 생각해 보면 여의치 않습니다. 사람과 사물은 다르기에, 인터넷을 충분히 인터넷답게 쓸 수 없었던 사정이 있었습니다.

사람이 쓰는 것처럼 짱짱하지는 않더라도 저전력으로 그럴듯한 성능을 내는 데이터 네트워크를 사물용으로 따로 마련해 주기 위한 노력은 계속 있었습니다. 이를 보통 LPWAN_{Low-Power Wide-Area Network} 또는 LPWA_{저전력 광역망}라 부르는데, 대표주자 로라_{LoRA}는 건전지로도 10km에 이르는 장거리를 허용하며 10년이 가는 에너지 효율을 가집니다. 게다가 사용하기 위한 면허도 필요 없고, 연합에 의한 개방형 표준입니다. 전통적 LPWA 후보군인 LTE-M이나 NB-IoT 등 LTE 계열보다 관심을 끌만 해, 전 세계적으로도 급격히 상용화 물결이 일고 있습니다. 연합의 규모도 벌써 400개의 회사가 넘을 정도입니다.

통신을 달아 주기에는 너무 작고 저렴하며 사소한 사물들까지도 인터넷이 가능해질 수 있다는 점에서 생겨난 사물 인터넷_{IoT}이라는 귀여운 트렌드는 속도는 느리지만 사물들의 속삭임에는 그럭저럭 무난합니다.

만물이 소통할 수 있게 되었다는 사실은 한국 산업에서 흥분되는 일입니다. 농수산업·제조업 등 1, 2차 산업과 서비스 산업과 같은 3차 산업의 균형 있는 상생 발전은 사회적 과제입니다. 아이디어 여부에 따라서는 지금 도시의 소비문화를 뒤흔들고 있는 공유 경제 및 O2O 등 스마트 혁신의 1, 2차 산업 버전이 생길 수 있는 기반이 생긴 셈이니 말입니다.

로라LoRA 및 SIGFOX 등 저전력 광대역망의 원산지 프랑스에서는 패션 및 생활 잡화와 같이 자신들의 강점을 IoT에 접목하기 위해 힘쓰고 있으며, 사물 인터넷 산업 육성을 위한 'IoT 마을'도 생겨나는 등 다양한 시도가 벌어지고 있습니다.

사물 인터넷 전국망 시대, 이제 아이디어 문제입니다. 하지만 아이디어가 전부이기도 합니다. 왜 써야 하는지 이해할 수 없다면 와이브로 같은 거냐며 외면할지도 모르는 일입니다.

우리는 이미 수많은 센서 및 버튼과 함께 생활하고 있습니다. 센서가 상황을 확인하고 도움을 호출합니다. 이들이 광대역으로 속삭이기 시작했습니다. 거리의 쓰레기통도, 횡단보도도, 물류 팔레트도 과묵한 줄 알았지만 하고 싶은 말들이 많습니다.

사물도 인터넷도 준비되었습니다. 이제 이들이 무슨 일을 하면 될지 우리의 인터넷 경험을 가르쳐 줄 차례입니다.

PART 7

금융에서 유통까지,
현대 사회의 소비 변화

돈, 이를 모으고 쓰는 일,
이것도 정보이자 통신이었습니다.

핀테크라는
반골 산업

IT의 힘으로 금융의 상식을 뒤엎는 일이 지금 벌어지려 하고 있습니다. 금융Finance과 기술Technology이 합쳐져서 만들어진 신조어 '핀테크' 이야기입니다.

금융 기술 또는 금융 IT란 말 대신 굳이 핀테크라는 생소한 용어가 등장한 계기는 지금까지 우리가 알고 있었던 금융 상식에서 벗어난 일들이 벌어지고 있기 때문입니다. 지금까지의 금융이라면 여의도의 금융가나 월스트리트의 풍경에서 느껴지는 것과 같이, 어딘가 거대하고, 무겁고, 문턱이 높은 느낌이었던 것이 사실입니다. 금융 상식을 해체해 기술의 힘으로 다시 구축하는 각종 서비스들을 말하는 트렌드가 바로 핀테크입니다.

사실 핀테크가 독립된 유행으로 형성되기 시작한 것은 서브프라임 모기지 사태°로 촉발된 금융 위기 이후이니, 꽤 역사가 깊습니다.

● **서브프라임 모기지 사태**
미국 부동산 버블에서 비롯한 비우량 대출 담보의 폭주와 그 파생 상품의 파탄으로, 2008년 세계 금융 위기를 불러일으켰습니다.

말끔하게 차려입은 금융 맨들이 1%를 위해 봉사할 뿐, 99%의 일반인들은 그 과정에서 소외되었다는 자각을 하게 된 것도 그즈음입니다. 지금까지 금융 기술이나 금융 IT가 없었을 리가 없습니다. 그렇지만 소비자를 위한, 99%의 서민을 위한 금융 기술이 필요한 때라는 공감대가 핀테크라는 트렌드를 만든 것입니다.

핀테크는 흔히 스마트폰 결제 정도로 생각하기 쉽습니다만, 그 배후의 움직임은 뿌리가 깊습니다. 실제로 핀테크 산지에서 처음 피어나기 시작한 씨앗은 바로 99%의 일반인을 위한 개인 자산 관리PFM 분야였습니다. PFM 분야에서 헬로우월렛HelloWallet과 캐피탈Qapital 등이 주목을 끌게 되었는데, 평범한 많은 이들은 돈에 대한 상식이 부족한 경우가 많습니다. 굳이 지지 않아도 될 빚을 지고, 들지 않아도 될 보험을 들고, 여기에 개인 연금에 카드까지 잘 모르면 당하는 일이 허다합니다. PFM은 이처럼 금융 건강Financial Health을 지켜 주는 어드바이스를 제공하는 서비스입니다. 지금까지 자산 관리FP는 1%의 '골드 고객'에게 초점을 맞춘 서비스였습니다. 그러나 정말 절실히 필요한 이들은 99%였던 것입니다.

핀테크는 이처럼 결제나 자산 관리 이외에도 회계나 은행 연계 서비스 등 말 그대로 돈과 관련된 모든 기회를 노리고 있는 성장 기대주입니다.

하지만 전반적으로 한국 핀테크 풍경은 여전히 삭막하기 그지없는 상황입니다. 매우 강력한 금융 규제 때문인데요. 핀테크의 등장이 누구를 위한 것인지 생각해 본다면 지금의 세태는 걱정스럽습니다.

필연적 등장

금융의 상식이란 거대 은행, 거대 카드사, 거대 증권사 등이 금융 감독 기관의 철두철미한 관리 아래 하기로 했던 일을 잘 하는 것이었습니다. 하기로 한 일은 정해져 있고 또 아무나 할 수 있는 일은 아니기에 현상 유지가 최대의 과제일 수밖에 없습니다.

하지만 금융 위기와 모바일 혁명은 이 유지되고 있는 현상을 의심하게 했습니다. 거대 금융 기관이 99%를 방치한 채 1%만을 위해 봉사해 왔던 것은 아니었는지 의심스러워집니다. 금융은 마치 공공의 영역처럼 아무나 할 수 없고 철저하게 관리되는 안전한 세상인 듯했습니다만, 그러나 요즈음 피싱 및 해킹 사건의 양과 질은 이 전제를 무색하게 해 버립니다.

이렇게 기존 금융을 둘러싼 답답함은 누군가에게는 혁신의 기회로 비치게 됩니다. 금융 종사자가 아닌 이들도 금융을 바라볼 충분한 명분이 생깁니다. 생각해 보면 금융은 그냥 정보 처리입니다. 우리는 요즈음 현금을 만져 보지도 않은 채 하루를 살기도 합니다. 급여도 전산으로 이체되어 넘어오고, 물건값도 플라스틱을 긁어 지불합니다. 보험은 거대한 데이터베이스고, 증권은 마치 온라인 게임과도 같습니다.

금융이란 반드시 안전해야 하고 대단한 시스템이 필요하다고 큰소리쳤지만, 그런 시스템 없이도 은행 못지않은 돈이 오가는 전자상거래가 별 탈 없이 이십여 년 동안 운영되고 성장해 왔습니다. 금융권은 지불 결제란 대단한 것이라 이야기하지만, 일반 기업은 각종 로열티 프로그램을 별 사고 없이 잘만 운영합니다. 돈이 오가는 대규모 트랜잭션 시스템이란 사실 별것 아니었음을, 보편화된 기술이 증명해 버린 것입니다.

한 국가의 GDP에 있어서 금융 서비스가 차지하는 비중은 점점 늘어납니다. 증권화Securitization, 파생 상품 등 금융 위기의 단초를 제공한 '금융 공학'이 하루가 다르게 잔머리를 굴려 온 덕분입니다. 그렇게 성장 산업의 상징이 된 금융업이지만 다른 산업과는 달리 온라인 대비 오프라인 산업의 비중이 너무나 큽니다. 이는 금융 산업이 여타 산업과 가장 큰 다른 점입니다.

최근에는 오프라인 그 자체라고 할 수 있는 교통 운수업조차도 우버니 카카오 택시니 IT의 공세를 받고 있음을 생각해 볼 때, 순수한 '정보'를 다루던 산업인 금융에서 'IT발 교란'이 없었던 것은 이상한 일입니다.

핀테크의 선두주자들은 바로 이 이상한 일을 내버려 두지 않았습니다. 지금의 금융은 손볼 필요가 있다는 각성은 IT가 손볼 수 있다는 자신감과 책임감으로 이어집니다. 결국, 돈이라는 정보를 다루는 것이 금융이라면, 그 정보를 제대로 다뤄 보겠다는 패기가 싹트기 시작한 것입니다.

게다가 지금은 스마트와 모바일에 의해 불길이 지펴진 스타트업 전성시대입니다. 21세기 초엽의 대표적인 금융 관련 IT 벤처가 페이팔Paypal 정도였다면, 지금은 렌딩클럽LendingClub, 스퀘어Square, 트랜스퍼와이즈TransferWise 등 금융의 다양한 면모를 아우르는 신생 기업들이 속속 등장하기 시작합니다. 실제로 지난 5년 동안 글로벌 벤처캐피털의 투자 동향을 살펴보면 금융 분야로의 투자가 약 여덟 배가량 늘었음을 알 수 있습니다. 정말 뜨거워지기 시작한 것입니다.

대략 지난 2년간은 핀테크 열풍이라 할 정도로 유럽을 중심으로 다양한 핀테크 스타트업들이 등장합니다. 마치 IT 스타트업의 혁신 속도란 이런 것이라고 보여 주기라도 하려는 듯 아이디어가 경쾌하게 실현되는 모습은 금융권에게도 '핀테크'라는 세 글자를 각인시킵니다.

유럽과 미국은 물론 중국에서도 바이두, 알리바바, 텐센트의 3대 IT 거두_{속칭 B.A.T}가 모두 금융업에 참여하는 모습은 금융 회사가 IT 회사가 되는 속도보다 IT 회사가 금융 회사가 되는 속도가 빠르다고 명백히 말하는 듯했습니다. 예컨대 알리바바가 펀드를 만들면 10개월 만에 세계 3위의 펀드 규모가 되는 식입니다. 클래스가 다른 성장 속도, IT에서는 '그로스 해킹Growth Hacking●' 등 이미 상식이 되었지만, 금융의 상식으로는 낯설고 충격적이었습니다.

● **그로스 해킹**
사용자로부터의 피드백을 즉각 반영하는 등, 시간과 비용을 줄여 급성장하기 위한 각종 수법을 프로젝트에 반영하는 일입니다. 핵(Hack)은 실용주의적 개선이란 뜻으로 널리 쓰입니다.

IT발 금융 혁명의 시작

인터넷 회사는 태생적으로 회원 정보를 활용하여 새로운 서비스를 제안하는 데 능합니다. 수천, 수억 명의 회원을 이미 지니고 있는 인터넷 회사의 경우 이들 모두가 잠재적 수익원입니다. 즉, 지금의 모습이 아닌 잠재적 미래의 모습을 봅니다. 하지만 금융 회사는 프라이버시 핑계, 규정 핑계로 이러한 야심을 그대로 드러내지 못합니다. 오히려 어설프게 실적을 위한 꼼수를 부리려다 이도 저도 아닌 사고만 내는 것은 바로 이처럼 본능이 다르기 때문입니다.

어느 정도 이해는 갑니다. 금융권에서 큰마음 먹고 마음을 열어 스타트업처럼 해커톤*을 통해 금융을 바꿀 기발한 아이디어를 찾을 수는 있습니다. 하지만 시제품을 만들고 심지어 소규모 실증 실험까지 끝내도 규제의 벽에 막혀 공회전만 하는 일이 허다합니다.

지금까지의 관례, 특히 금융 시장의 안정성이라는 대의명분을 받든 단단한 규제 앞에서 지레 겁먹고 자숙을 하는 문화는 지금의 금융을 거대한 돌덩어리로 만들어 버립니다.

● 해커톤
핵(Hack)과 마라톤(Marathon)의 합성어로, 개발자, 디자이너, 기획자, 마케터 등이 팀을 이뤄 주어진 테마에 집중적으로 임해, 때로는 밤샘으로 개발 성과를 공유하는 이벤트이자 페스티벌입니다. 최근에는 꼭 개발이 아니더라도 다양한 아이디어 도출을 위한 집중 이벤트를 뜻합니다.

그 결과 금융은, 금융 이외의 모든 것들과 점점 더 큰 벽을 만들어 버립니다. 다른 모든 것은 앱을 내려 받아 몇 번 누르면 원하는 것이 끝나지만, 유독 금융만은 그렇게 쉽게 다가갈 수 없습니다. 디지털과 함께 자라난 디지털 네이티브, 소위 밀레니얼 세대에게 억지로 만든 듯한 금융 앱은 어딘가 아쉽습니다.

최근 핀테크 스타트업들의 주된 타깃은 당연히도 이들 디지털 네이티브로 향합니다. 그리고 기존의 금융권으로부터 소외된 이들로 향합니다. 인터넷을 쓰면 지금도 된다지만, 그들의 유일한 인터넷은 스마트폰인 경우가 많습니다. PC도, 윈도우도, 액티브X도 다 불편합니다. 하지만 복잡하다는 금융의 개념도 모바일 화면에 맞게 간략화할 수 있다면, 그리고 언제 어디서나 PC가 없이도 쓸 수 있게 해 준다면, 돈 못 번다 무시하던 고객층도 훌륭한 금융 고객이 될 수 있습니다. 그리고 언젠가 이들이 성장하여 지지층이 되어 줄 수도 있습니다. 핀테크가 꿈꾸는 일은 소외당하던 이들로부터 시작하는 금융 IT 혁명일지도 모릅니다.

예를 들어 핀테크의 대표 주자로 일컬어지는 증권 거래의 이단아 로빈후드robinhood.com는 주 고객층이 20대입니다. 행여 부담될까 수수료마저 제로입니다. 그들의 미션은 그들의 회사 이름답게 '월스트리트를 민주화Democratize하는 일'입니다.

이처럼 모바일이라는 신시대 개막과 함께 완전히 모바일에 특화된 신세대 핀테크 기업들이 대거 등장합니다. 마치 인터넷 초창기 인터넷 증권사들이 자리를 잡을 수 있었던 것과 같은 격변의 시대가 다시 열린 것입니다. 그리고 그 폭이 넓습니다. 증권은 물론, 대출, 자금 이체와 같이 응당 금융 회사만이 할 수 있으리라 생각했던 다양한 일들을 이들이 창구가 되어 모바일로, 때로는 P2P 방식으로 손쉽게 해치워 버립니다.

물론 그래 봐야 아직은 찻잔 속 태풍이라 여겨질 수도 있습니다. 하지만 변화란 언제나 서서히 그러나 새벽같이 옵니다. 고객과의 접점을 통제할 수 있었던 통신 회사가 스마트폰 도래 이후 '단순망 제공자Dumb Pipe'로 전락하는 것을 두려워했듯이, 금융 회사도 소비자와의 접점을 놓치면서 단순 API 제공자로 전락, 뒤처리만을 하게 될까 봐 두려워해야 할지도 모릅니다.

아직은 괜찮다 생각할 수도 있습니다. 규제 산업에 변화란 쉽지 않기 때문이기도 하지만, 금융에는 신뢰가 중요해서입니다. 금융이란 기본적으로 나에 대한 엄청난 정보를 맡기는 일입니다. 따라서 브랜드와 평판이 중요합니다. 게다가 사용자의 보수성도 한몫합니다. 소비자들은 의외로 돈에 대해서는 보수적입니다. 예컨대 플로피 디스크에서 CD, DVD, 블루레이, 그리고 아예 네트워크 스트리밍으로 정보 콘텐츠가 넘어가는 동안 우리나라 지불 결제의 폼 팩터, 즉 외양은 변치 않았습니다. 현금과 카드뿐입니다. 그래도 그럭저럭 군말 없이 살아갑니다.

하지만 왜 핀테크라는 변화가 이야기될 수밖에 없었는지 원점으로 잠시 돌아와 보면, 핀테크의 성패 여부야말로 한 사회의 건강을 나타내는 지표가 될 수 있기 때문입니다. 기존 질서의 틈에서 참신하고 새로운 피가 흐를 수 있는 사회인지를 핀테크의 태동 여부로 알 수 있습니다.

지금까지 금융은 SI 업체들의 주된 밥줄이었습니다. 그 자체에 이미 엄청난 IT의 역사가 녹아 있습니다. 수많은 '차세대' 프로젝트도 이곳저곳에서 해 왔습니다만, 그렇게 약속한 차세대, 다음 세대는 오고 있지 않습니다. 그저 거대한 '레거시Legacy*'에 화장만 했을 뿐, 금융이란 무엇인가라는 본질적 질문과 직면할 여유는 없었던 것입니다. IT는 금융의 시녀였던 것입니다. 핀테크란 이제 금융사의 기술 채택 문제가 아니라, 체제 변혁에 대한 문제이기도 합니다.

핀테크는 이제 시작 단계입니다. 지금까지의 핀테크는 기존 은행에 핀테크 채널을 붙이는 버티컬 비즈니스의 관점이 컸습니다만, 앞으로는 완전한 '핀테크 뱅크'의 등장이 중국이나 유럽처럼 현실화될 수 있습니다. 올 디지털, 올 모바일의 완전히 새로운 브랜드 은행으로 월급이 입금될 수도 있습니다.

인터넷 전문 은행이 드디어 등장하게 된 것도, 정부 규제 당국이 예의상일지는 모르겠으나 핀테크 혁신을 지원하겠다 말하는 것도 이와 같은 시대 정신의 반영일 수도 있습니다.

어쨌거나 가장 강하고 단단한 철옹성이었던 금융업이 IT의 힘으로 근본적으로 변화될 수 있다는 희망에 핀테크 열풍이 지닌 긍정적 면모가 있습니다. 이 희망이야말로 늘 시대의 변화를 촉발해왔던 IT 업계가 유난히 이 움직임에 주목하는 이유이기도 합니다.

모바일 결제는 어디로 가고 있나?
지갑 없는 삶

🔊

    통신에 대해서는 일가견이 있다고 생각하는 이들, 앞으로의 통신은 나의 차지라고 생각하는 이들이 모두 모여 호시탐탐 기회만 노려온 분야가 하나 있습니다. 역시 뭐니 뭐니 해도 바로 이곳이 미래의 먹거리라 생각한 모양입니다.

    그것은 바로 돈을 통신하는 일, 바로 지불 결제, 즉 페이먼트 분야입니다.

    아침에 집을 나설 때 지갑과 스마트폰은 잊지 않고 챙겨야 합니다. 하지만 만약에 하나를 두고 왔을 때, 꼭 되찾으러 집으로 돌아가야만 하는 것이 있다면 그것은 아마 스마트폰이겠지요.

    지갑은 스마트폰이 대신할 수도 있기 때문입니다. 금융이란 말에서 알 수 있듯이 돈이란 것도 결국은 융통融通, 커뮤니케이션인가 봅니다.

그러나 돈을 통신하는 일쯤, 이미 통신 역사만큼이나 오래된 분야입니다. 송금과 신용, 모두 정보와 통신의 문제였으니 말입니다. 하지만 스마트 시대가 되면서 풀리지 않은 과제가 드러납니다.

모든 것이 다 전파와 신호로 통신될 것만 같은 시대이지만, 여전히 온라인에서 될 수 없는 것이 있습니다. 그것은 바로 물질입니다. 그리고 그 물질로 만들어진 상품입니다. 오프라인에서 상품을 받아드는 그 순간, 그 짧은 촌각에 화폐처럼 간편하고 직관적으로 지불할 수 있어야 합니다. 이 순간이 바로 '돈의 통신'의 최전선인 셈입니다.

현금이 해 왔던 가치 '전달'의 역할은 세계 곳곳에서 급속한 속도로 다른 '통신' 수단으로 대체되고 있습니다. 한국은 2000년 이후부터 급속히 신용카드가 그 역할을 대신하기 시작했습니다.

한국은 카드 사용률이 기이할 정도로 높습니다. 버스를 탈 때도 떡볶이를 사 먹을 때도 태연히 카드를 내밉니다. 동전은 가지고 다니지 않은 지 오래고, 지갑마저 휴대하지 않은 이들도 많아지고 있습니다. 주위에는 현금을 아예 가지고 다니지 않는 이들이 늘어나고 있습니다. 지갑 자체가 없기도 합니다. 간편하고, 잔돈 때문에 손에서 돈 냄새가 날 일도 없으니까요. 결벽 같지만 미국 연구진은 지폐에서 3000종류의 박테리아를 발견했습니다. 북유럽이 현금 없는 국가로의 행진을 하게 된 배경에는 위생에 대한 시민적 공감도 있었습니다. 그만큼 한국도 빠르게 현금으로부터 멀어져 가고 있습니다. 우리의 현금도 이미 낯섭니다. 도시를 중심으로 현금을 쓰는 일이 '올드'해지고 있습니다. 다만 스마트폰 뒤에 현금카드 겸 신용카드가 한 장 꽂혀 있을 뿐입니다. 우리에게 그동안 현금의 미래란 카드였습니다.

예전에는 천 원 미만은 카드 사용이 힘들었지만, 이제 몇백 원도 순식간에 처리해 줍니다. 번잡하게 동전이 생기지도 않습니다.

동전 하나면 신나서 밖으로 뛰어나갈 수 있었던 것이 유년기의 아이들이었습니다만, 요즈음 아이들은 이제 지폐든 주화든 돈을 주고받는 풍경조차 낯설어할지도 모릅니다. 아이들을 위한 금융 교육은 현금만으로는 완결되지 않습니다. 시대는 그렇게 급히 변해 갑니다.

대신 한 가지 확실한 것은 '현금 박치기'라는 거래 행위란 의외로 손쉽게 다른 수단에 의해 대체될 수 있음을 지난 세기말 카드가 보급되는 모습이 가르쳐 줬다는 점입니다.

지금의 카드 결제는 여러모로 불완전합니다. 분실과 도난의 문제는 문제 삼지 않더라도, 여러모로 번잡합니다. 이미 익숙해져 편한지는 모르지만 다시 잘 살펴보면 꽤나 번거로운 과정입니다. 서명 등 많은 절차가 임의로 생략되어 편하게 쓰고 있을 뿐입니다. 결제의 최종 형태가 되기에는 잠시 덮어 둔 불안과 불편이 적지 않습니다. 더 나은 결제를 가능하게 할 혁신에 관심이 몰리는 것도 바로 이 주류 결제 수단이 본질적으로 지닌 불완전성 때문입니다.

게다가 카드란 '커뮤니케이션' 도구의 미래와 어울리지 않습니다. 미성년자에게는 발급에도 제한이 있고, 또 노점상과 같이 현재 지급 결제 망에 참가하기가 부담스러운 업태도 많은 등, 결코 문턱이 낮지 않습니다. 90%의 사람들은 문턱이 있는 줄 몰라도, 나머지 10%의 사람들에게는 높은 문턱입니다. 하지만 90%가 대개 큰 불편을 못 느끼니 시장 전체로서는 별다른 변화의 필요를 못 느끼는 상황이기도 합니다. 한국의 지급 결제 시장은 그렇게 미적지근한 상태입니다.

사실 우리 사회는 말은 안 해도 현금 결제를 내심 선호합니다. '지하 경제'로의 유혹 때문이라기보다 수수료 때문일 것입니다. 한 푼의 마진도 아쉬운 상황에 몇 %의 수수료는 가슴 아픕니다. 몇백 원에 카드를 내미는 모습은 얼마나 얄미울까요? 흔히 잘못 아는 상식으로 체크카드는 수수료가 없다고 생각하지만, 엄연히 수수료가 있습니다. 그러나 너도나도 카드를 내미는 세상, 카드를 안 받을 수도 없는 일입니다. 설령 그 비용을 다른 쪽으로 전가할지라도 말입니다.

소비자는 이미 현금 이외의 결제 수단을 현금보다 편리하게 생각하기 시작해 버렸지만, 판매자의 마음은 아직 준비되어 있지 않습니다. 현금은 자취를 감추고 있지만 모두가 행복하지는 않은 일입니다.

기회는 늘 아쉬움 뒷면에 있습니다. 앞으로의 기회란 카드보다 낮은 수수료로 카드보다 압도적으로 편리한 결제 체험을 제공하는 곳에서 피어날 것입니다. 이미 주머니를 차지한 카드보다 월등히 편리하지 않다면 소비자는 새로운 결제 방식을 시도하는 수고를 할 이유가 없습니다. 마찬가지로 아무리 편리하더라도 가맹점이 기쁘지 않다면 확산의 동기 부여가 사라집니다. 수수료란 그저 막무가내로 뜯기는 것이 아니라 지금까지 받지 못했던 서비스를 위한 대가라고 여겨질 수 있을 때, 웃는 얼굴로 새로운 결제 수단을 받아들이게 됩니다.

여기에 기회가 있습니다. 거래란 결국 정보 교환을 위한 통신이며, 고객이 소비를 위해 한 소통입니다. 이 소통은 판매자에게 새로운 시각을 제공해 줍니다. 예를 들자면 소비자가 언제 어떤 식으로 돈을 쓰는지 거래 분석과 리포트를 제공해 주는 일에 이미 핀테크의 최전선이 만들어지고 있는 식입니다. 대표적 핀테크 회사 스퀘어의 스퀘어 애널리틱스가 좋은 예입니다. 이 분석을 토대로 고객에게 혜택을 제공할 수 있다면 모두에게 윈윈이 됩니다.

소비자는 사라져 가는 신문에 아쉬움이 없듯이 정보를 적어 놓은 종이인 현금도 아쉬워하지 않습니다. 그 한계가 너무나도 잘 드러나 곧 사라져 갈 종이 매체 현금, 그 불편함은 그동안 별다른 대안이 없던 곳에서 혁신에 불을 붙입니다. 신용카드 보급률이 10% 남짓에 불과해서 미래의 대안을 누구보다도 절실히 찾아야만 했던 곳, 바로 중국입니다.

중국의 알리페이나 위챗페이를 보면 동네 분식집에서도 QR 코드를 스캔하여 결제를 진행합니다. 자판기에서도 쓰고, 공납금도 냅니다. 온라인 쇼핑은 물론입니다. 젊은이들은 번 돈을 전부 여기에 '예금'합니다.

중국의 모바일 간편 결제 시장은 무려 1경 원에 육박하여, 100조 원 대 미국의 100배에 달하려 하고 있을 정도이니 이 분야의 압도적 선진국입니다. QR 코드만 인쇄해서 벽에 붙여 놓으면 돈을 받을 수 있으니 스마트폰만 있으면 바로 상거래에 참여할 수 있게 됩니다. 신용카드보다 다목적의 스마트폰을 보급하는 편이 오히려 더 쉬웠습니다. 어차피 누구나 가지고 싶었으니까요. 중국을 방문한 이라면 누구나 놀라는, 방중 도중에 자의반타의반 노점상 체험까지 하게 된 대통령도 놀라고만, 중국의 간편 결제 시장은 끝이 아니라 새로운 시작을 의미합니다. 바로 모바일 결제가 몰고 오는 경제 활성화 효과 때문입니다.

결제가 메시지 주고받듯이 편해지는 순간, 새로운 파급 효과가 생겨납니다. 지난 중국 경기 활황의 비결로 모바일을 꼽는 이유입니다.

현금, 그 이후

차세대 화폐에 대한 시도는 세계 각국에서 맹렬히 진행 중입니다. 가장 큰 화제를 모으며 성공한 것은 중국의 사례였습니다만, 모든 시도가 다 성공하는 것은 아닙니다. 스타벅스가 밀어 줬던 미국의 스퀘어는 스타벅스 매장에서 차세대 결제를 제공했지만 실패하고 맙니다. 나름 편리했습니다만, 현장의 바리스타도, 손님들도, 충분히 이해하지 못했기 때문입니다.

누군가가 공부를 해야 한다거나, 설치나 설정이 복잡하다면, 바쁜 현장은 이해해 주지 않습니다. 마음먹고 새로운 결제 방식을 시도해 보려 했지만 정작 계산대에서는 생각처럼 되지 않습니다. 처음이니 당연하겠지요. 하지만 어느새 뒤로 줄은 점점 길어지고, "뭐 하는거야……."라는 표정이 드러납니다. 새로운 결제 방식이 실패를 맞이하는 결정적 순간인 것입니다.

그러나 스타벅스는 여기에 굴하지 않고 오늘도 또 새로운 결제 방식을 시도하고 있습니다. 대형 소매 체인에게 있어 원활하고 쾌적한 결제는 곧 강력한 마케팅이자 로열티 프로그램임을 알고 있기 때문입니다.

O2O니 옴니채널이니 하는 트렌드에 결제가 빠지지 않는 이유는 '돈을 주고받는' 일처럼 강하게 고객과 접하는 접점을 또 찾기는 쉽지 않기 때문입니다. 매출이 생기는 순간이란 곧 고객을 파악하는 순간이니까요.

일본도 라인페이가 등장했습니다. PC를 포함한 온오프라인 결제 기능에, 입금·송금·출금 기능, 업계 최저가 수수료에 더치 페이 등 아기자기한 금융 기능까지 일본의 알리페이를 꿈꾸고 있습니다. 한국도 카카오톡은 물론 SK 플래닛 등이 이 시장에 참전 중입니다. 대혼란이 시작된 것입니다.

기존 질서와의 융화

그러나 이 대혼란도 아직은 기득권 앞에서는 찻잔 속 태풍입니다. 금융 회사, 그리고 밴* 사업자들은 이미 하나의 거대한 질서를 만들고 있습니다. 특히 한국 정부의 금융 관련 규제는 철옹성 같습니다. 기존 질서와 기득권의 벽은 높을 수밖에 없습니다.

> **● 밴**
> 부가 가치 통신망으로, 카드사들을 대신해 가맹점과 고객 사이에 결제를 위한 네트워크를 제공하는 가치를 부가한 통신망입니다. 보통 오프라인에서의 신용카드 결제를 대행하며, 인터넷에서는 비슷한 업태로 PG(Payment Gateway)가 있습니다.

비교적 규제가 자유로운 미국이지만, 애플페이는 기득권을 상당수 동맹으로 삼았습니다. 이 시장의 질서와 벽을 인정하고 그 틈에서 혁신을 찾고 싶었던 모양입니다. 10만 원 매상에 애플에 가는 수수료는 겨우 150원입니다. 1.5~3%의 수수료가 당연했던 시장에서 이들의 수수료를 보전해 주며 가져갈 수 있는 최대치였는지도 모릅니다. 그러나 이들은 자신의 주력 상품을 매력적으로 만들기 위해, 그리고 언젠가 모두가 이 지갑을 쓰는 날을 위해 욕심을 숨깁니다.

금융이란 도대체 무엇인가요? 장부를 기록하기 위한 거대한 데이터베이스와 돈이 오고 갔음을 알리는 통신일 뿐입니다. IT는 금융과 본질적으로 만날 수밖에 없습니다. 알리페이가 5~7%의 금리, 시중 은행 금리의 17배에 달하는 금리를 줄 수 있는 이유는 IT가 지닌 효율성, 그리고 세상을 연결해 버릴 것이라는 패기 덕이었습니다.

ICT와 금융이 충돌하는 현장, 속칭 '핀테크'에 패기 넘치는 이들이 몰리는 이유입니다.

결제라는 의식, 소비라는 여정의 클라이맥스

결제Pay는 소비자에게는 익숙하고도 당연한 행위이기 때문에 그 의미를 과소평가하곤 합니다. 결제란 소비 활동의 정점에서 허락된 일종의 의식입니다. 가치를 감사의 마음과 함께 교환하여 온전히 서로의 것으로 확정하는 순간은 소중합니다.

사실 결제에는 문화가 있습니다. 내가 쏜다는 허세부터 꼼꼼한 더치페이까지, 모바일 결제 이전의 중국에서는 계산대에서 돈을 집어던져 주곤 해서 놀랐던 추억이 있습니다. 또 결제 문화는 시대에 따라 급속도로 바뀌는데, 최근 '각자 계산' 문화가 신용카드와 맞물려서, 바쁜 점심시간에 10명이 먹고 10번 카드 결제를 해야 하다 보니 점주가 각자 결제 불가라고 퉁명스레 팻말을 내거는 일도 생겨나곤 합니다. 액티브X와 공인인증서의 좌절 역시, 우리만의 문화인지도 모릅니다.

하지만 요즈음 소비자는 '가성비', '득템'처럼, 소비 활동 그 자체에서 즐거움을 느끼고 그 과정의 가치를 최대화하려 합니다. 따라서 소비 활동의 가장 마지막 순간, 이 클라이맥스의 의식에서도 기분이 좋아지고 싶어 하고, 결제에 대한 요구와 눈높이가 올라갑니다.

오프라인에 온라인의 편의와 효율성을 가져오고 싶다는 정보화가 한축이라면, 또 한편에서는 외국에서 소비자가 어떤 대접을 받고 있다는 것 또한 손쉽게 알 수 있는 세계화가 한축이 되어 우리의 결제 문화가 바뀌어 가고 있습니다.

결제란 금융 회사의 몫이라는 상식을 깨고, 다양한 기업들이 새로운 이 혼돈에 참전합니다. 이들의 표어는 대개 '마찰 없이Frictionless', 이음매 없이Seamless' 등으로, 절차를 한 단계라도 줄여 문턱을 낮춰 주려 합니다. 단말을 바로 가져다 대면 결제가 끝나는 것을 목표로 하는, 아니 VIP처럼 얼굴만 알고 있으면 그냥 알아서 외상으로 달아 주는 것을 목표로 하고 있는지도 모릅니다. 세계적으로는 애플페이에서 안드로이드페이까지 플랫폼 사업자의 세력은 팽창하는 추세이고, 국내에서도 이들을 벤치마킹한 네이버페이나 카카오페이의 확산이 볼 만할 것입니다.

모두 소비라는 여정Journey을 가장 기분 좋은 방식으로 끝내는 방법에 몰두하고 있습니다.

결제라는 비즈니스란 지금까지 몇 %의 수수료를 챙겨 가는 짭짤한 사업이었습니다. 그런데 이 수수료가 매장에게, 그리고 결국은 소비자에게도 부담이 됩니다. 이 수수료는 각종 페이 경쟁에 의해 점점 떨어져 갑니다. 그럼에도 모두 열심인데, 결제가 주는 무시무시한 혜택 덕입니다.

우선 결제에는 소비자의 발을 묶어 두는 효과가 있습니다. 소위 락인Lock-in 효과의 끝판왕이라고도 할 수 있는데, 모은 혜택이 그곳에 잠들어 있으니 다시 찾지 않을 수가 없는 셈이지요. 모든 유통업자는 규모가 생기면 자신만의 결제 방식을 가지고 싶어 합니다.

그리고 한번 발을 들인 고객에 대한 알찬 정보를 빨아들여 저변을 넓힙니다. 때는 바야흐로 빅데이터와 인공지능의 시대입니다. 고객의 취향과 동선을 파악한 다음 할 수 있는 일은 무궁무진합니다. 고객 정보는 IT 대기업이 탐내는 궁극의 정보입니다.

이 풍조를 가속하려는 듯 소비도 소셜화되어 가고 있습니다. 벤모Venmo와 같은 송금 앱은 페이스북 타임라인처럼 서로 주고받을 돈에 대해서 자연스럽게 이모티콘을 섞어 가며 이야기하게 합니다. 돈 달라는 이야기는 쉽지 않지만, 이 역시 소셜이 되면 부담이 덜어집니다. 집세 전문 결제 앱 젠틀리Zently의 이름처럼 부드럽게 돈을 언급할 수 있게 됩니다. 사실 우리 사회에 배달 앱이 흥하게 된 이유도 전화해 말하는 것 자체를 부담스러워하는 이들이 적지 않은 까닭입니다. 여기에 돈을 주고받는 것에 대한 일련의 부담조차 경감된다면 기회는 더욱 많아지겠지요.

미래의 결제는?

비트코인으로 여전히 시끄럽습니다. 가상화폐라는 두루뭉술한 표현 덕이었는지, 코인이라는 이름 때문이었는지, 미래의 결제 수단이 될지 모른다는 낙관을 하며 사들이는 이들도 있었습니다. 실제로 이미 국가 차원에서 가상화폐를 인정한 일본 같은 경우는 가전 양판점에서 대금 지급에 쓴다거나 스마트카드와 연동하는 등 사용 예를 만들어 보기도 했습니다. 그렇지만 자금 세탁이나 어둠의 결제를 위한 용례만큼, 일상에서 비트코인과 같은 암호화폐가 쓰일 기세는 보이지 않습니다.

일단 이 분산 화폐는 일반 서버형 결제 수단보다 느립니다. 현실에서의 빠른 지불을 원한다면 결국 중앙 집중형 서버를 거치게 되니, 원래 암호 화폐가 약속했던 분산의 안도감도 퇴색됩니다.

이러한 한계를 무색하게 할 기술적 혁신을 블록체인 분야에서 찾기 전까지는 우리가 이미 이름을 들어 본 페이 앱들이 훨씬 더 빠르고 쾌적하게 결제를 수행해 주겠지요. 물론 비트코인처럼 지갑 속 돈의 가치가 오르내리는 짜릿함은 부족하겠지만 말입니다.

O2O, 스마트폰을 든 소비자가
온라인에서 오프라인으로

O2O는 온라인 투 오프라인, 그러니까 '온라인에서 오프라인으로'라는 말을 나타냅니다. 생각해 보면 온라인만이 중시되는, 특히나 스마트폰 이후 모두가 온라인에 빠져들어 오프라인에는 눈길을 안 줄 것만 같은 세태이기에 만들어질 수 있었던 단어입니다.

우리는 퇴근길에 스마트폰에서 눈을 떼지 못한 채 거리를 거닐지만, 사실 그 길에는 수많은 오프라인 매장들이 늘어서 있습니다. 백반집, 미용실, 네일샵, 치과, 약국, 우리의 이웃은 오프라인을 삶의 터전으로 생활하고 있습니다. 다만 소비자로서의 우리는 스마트폰에 얼굴을 묻고 그 옆을 지나칠 뿐입니다.

바로 그 퇴근길에 우리는 스마트폰에서 친구들과 오늘 저녁 약속 장소를 정하고 있습니다. 채팅 앱 속 끊임없는 수다 속에 의견이 분분합니다. 맛집을 검색하고 리뷰를 훑어봅니다. 올라온 사진도 꼼꼼히 체크합니다. 그리고 지도를 띄워 장소를 찾아 발걸음을 옮깁니다. 고개를 들어 주위를 훑어볼 여유가 없습니다.

분명 여전히 오프라인에 살고 있지만, 그 오프라인의 어딘가를 찾아가는 계기는 온라인에서 시작합니다. 오프라인 손님은 온라인으로부터 오고 있습니다. 온라인이 아니라면 오지 않았을 손님들이 늘고 있는 것입니다. 그리고 그들은 상점 주인도 아직 미처 모르는 온라인 어딘가에 그 상점의 이야기를 펼쳐 가고 있습니다.

사람들이 '온라인에서 오프라인으로' 움직이고 있습니다. O2O란 다름 아닌 이 이야기입니다. 손에 손마다 스마트폰을 들고, 배달을 시킬 때도, 예약을 할 때도, 작은 잡화를 살 때도, 택시를 탈 때도, 아니 돈을 쓰려는 모든 상황마다 우리는 스마트폰을 집어 듭니다. 혹시 더 좋은 '딜'이 있지는 않은지, 숨겨진 맛집은 없는지 걱정이 됩니다. 이제 비싸게 사는 일은 어딘가 섭섭하다못해 옳지 않은일이라 여겨질 정도입니다.

오프라인 상점들은 답답합니다. 지금 찾아 준 분들이 정말 온라인에서 온 분들인지, 그렇다면 어떻게 여기를 알게 되었는지, 무엇이 계기가 되었는지 궁금합니다. 만약 온라인에서 오신 분들이 없다면 이는 정말 문제입니다. 손님이 온라인에서 오는 시대에 우리

가게는 길목을 잃어버렸다는 뜻이기 때문입니다. 도무지 어떻게 해야 할지를 모르겠습니다. 다만 손님이 줄고 있다는 것만은 알 수 있을 것 같습니다.

O2O? 오프라인의 답답함에 사람들은 온라인으로

전통적 유통 업체들은 초비상입니다. 특히 미국처럼 소프트웨어 업계의 활력과 존재감이 살아 있고 규제로부터 비교적 자유로워 혁신이 활개칠 수 있는 곳일수록 위기감은 더합니다. 유통 강자 시어스Sears의 주가는 바닥을 모르고 떨어지고 있고, 미국 대형 백화점 체인 J.C.페니는 140개 매장을 폐쇄할 지경이 되었습니다. 한심한 매출액에 당황한 이들이 한둘이 아닙니다. 자신은 다를 것이라 주장하던 미국 대형 백화점 메이시도 1만 명 감원 계획과 68개 매장 폐쇄 방침을 발표했습니다.

목 좋은 곳에 가게를 멋지게 꾸려 두면 유동 인구가 언제나처럼 흘러들던 비즈니스 모델은 더는 쉽지 않은 일이 되어 버렸습니다. 사람들의 관심은 이제 내 몸이 가는 길을 따라 움직이지 않습니다. 관심은 온라인에서 우선 해석되고 충족됩니다. 성급한 소비자는 관심과 함께 이미 스마트폰을 집어 들기 시작하고 있습니다. 어느새 오프라인은 온라인에서 이미 결정된 결과를 실행하는 장소가 되고 말았습니다.

'옴니채널' 전략이 모든 소매 업체의 당면 과제가 된 것도 온라인 채널의 절대적 입김 아래에서는 지금까지의 채널 다변화로는 의미가 없음을 깨달았기 때문입니다. 온라인은 절대적으로 강했습니다. 오프라인의 답답함 때문이었는지도 모릅니다.

지금까지의 오프라인 기반 대형 유통 업체는 신제품이라 해도 자신들이 이미 취급하고 있는 제품과 특별한 차별화 포인트가 보이지 않으면 좀처럼 입점 기회조차 주지 않습니다. 오프라인의 비싼 부동산은 지금까지는 잘 팔리던, 즉 실적 있는 상품의 홈그라운드가 되는 것이 타당했습니다. 미래의 혁신적 제품은 파고들기가 힘들었습니다. 이는 기회 손실로 이어지기도 합니다. 반면 무한대의 선반을 지닌 온라인 업체는 얼마든지 신상품을 진열할 수 있고, 입소문이니 바이럴이니 독자적 마케팅으로 성과만 보이면 급히 전면에 특집을 꾸려 주기도 합니다.

알 수 없는 미래에 대해 유연히 대응할 수 있는 온라인의 장점은 유통에서도 잘 살아날 수 있었습니다. 온라인은 유통 안에 가려졌던 가치에도 공평히 기회를 줍니다.

O2O도 이 기회 속에서 생겨났습니다. 온라인에 몰려 있는 가치를 오프라인으로 보내는 일, 온라인에 모여 있는 손님을 오프라

인으로 보내는 일은 온라인이 비대해진 세상을 나타내는 하나의 시대 정신이 됩니다. 우버와 에어비앤비는 그렇게 온라인을 통해 오프라인에 새로운 기회를 줍니다.

인간은 여전히 오프라인에 살고 있습니다. 그렇기에 오프라인 시장은 여전히 온라인보다 훨씬 큽니다. 만약 스마트폰을 든 손님이 오프라인 매장으로 몰려갈 수 있다면, 그렇게 온라인에 빠진 고객을 오프라인으로 끄집어내 준다면 짭짤한 수수료를 챙길 수 있습니다. 한국에서도 관련 스타트업이 넘쳐납니다. 배달, 숙박, 교통 등 지난 2~3년 동안 국내에서 성장하는 앱은 모두 이 분야였습니다.

그 덕에 시중에서 이해되는 O2O란 생활 밀착형 앱, 그러니까 오프라인으로 중개하는 온라인 기업과 동의어로 여겨지기도 했습니다.

오프라인과 온라인의 결합이라는 더 큰 흐름은 이런 유행과 무관하게 움직이고 있습니다. 국내의 전통적 오프라인 유통 강자들은 소비자를 온오프라인으로 둘러싸는 옴니채널 전략을 차곡차곡 실행하고 있습니다. 그 결과 이마트와 같은 종합 유통 몰의 매출액은 30% 가까이 성장하는 등 오프라인이 주춤하는 글로벌한 추세와는 다소 다른 모습을 보여 주었습니다. 심지어 최근에는 오히려 국내 온라인 쇼핑몰 기업들의 성장세가 둔화되는 면마저 보이고 있습니다.

아마존의 압도적 혁신과 파죽지세에 기가 질린 미국의 유통 업체의 현실과는 달리, 국내에는 온라인 기업의 혁신 규모가 미국의 융단폭격처럼 막강하지 않았던 것입니다. 스타트업보다는 튼튼한 자본력을 지닌 오프라인 유통 업체가 오히려 온라인의 혁신을 적극적으로 수용했기 때문일지도 모릅니다.

여전히 오프라인 시장은 혁신 기업들에게도 매력적인 성장 시장입니다. 우리가 화면 속이 아닌 현실 세계에서 살고 있는 한 오프라인 시장에는 무궁무진한 성장 기회가 있습니다.

소박하게 시작하는 O2O·옴니채널 전략

국내 대형 유통사들은 최근 몇 년 동안 하나같이 비전을 옴니채널로 삼았습니다. 옴니채널은 O2O와 함께 쓰이며 일종의 형제 유행어로 등극했는데, 스마트폰을 든 소비자를 그동안의 모든 채널, 즉 멀티채널로 둘러싸라는 선언입니다. 찾아 준 고객이 쇼핑을 하면서 어떤 애로 사항을 겪는지 오늘을 분석하여 미래의 잠재 고객을 예측하려는 전략인 셈이니만큼, 온갖 기술을 총동원하여 고객 파악 대작전을 펼치는 것입니다.

비콘이라는 블루투스 신호 발생기를 매장에 설치하거나 와이파이 신호를 통해서 고객 동선을 분석하려는 사례가 늘고 있는 배경도 여기 있습니다. 지금까지 방치된 오프라인 채널로부터의 고객 정보도 놓치지 않고 온라인 채널과 합치려는 유통의 노력이 엿보입니다.

하지만 중소기업 중에는 채널이라는 개념을 생각할 만큼 여유 있는 기업이 많지 않은 것이 사실입니다. O2O도 옴니채널도 대형 시스템 개발 안건을 처리할 체력이 있는 이들이나 할 수 있는 사치라고 여겨지기 쉽습니다. 그러나 그럴 때마다 우리는 이 질문을 스스로에게 해 볼 필요가 있습니다.

"우리 매장도 스마트폰을 든 소비자를 위해 무언가 어필할 수는 없을까?"

그 시작은 소박해도 좋습니다. 앱을 만들 수 있으면 좋지만, 힘들게 만들어 봐야 소비자들이 깔지 않으면 괜한 비용 낭비일 뿐입니다. 할 수 있다고 꼭 해야 하는 것은 아닙니다. 특히 기술적으로 할 수 있다고, 그것이 해야 하는 것은 아닙니다. 해야 하는 일은 스마트폰을 든 소비자의 시선에 맞추는 일입니다.

O2O라는 21세기적인 판촉 활동도 결국 소비자가 기분 좋아야 하는 일이기 때문입니다.

그것이 쿠폰이든 스탬프카드든 무엇이든 좋습니다. 모바일 웹이라도 좋고, 앱이라도 좋습니다. 세간에 밀려 나오고 있는 O2O 전문 플랫폼에 입주하는 식이라도 좋습니다. 하다못해 소셜 미디어 한편에 좌판을 마련하는 식이라도 좋습니다.

지금 필요한 것은 스마트폰을 든 소비자에게 우리 가게를 수줍게 소개하는 일이며, 별일 없어도 발걸음을 옮길 수 있게 하는 계기를 만들어 주는 일입니다. 하지만 O2O를 고민하는 일은 온라인에

걸 간판을, 온라인에 뿌릴 전단을 고민하는 일과는 다릅니다. 능동적이 된 소비자가 하게 될 경험을 고민하는 일입니다.

사람들은 왜 소비를 할까요? 소비의 목적은 제품을 조달하는 일도 있지만, 그 이상으로 소비라는 체험을 통해 만족감과 편익, 뿌듯함을 찾으려는 것에 있습니다. 스마트폰과 소셜 미디어는 이 뿌듯함을 느끼게 해 줄 가게는 아무리 구석에 있어도 찾아내며, 그렇지 못한 가게는 아무리 눈앞에 있어도 발길을 옮기지 않게 하는 요물입니다.

지금 여러분의 미래 고객 손 안에 이 요물이 들려 있습니다.

오프라인의 당혹감

O2O는 온라인만의 독자적 성장이 넘치고 넘쳐 이미 온오프라인의 경계선까지 밀고 들어와 그곳에서 엄청난 마찰이 발생하고 있다는 뜻일 수도 있습니다.

오프라인 매장을 쇼룸으로 써 버리는, 오프라인이 온라인으로 구매할 실물을 재확인하기 위한 수단으로 전락하는 쇼루밍 현상은 상징적 사건입니다. 오프라인 매장에서 제품을 검토한 후, 최종 구매라는 결정적 세레머니는 온라인에서 해 버립니다. 그나마 같은 기업이나 계열사라면 다행이지만, 구매의 순간 가격 비교는 어느 온라인 매장으로 나를 데려갈지 모릅니다. 심지어 오프라인 매장의 제품을 바코드로 스캔해 그 자리에서 스마트폰으로 구매해 버릴 수도 있는 세상이 되어 버렸습니다. 기껏 친절하게 제품 설명을 해 준 오프라인 업주 입장에서는 당황스러운 일입니다.

또 다른 마찰로 배달 앱의 수수료 논쟁도 있습니다. 분명히 온라인에서 오프라인으로 보내 주는 것은 반갑고 또 고마운 일입니다만, 이 역시 결국은 판촉 비용인데, 이 비용에 대한 통제가 업주의 손을 떠나게 되는 것은 당황스러운 일입니다.

이와 같은 오프라인의 당혹감은 굉장히 큰 시장의 수요를 의미하고 동시에 굉장히 큰 기회를 의미하기도 합니다. 이미 고객은 온오프라인을 구분하지 않습니다. 이러한 소비자의 행태에 아쉬움과 서운함을 느껴 봐야 고객은 경쟁 점포로 발걸음을 옮길 뿐이겠지요. 이 점도 더없이 당황스러운 일입니다.

중요한 것은 손님을 바라보는 마음

현재의 O2O는 기본적으로 온라인에서 사람들의 시선을 모아, 이들을 오프라인 매장으로 보내는 패턴을 기본으로 하고 있습니다. 시선을 모으는 법은 가지가지입니다. 쿠폰이나 포인트와 같은 '혜택'이 핵심입니다만, 여기에 소비자 위치라든가 취향과 같은 속성도 온라인과 모바일의 힘을 빌려 취합하고 이를 재료 삼아 판촉을 진행합니다. 이는 온라인이 가르쳐 준 수법입니다. 이미 온라인은 우리가 어떤 광고를 클릭해서 어떤 경로로 사이트에 들어왔는지, 와서 무엇을 구경했는지, 얼마나 체류했는지 다 기록하고 이걸 토대로 우리에게 마케팅을 하고 추천을 하고 광고도 하고 있기 때문입니다.

소비자에게는 '혜택'이지만 그렇게 쿠폰을 받고 포인트를 쌓는 순간순간마다 소비자 정보는 마치 웹 사이트의 로그처럼 쌓여 빅데이터로 분석되겠지요.

최신 센서 기술은 우리가 매장에 들어간 것도 그 안에서 배회한 것도 우리 스마트폰을 추적해 기억하고 있습니다. 온라인이 우리가 웹에서 한 검색 기록을 알고 있듯이 말입니다. 온라인에서 오프라인으로, 관심과 시선은 우리를 따라 옵니다.

무서운 세상이라는 생각도 들 것 같습니다만, 원래 상인의 본분은 손님을 기억하는 것입니다. 고객을 기억해 주고, 관계를 소중히 하고, 여기에 배려를 담아 좋은 상품과 서비스를 제공하는 것이 바로 상업입니다. 그리고 그것을 느끼는 것이 쇼핑의 즐거움이지요. 우리는 단골 가게의 주인이 내 얼굴을 기억하는 것에 거부감을 느끼지 않습니다. 하지만 프라이버시를 절대 불가침의 권리로 선언하면 그 배려의 기회마저 거부하게 될 수도 있습니다. 굳이 그럴 필요가 있을지 어떨지 앞으로 우리 사회가 고민하며 적정선을 찾아가야 할 중요한 숙제이기도 합니다.

오프라인 점포는 효과적 미끼 또는 트로이 목마

대표적으로 오프라인으로 진군 중인 이는 바로 아마존입니다. 아마존은 집마다 바코드 리더기를 마련해 주고, 우유나 주스가 떨어지면 바로 아이들이 스캔하여 주문할 수 있도록 합니다. 실험적 성격의 인공지능형 무인점포 아마존 고는 큰 화제가 되었습니다. 더 실질적으로는 서점을 운영하기도 하고, 팝업 스토어도 개점했습니다.

온라인 기업의 오프라인 점포는 자신의 본체인 온라인으로 유도하기 위한 효과적인 미끼이자 트로이의 목마와도 같은 존재가 됩니다. 우연히 발걸음을 한 아마존 오프라인 매장에서 킨들의 존재를 만나고 회원 가입을 하게 됩니다. 온라인에서의 클릭이 얼마나 편한 것인지 깨닫게 되는 것은 이제 시간 문제입니다.

국내에서는 생소하지만 안경 업체인 와비 파커Warby Parker는 2010년 온라인에서 시작한 이래, 2013년부터 30여 지역에 오프라인 매장을 개점했습니다. 보노보스bonobos.com, 네이스티걸nastygal.com,

버치박스birchbox.co.uk 등 관련 사례는 계속 이어집니다. 와비 파커의 사례를 보면 대개의 판매는 여전히 온라인에서 일어나지만, 오프라인 매장 방문자의 8할 정도가 온라인으로 찾아간다고 합니다.

이와 같은 미끼 전략도 있지만, 브랜드 정체성 확립을 위해 오프라인 진출을 감행한다는 면도 있습니다. 오감의 접촉이 제한된 온라인에서 브랜드란 좀처럼 쉽게 확립되지 않습니다. 온라인에서의 가격 경쟁력이 미래의 성장을 보장해 줄 수는 없는 일인 것입니다.

경험이 만드는 브랜드를 위해 어떻게 고객과 교류할까?
옴니채널의 절박함

경험 경제라는 말도 있듯이 사람들은 이제 물건을 대할 때 조달이 아닌 경험의 관점에서 바라봅니다. 흡족한 경험을 위해서는 돈을 더 낼 수도 있는 일입니다. 해리스harrys.com라는 면도 제품 구독 서비스가 뉴욕에 이발소를 개점한 것도 비슷한 맥락입니다. 써 봐야 알 것 아닌가요.

또 하나의 이점은 바로 살아 있는 피드백 수집입니다. 어떤 표정으로 어떤 제품에 어떤 관심과 반응을 보이는지, 살아 있는 인구통계학적 데이터를 오프라인 매장으로 수집하여 온라인의 대대적 판촉 결정에 활용할 수 있기도 합니다. 오프라인 유통 업체가 온라인으로 진출할 때 가질 수 있었던 경쟁 우위를 흉내 낼 수 있는 것입니다.

국내에서도 비슷한 움직임이 있습니다. '스타일난다'는 오프라인 매장을 열었고, 예스24, 알라딘, 인터파크도 모두 오프라인으로 나아가고 있습니다. 온라인 푸드 마트 '헬로네이처'도 오프라인에 편집 샵을 개점했습니다. 부동산 중개 서비스 '다방'도 케어 센터를 오픈했습니다. 모두 앞서 언급했듯이, 온라인으로의 미끼, 브랜드 확립, 정보 수집이라는 세 가지 갈증을 해소하기 위한 것일 것입니다.

그러나 더 근본적으로는 온라인에서만 흥정을 붙이고 손 놓고 있을 수 있는 비즈니스가 그리 많지 않음을 모두 느끼고 있다는 이야기이기도 합니다. 온라인에서의 이미지와 오프라인 실물 사이의 격차가 우리에게 주는 실망이 어디 한두 번이었는가요. 스웨터의 색상, 광각으로 눈속임한 숙소 사진, 그리고 맞선 상대의 프로필 사진까지 말입니다.

하지만 이처럼 나를 둘러싼 모든 채널을 온라인으로 관할하는 것도, 오프라인에 신뢰할 만한 고객 접점을 늘리는 것도, 결국은 수년째 이야기되어 온 옴니채널 전략과 크게 다르지 않습니다.

O4O라는 단어도 만들어졌습니다. 실은 O2O도, O4O도, 세계에서는 통용되지 않는 국지적 단어입니다. O2O는 그나마 일본에서는 널리 쓰이지만, O4O는 유독 한국에서만 쓰이는데 불안함에

서 시작된 움직임 때문일지도 모르겠습니다. O4O, 말 그대로 오프라인을 위한 온라인입니다. 지금까지의 O2O가 온라인에서 오프라인으로 가치와 고객을 보낸다는 방향성이 강조되었다면 O4O에서는 오프라인을 위한 온라인이라는 말처럼, 오프라인이 중시되는 듯합니다.

다만 O4O라는 용어로 달라진 것이 있다면, 종래의 속칭 O2O 트렌드만으로는 시장이 생각처럼 커지지 않고 있다는 뜻일 것입니다. 용어가 만들어지고 그것이 입을 타는 데는 다 그럴듯한 이유와 사정이 있고, 여기에 진짜 통찰이 있을 수도 있는 일입니다.

PART 8

4차 산업혁명적으로
일하는 것에 대해

📍

지난 산업혁명기
노동자들의 일이란 어떤 것이었을지 공상하곤 합니다.
공구 대신 스마트폰을 손에 든 우리 노동자들은
다시 찾아온 이 변화의 풍랑을
어떻게 순항할 수 있을까요.

스마트폰으로 완성하는
나만의 업무 스타일

스마트폰은 앱이 인격입니다. 결국, 무슨 앱을 설치하느냐에 따라 전혀 다른 기계로 바뀌기 때문이지요. PC처럼 될 수도 있고, 게임기가 될 수도 있고, 그냥 전화기에 머물 수도 있습니다. 따라서 앱을 설치하는 일이란 곧 다양한 가능성을 여는 것을 의미하기도 합니다. 특히 직장인의 경우, 그 열린 가능성 속에서 응당 내일의 업무가 조금 원활해지지는 않을까 하고 어떤 희망을 찾고 싶은 것 또한 당연할 것입니다.

일의 의미

일이란 애당초 무엇일까요? 물론 우리가 각자 맡아 하고 있는 바에 따라 여러 가지 정의가 가능할 것입니다. 그러나 무슨 일을 하든지 간에 직장인이라면 효율적으로 해야 할 공통 요소가 세 가지가 있으니 그것은 ❶ 이해관계자와 '소통'하는 일, ❷ 작업 결과물을 '공유'하는 일, 마지막으로 ❸ 새로운 '아이디어'를 내는 일일 것입니다.

먼저 소통이야말로 전화 고유의 기능인만큼, 가장 먼저 그 기능들을 접하고 이미 충분히 애용하고 있습니다. 전화, 문자는 물론 카카오톡, 구글 행아웃, 라인, 애플 아이메시지 등 기본적으로 메신저는 많이 쓰입니다. 공식 소통 도구인 이메일의 경우, 스마트폰에 기본 탑재된 메일 기능은 그 자체로 이미 충분히 훌륭합니다.

이처럼 디지털화된 소통은 이미 스마트폰만의 효율을 충분히 발휘하고 있는 영역입니다. 반면 나머지 두 가지 요소인 공유와 아이디어는 소통 못지않게 직장인의 하루를 다르게 할 분야이지만, 아직 모두에게 익숙하지는 않습니다.

공유는 스트레스 없이

일이란 결과를 만들어 내는 것입니다. 그리고 그 결과를 상사 또는 고객에게 선보일 때 비로소 하나의 사이클이 마무리됩니다. 그 결과물이 무엇이든 요즈음은 중간 단계의 산출물이 디지털 형태를 지닌 경우가 많습니다. 아무리 무겁고 큰 디지털 파일도 가벼운 마음으로 공유할 수 있는 시대입니다. 파일을 첨부하는 대신 클라우드에 올려놓고, 그 위치만 가르쳐 주면 됩니다.

드롭박스Dropbox, 구글 드라이브Google Drive, 원드라이브Onedrive 가 전 세계적으로도 많이 애용되는 3대 클라우드입니다. 지금까지의 웹하드처럼 업로드를 번거롭게 할 필요 없이, PC의 폴더를 지정해 두면 그 안의 내용은 알아서 올라가고 내려옵니다. 클라우드에 정보가 올라간 후라면, 그 위치만 알려 주면 상대는 바로 그곳에서 다운로드할 수 있어 편합니다. 메일 첨부 용량을 걱정할 필요도, 반송될까 신경 쓸 필요도 사라집니다.

단 많은 기업이 이 클라우드 공유를 정보 보호를 이유로 원천 차단하고 있는 경우가 많습니다. 그렇다면 이들 이외에도 박스Box 라는 후발주자도 관심을 둘만 하고, 네이버 N드라이브도 있으므로 회사에서 허락하거나 아니면 아직 차단하고 있지 않은 서비스를 찾아서 활용하는 것도 아이디어라면 아이디어입니다.

1초면 사라지는 아이디어

우리는 누구나 아이디어라는 요물과 동거하고 있습니다. 우리에게 희로애락의 인간적 감동을 주는 것도, 또 성공으로의 길을 걷게 만드는 것도 바로 이 아이디어입니다. 그런데 좀처럼 머물지를 않습니다. 잠시 왔다가 사라지고 흔적도 남지 않습니다. 아이디어가 왔다 갔다는 사실조차 기억하지 못합니다. 이를 붙잡는 방법은 단 하나, 기록하는 일입니다.

메모와 노트는 지적 생활의 가장 근본이었고, 컴퓨터의 가장 주요한 활용 사례 중 하나였습니다. 노트패드에서 워드프로세서까지 결국 아이디어를 실체화하기 위한 도구입니다.

그럼 스마트 시대의 대세는 무엇일까요? 역사가 깊은 에버노트Evernote와 원노트OneNote를 추천합니다. 이 두 노트의 장점은 PC를 포함한 다양한 단말에서 완성도 높은 앱을 제공한다는 점과 작성한 노트가 클라우드에 백업된다는 점입니다. 스마트폰이든, 태블릿이든, PC든 언제 어디에서나 노트를 작성하면 그 내용은 클라우드를 통해 모든 장비에 똑같이 반영됩니다.

그뿐만 아니라 다른 사람들을 초대하여 함께 하나의 문서를 수정할 수도 있습니다. 에버노트는 유료 모델만 가능한데 원노트는 모든 기능이 무료입니다.

하지만 앱을 실행하고 아이디어를 기록하는 과정이 번잡할 수 있습니다. 그럴 때는 졸작이지만 안드로이드 앱 '1초 메모'가 제격입니다. 실행에서 메모까지 1초 만에 가능하고, 동시에 바로 에버노트나 원노트 클라우드에 반영할 수 있습니다. 졸저 '스마트 워크'에서 아이디어는 2초 만에 메모할 수 있어야 한다고 언급한 적이 있습니다. 그 대상이 PC든 스마트폰이든 수첩이든 2초 안에 메모를 끝낼 수 있어야 일상의 의식은 방해받지 않고 또 흐름을 이어나갈 수 있다는 것이었는데, 그 철학이 구현된 앱입니다.

이제는 당연해져 버린 모바일과 클라우드, '소통'과 '공유'와 '아이디어'를 중시하는 신세대 워크 스타일을 완성하는 데 빠질 수 없는 강력한 비즈니스 도구가 준비되었습니다. 여러분만의 앱을 취사선택해 나만의 업무 스타일을 만들어 봅시다.

협업을
향한 길

가장 익숙한 협업 방법은 이메일에 파일을 첨부하여 전송하는 일일 것입니다. 그런데 업무라는 것이 단 한 번에 OK가 나오면 좋겠지만, 좀처럼 그렇게 되기가 쉽지 않습니다. 수정 사항이 발생하기 마련이고, 신속한 일 처리를 위해 인쇄물 2부와 빨간펜을 들고 뛰어갑니다. 물론 이 '페이스 투 페이스' 협업은 유사가 깊은 만큼 가장 효과적인 협업술입니다. 그러나 시공간 제약으로 만날 수 없는 경우도 있고, 무엇보다도 상대의 시간을 점유하게 됩니다. 직장 상사야 어쩔 수 없다 쳐도, 고객과 거래처에 매번 찾아가 귀찮게 하는 것은 적잖은 실례가 됩니다. 전화로 해소하는 방법도 있지만 '보이지 않는 지시와 협의 사항'은 또 다른 오류로 이어지기 십상입니다.

협업의 기본은 보이게 하기, 변경 기록하기, 변경 확인하기

우리에게는 PC가 있고, 스마트폰이 있고, 또 이 모두가 연결된 네트워크가 있습니다. 그리고 이 네트워크에는 아마도 여러분의 보스도, 여러분의 고객도, 연결되어 있을 것입니다. 이 만능의 업무 도구와 협업의 광장을 그냥 놀리는 일은 적잖이 안타까운 일입니다. 하지만 막상 디지털 시대답게 스마트한 협업을 하려 해도 수많은 선택지와 다양한 방법론 앞에서 당혹스러운 것 또한 사실입니다.

무언가를 할 수 있는 무한대의 방식은 대개 그 무언가가 요구하는 몇 가지 패턴을 따르게 됩니다. 협업도 마찬가지입니다. 협업을 원활하게 해 준다고 주장하는 앱과 솔루션이 정말 많이 있지만, 원래 협업이 뭔지 원점으로 돌아가 본다면 혼돈은 사그라지곤 합니다.

모든 협업은 결국 세 단계로 이루어져 있습니다. ❶ 내가 한 일을 상대에게 보여 주는 일, ❷ 상대방의 참여를 유도하여 그 의견을 받는 일, ❸ 마지막으로 그렇게 변경된 것을 상대방과 공유하여 확인을 취하는 일입니다.

예전에는 '나이키 네트워크'라고 하여 '디스켓'을 들고 뛰어가는 일이 하나의 협업 방식이었습니다. 내가 한 일을 보여 주기 위해서입니다. 그리고 그렇게 달려가서 의견을 직접 받고, 또다시 뛰어가서 확인을 받았습니다. 육체를 활용한 목가적 협업 방식이었지만, 디지털로 변환할 수 없는 각종 물리적 산출물의 경우는 오늘날도 여전히 활용되고 있는 방식입니다.

그러나 이제는 그럴 필요가 없습니다. 클라우드가 있기 때문입니다. 클라우드는 안정성이 무엇보다 중요한 만큼 될 수 있으면 브랜드를 중시하는 편이 안심이 갑니다. 글로벌 3총사인 구글 드라이브, 마이크로소프트 원드라이브, 그리고 드롭박스가 무난합니다. 포털의 '대용량 메일 첨부' 기능도 클라우드를 경유한 방식입니다. 네이버나 다음 메일로 첨부해 놓고, 그 링크만 따다가 메신저나 다른 메일로 공유해도 됩니다.

클라우드에 폴더를 공유하는 식으로, 작업 단위 전체를 공유해 두면 그 변경 사항을 참여자들이 수시로 확인할 수 있다는 장점도 있습니다.

오피스 협업 기능은 의외로 충실

우리가 간과하기 쉬운 협업 도구가 바로 늘 사용하는 MS 오피스입니다. 이미 워드 2007부터 '변경 내용 추적' 설정이 가능합니다. 변경 내용을 추적하도록 해 두면, 건네받은 문서로부터 내가 무엇을 변경했는지 다른 이가 정확하게 확인할 수 있습니다. 문서의 원 담당자가 변경 항목을 하나하나 확인하면서 승인할지 파기할지도 결정할 수 있습니다.

이메일로 전달받은 문서는 이 추적 설정을 한 상태에서 손을 댄 후 회송하면, 원문 어디를 어떻게 고쳤는지 확인하면서 최종본을 다듬을 수 있습니다. 협업 과정에서 자신이 어딜 고쳤는지 변경 사항 색상을 두드러지게 일부러 변경하는 식으로 알리는 일이 많았는데, 굳이 그럴 필요가 없습니다. 이 기능은 회사 실무에서는 상식이 되어 있으므로 모든 직장인이 애용할 만합니다.

문서 동시 공동 작성도 과거에는 별도의 서버 솔루션을 구매했어야만 했지만, 이제는 마이크로소프트가 무료로 기본 제공하는 원드라이브에서 공유하기만 해도 됩니다. 함께 작업할 사용자를 이메일로 초청하면, 굳이 파일 첨부를 할 필요도 없습니다. 변경하면 그 부분은 즉각 반영됩니다.

여기에는 또 대안이 있는데 바로 구글 닥스입니다. 구글의 오피스 제품은 오피스 호환 앱으로서의 기능은 다소 떨어져도 협업 기능만큼은 강력합니다.

또 원노트도 무료 협업 기능이 탁월합니다. 완전 무료 솔루션으로 상대방이 수정하고 있는 상황을 확인하면서 동시에 작업할 수 있습니다. 마치 채팅을 하는 기분으로 브레인스토밍을 할 때도 유용합니다. 누가 무엇을 썼는지 색상으로 확인 가능하니, 아이디어 회의 등 자유 참여형 협업에 꽤 유용합니다. 모바일 앱도 준비되어 있지만, PC나 맥용으로 나온 본격적 프로그램을 활용하는 것이 좋습니다. 원래 MS 오피스 패키지의 일부였기에, 오피스와의 궁합도 좋고 완성도도 뛰어납니다.

이렇게 오피스가 기본으로 제공하는 팁만 활용해도 ❷단계와 ❸단계에 해당하는 변경 기록과 확인을 자동으로 할 수 있게 됩니다. 그러나 마지막 단계는 되도록 메일이나 전화로 업무 확인을 받는 것이 업무 생활의 센스일지도 모르겠습니다. 업무란 것은 결국 이렇게 주고받은 의견이 하나로 모인 마무리의 연속입니다. 그 마무리는 일종의 의식 처럼 확실히 챙기고 또 생색도 내는 것이 좋습니다. 아무리 스마트 도구가 완비되어도 결국은 사람이 할 수밖에 없는 최종 의식인 셈입니다.

스마트 시대의
쾌속 사진 메모술

일상이 바빠질수록 정신은 없어지고, 이렇게 정신을 놓고 있는 시간이 길어질수록 창의성은 고갈됩니다. 악순환입니다. 이 고리를 끊는 쉬운 방법의 하나는 일상 속에서 자극의 씨앗을 찾는 일입니다. 그리고 이 씨앗을 심기 위해 지금 당장 할 수 있는 일은 바로 메모를 하는 일입니다.

그러나 이 메모라는 것이 은근히 귀찮고 비현실적입니다. 언제부터인가 스마트폰이 만능 정보 단말이 된 듯 뻐기기 시작할 무렵부터 우리들은 펜과 다이어리로부터 멀어졌습니다. 생각해 보면 훨씬 번잡하고 편하지도 않은 스마트폰 입력기로 억지로 꾸역꾸역 일정이나 연락처는 적어 보지만, 수첩을 수놓던 낙서와 생각의 궤적은 모두 스마트하게 밀려 나가 버렸습니다. 그리고 그 자리를 대신하는 것은 손가락을 바삐 화면에 문지르고 비벼 대게 만드는 게임입니다.

당연합니다. 우리의 정신은 늘 생산적인 일을 향한 각성 상태를 유지할 수는 없습니다. 때로는 멍하게 있고 싶기도 하고 때로는 잠시 욕심과 번뇌를 내려놓고 유희에 빠지고 싶기도 한 겁니다. 이러한 인지상정을 간파하여, 우리들의 여가를 탈취하려는 수많은 세력은 앱으로 탈바꿈하여 우리 몸으로부터 떨어지지 않는 스마트한 단말에 빼곡히 들어서게 됩니다.

우리에게 필요한 것은 끄적거리는 손놀림을 통해 지친 마음을 내려놓을 백지와 잉크였지만, 우리를 스마트하게 해 주겠다는 감언과 함께 타고 들어온 것은 우리의 여가를 빼앗아 가는 스마트한 영악함들이었습니다. 물론 그래도 즐겁기에 좋지만 말입니다.

쓰기 힘들다면 찍어 버리자

한 개인의 생산성은 보통 문자 정보의 축적과 순환에 의해 가늠될 수 있습니다. 메모란 이 총량을 늘리기 위한 생존술입니다. 그러나 이동 중에 글자를 다루기가 쉽지 않습니다. 글자란 정좌를 하고 펜대에 잉크를 묻히거나 먹을 갈아 써 내려가던 것이기 때문입니다.

타자의 시대가 찾아와 행여 타자기가 고장 나지 않을까 엉켜서 배열한 키보드를 스마트폰 시대로 데려와도 어색하긴 마찬가지입니다. 작은 휴대전화를 이용해 한 손으로 숫자 키를 눌러 입력하도록 만든 천지인도 화면을 터치해야 하는 스마트 시대에 최적의 문자 입력기는 되지 못합니다. 스마트 단말에 문자 입력이란 소외되고 있던 것이었습니다.

그러나 잠시 모든 스마트 단말의 뒤편을 보면 초고해상도 촬상소자가 눈에 들어옵니다. 폰카라 야유받기에는 너무나 발전한 스마트폰의 카메라, 그렇습니다. 어쩌면 앞으로 이동 중 생산성은 이 카메라에서 시작할지도 모릅니다. 스마트폰 카메라는 우리 얼굴의 다양한 표정을 담는 것 이외에 우리 생각의 다양한 국면을 담는 그릇이 될 수 있기 때문입니다.

포스트잇이나 냅킨 뒷면에 촉감 좋은 펜으로 낙서한 후, 바로 촬영해서 클라우드로 넘긴다면 낙서와 메모를 화면에 바로 펜으로 쓸 수 있는 갤럭시 노트 시리즈도 부럽지 않습니다.

손으로 직접 쓴 글씨를 담는 것도 좋지만, 스마트폰은 서류나 신문, 잡지 스크랩 등 스캐너 대용으로도 안성맞춤입니다. 옆구리에 힘을 주고 고정하여 화면 가득 서류를 찍어 봅시다. 별도의 앱이 아니더라도 훌륭한 스캐너가 됩니다. 그리고 그렇게 모은 서류 사진은 여러모로 쓰일 수 있습니다. 예를 들면 문자 인식을 시키는 겁니다.

마이크로소프트 오피스 제품군에 들어 있는 원노트에 사진을 복사해 넣으면, 사진 안 한글 정보를 인식합니다. 그러나 사진은 사진일 뿐 문자 정보로의 완벽한 자동 변환을 기대하는 것은 무리가 있습니다. 검색이 가능해진다는 것은 덤의 혜택으로 생각하는 편이 낫습니다.

경쟁 제품인 에버노트도 역시 한글 인식 기능을 지원하고 있는데, 이 두 제품 모두 완벽하지는 않고 각각 특색이 있습니다. 자신에게 맞는 것을 테스트해 보고 활용하도록 합시다.

클라우드로 올려 쉽게 공유하기

스마트폰 덕분에 클라우드라는 개념은 상당히 보편화되었습니다. 포털의 각종 드라이브 서비스 이외에 드롭박스 등 전문 업자들도 성업 중입니다. 그러나 사진을 모아 두는 공간으로 추천할 만한 것은 바로 구글 포토입니다. 추천 이유는 명확합니다. 사실상 무제한 업로드를 할 수 있기 때문입니다.

무한대의 공간으로 일단 뭐든지 올려 둘 수 있다는 여유로움 외에도 구글 포토의 또 다른 장점은 iOS 및 안드로이드 등 다양한 단말을 안정적으로 지원한다는 점도 들 수 있습니다. PC에서 사용할 때 드래그 앤 드롭을 쓸 수 있어서 합리적입니다. PC용 업로드 프로그램도 있어서 PC에 있는 수백 GB의 사진도 다 올릴 수 있습니다. 단 무한대 업로드의 경우 사진이 2048픽셀 크기로 준다는 단점이 있지만, 서류의 가독성에는 큰 지장을 주지 않습니다.

또한 클라우드에 올라가 있는 사진들은 공유하기가 쉽습니다. 브라우저에서 내 계정에 보이는 사진들을 마우스 오른쪽 버튼으로 클릭하고 '이미지 URL 복사'를 실행하면 별도의 로그온 없이도 언제 어디서나 그리고 누구나 이 사진을 볼 수 있습니다. 이 팁은 구글 포토에서는 물론 우리가 페이스북에 올린 비공개 사진에서도 가능한데, 급하게 서류를 공유해야 할 때 요긴합니다.

잠시 생각하면 섬뜩한 느낌도 들 것입니다. 분명 비공개인데, 이렇게 URL만 알면 바로 공유가 되니 말입니다. 그러나 URL 자체가 충분히 복잡하고, 이 URL을 따는 일이 본인이 아니면 할 수 없기에 그렇게 겁낼 필요는 없습니다.

그러나 한 번 공유된 URL은 회수가 불가능하고, 또 심지어 파일을 지우더라도 전 세계 서버에 사진 파일을 복제해 두는 글로벌 소셜 네트워크 특성상 바로 사진이 사라지지 않는 경우도 비일비재하니 인터넷에서 클라우드를 통한 사진 공유는 언제나 조심할 필요가 있습니다.

서류 스캔을 위한 폰카는 500만 화소 이상이면 OK

요즈음 폰카조차 1300만 화소를 자랑하는 시대가 되었지만, 과유불급입니다. 오히려 커지면 커질수록 클라우드로 백업할 때 네트워크만 소모할 뿐입니다. 잡지를 촬영한 후 글자를 읽을 수 있을 정도면 합격입니다.

오히려 중요한 것은 오토포커스의 민감도와 그에 따른 사진의 선명도, 그리고 렌즈 밝기입니다. 다소 어두운 곳에서도 가독성이 뛰어나도록 서류를 촬영할 수 있어야 하기 때문입니다.

밝은 사진은 이면조사형 센서를 탑재한 소니나 아이폰 계열에서 잘 찍히곤 합니다. 휴대전화를 바꿀 기회가 있다면 실내에서 직접 비교해 보는 편이 좋습니다.

서류는 가리지 않고 찍어 두는 것이 중요합니다. 잘 찍혔다는 확신이 들지 않았을 때는 여러 장을 찍어 둡니다. 뜻하지 않은 그림자가 찍혀 있을 수도 있고 초점이 흐려져 글자를 알아보기 힘들 수도 있습니다.

그런데 사실 iOS의 경우는 사진 촬영과 보존을 기본 '사진' 앱으로 하는 것이 팁이라면 팁입니다. 최신 iOS의 경우 잠금 화면에서 바로 촬영으로 넘어갈 수 있음은 물론, 다른 앱에서 사진을 불러들일 때 기본 사진 저장 공간을 쓰기 때문입니다.

에버노트의 iOS 버전에는 페이지 카메라라는 기능이 있습니다. 문서 전용의 촬영 모드인데, 여분을 잘라 내어 주고 글자를 읽기 쉽도록 알아서 보정해 줍니다.

iOS 메모 앱에 신규 추가된 '도큐멘트 스캔' 기능도 문서를 찾아오려 주고 각도를 맞춰 줍니다. 전통 있는 앱으로는 마이크로소프트의 오피스 렌즈 앱이 있습니다.

스마트폰에서 촬영할 때 또 하나 신경 쓸 점이 있습니다. 스마트폰에는 사진 위치 저장 기능이 있는데, 촬영한 위치가 하나하나 기록됩니다. 물론 유용하기는 하나, 서류마다 자택이나 프로젝트 장소 위치가 박힌 상태로, 공유되거나 소셜 미디어에 유통되는 것은 약간 찝찝한 일일 수 있습니다. 소셜 미디어 사진으로 집 위치를 파악한 다음 소셜 미디어의 외출 트윗을 보고, 그 집에 도둑질하러 간다는 등의 첩보 영화 뺨치는 첨단 범죄의 표적이 될 수도 있기 때문입니다.

집중이 힘든 스마트 시대이기에
익히고 싶은집중 업무술

🔊

'시작이 반이다'라는 말은 '글은 마감이 쓴다'라는 말과 함께, 그
것이 무엇이든 결과물의 데드라인과 사투해야 하는 현대인은 꼭 기
억해야 하는 잠언입니다. 일단 시작할 수 있으면 끝은 따라 오는 것
이니까요.

그런데 우리가 지금 업무조차 의존하고 있는 인터넷이란 것은
참 요물입니다. 정말 때로는 인터넷만 있으면 이 세상의 모든 지식
을 어떠한 선생의 도움 없이도 흡수해 버릴 수 있을 것만 같은 자신
감을 줍니다. 엄연한 사실이지요.

예전에는 도서관을 뒤지고, 책방을 순례하고, 그래도 몰라 누군
가를 붙들고 물어 봐야 실마리가 잡히던 난해한 지적 갈증도 지금

은 구글 검색의 첫 페이지에서 대강 해소됩니다. 외국어가 부담된다면, 카페와 블로그를 참고서로 삼아 친근하고 쉽게 이해할 수 있습니다.

반면 동시에 바로 한 클릭만 옆으로 새어 나가도 절대로 인간의 자유 의지로는 탈출 불가능한, 차라리 모르고 싶었던 정보의 바다에 빠져 버리기도 합니다. 그리고 그 바다는 개인에 맞춰 늘 변화무쌍한 적응을 하기에, 때로는 게임, 때로는 쇼핑 등 때와 장소와 환경과 분위기에 안성맞춤으로 마련된 탐닉의 즐거움을 제공하니, 우리의 모든 감각은 허우적대다가 아예 마비를 일으킵니다.

소셜 미디어는 더 심합니다. 답장 하나 쓰러 들어갔던 페이스북, 두 시간이 지난 후에야 내가 원래 무엇을 하러 왔었나를 기억하고 마는 진풍경을 몸소 겪고 나니, 이미 사태는 개인의 문제가 아니라고 변명을 하고 싶어집니다. 현대인의 집중력에 심각한 문제가 생길 수 있는 시대이기에 벌어지는 일이라며 말입니다.

우선 집중의 문제 이전에 우리는 일의 시작 그 자체가 힘든 환경 속에 살고 있습니다. 뭐든지 일을 하기 시작하면 어떻게든 굴러가기 시작하건만, 도무지 시작이 되지 않습니다. 지금 당면의 과제가 있음에도 불구하고, 그 과제를 우습게 보이도록 착각하게 하는 다양한 유혹들이 물리적 제약 없이 산재하기 시작한 디지털 시대

나름의 고민입니다.

생산성이란 결국 이 짧은 자극의 마비 상태에서 벗어나, 정말 해야 하는 일에 장기적 몰입이 시작될 때 폭발하는 것인데, 이것이 좀처럼 쉽지 않습니다.

실제로 집중해서 해 버리면 한 두어 시간이면 끝날 수도 있는 일이 마음을 짓누른 채 일주일이 가기도 합니다. 스트레스는 스트레스대로 쌓이고, 결과가 적시에 나오지 않으니 주변의 눈총을 받기 마련이고, 결국 평판과 실적에 누가 되기도 합니다.

의도적이지만 우아하게 단절하기

우리가 가장 먼저 시도해 볼 수 있는 일은 인터넷으로부터 나를 분리하는 일입니다. 문제는 이것이 현대 사회를 사는 우리에게 말도 안 되는 요구라는 점입니다.

얼마나 무리한 일인지 그 금단 현상을 겪을 만한 일을 시도해 봅시다. 대표적인 것이 바로 스마트폰의 알림Notification 기능을 끊는 것입니다. 페이스북과 트위터 앱의 통지 기능을, 아니 아예 싱크를 막아 버리는 겁니다. 그 앱에 직접 눌러 들어가야만 비로소 갱신이 일어납니다. 사소한 정보가 나를 부르는 일을 최대한 막은 것입니다.

남들이 모두 쓰는 메신저 대신 남들이 덜 쓰는 메신저로 피신을 가는 것도 건전한 일탈입니다. 이미 우리는 문자에, 메신저에, 소셜 미디어에, 온갖 포괄적 방해 요소에 둘러싸여 있기에, 가족과 절친들 전용으로 새로운 시장을 개척해 보는 겁니다. 이 정도의 금욕은 집중력에 대한 예의라 생각하기로 합니다.

이메일은 대표적인 방해 요소입니다. 이메일 도착을 바로 알리도록 설정할 수도 있지만, 적어도 스마트폰은 한 시간 간격 혹은 권한이 된다면 넉넉하니 네 시간 간격으로 체크를 하도록 하는 것도 좋습니다. 사실은 하루에 많아야 3회만 이메일 체크를 해도 충분한 직종이 많다는 점을 우리는 간과합니다. 스마트폰 알림 기능을 확 줄이니 배터리도 오래갑니다.

이렇게 이야기하다 보니 스마트 시대의 복음이라 할 수 있는 '푸시 기능', 즉 서버의 변화를 즉각 스마트 단말로 쏴 주는 이 기능이야말로 인간의 집중력을 효과적으로 말살해 온 원흉이었다는 생각이 듭니다. 평정심을 가질 수 있었던 우리를 귀찮고 집요하게 푸시해대니 말입니다.

다행히 iOS와 안드로이드의 새로운 운영체제는 이러한 귀찮은 기능을 스스로 통제할 수 있는 방편을 마련하기로 했습니다. 여러분의 휴대전화에도 그 기능이 찾아오기를 기다려 봅시다.

집중해야만 하는 분위기 마련하기

"아아, 하기 싫어. 하고 싶은 마음이 나지 않아!"라고 마음의 소리가 들려올 때는, 무조건 조건 반사적으로 거의 자동적으로 할 수 있는 의식을 마련해 봅니다.

가장 쉽게 시도해 볼 수 있는 것은 바로 타이머나 모래시계입니다. 이 트릭은 '뽀모도로 테크닉'이라 합니다. 집중 시간을 키친 타이머에 알맞은 25분 내외로 설정하고, 이 세션을 적당히 적용하여, 최대의 집중력을 끌어 내자는 일종의 운동입니다. 실제로 필자 역시 애용자였는데 키친 타이머의 째깍째깍 소리가 시한폭탄의 긴장감을 줘 단기 집중에 효과적이었습니다.

키친 타이머나 모래시계처럼 손으로 잡을 수 있는 실물을 써도 좋지만, 요즈음은 스마트폰 앱도 좋습니다. 취향에 맞는 것을 찾아봅시다. 약간의 힌트를 주자면 일단 시청각적으로 호감이 가서 집중하는 순간이 거북하지 않은 것이어야 합니다. 취향에는 개인차가 있을 수밖에 없는 만큼 나만의 타이머 앱을 직접 찾아봅시다.

정말 내가 좋아해야 하는 일을 하면 무아지경 몰입이 알아서 됩니다. 그러나 삶이란 그런 일로만 이루어지지는 않습니다. 그렇지 않기에 일이란 것이 성립되는 것일 수도 있습니다. 그렇다면 몰입이 되기 힘든 일도 최대한 몰입할 수 있는 분위기를 만들어야 합니다. 일종의 의식과도 같은 절차를 만들고, 그 의식이 시작되면 고민 없이 일을 무조건 시작하는 습관술이야 말로 집중을 부르는 가장 확실한 방법입니다.

언제 어디서나 나만의 1인 독서실

학창 시절 많은 이들은 멀쩡한 집 놔두고 왜 독서실에 가야만 했을까요? 바로 집중이 되지 않아서입니다. 지금 주위에는 당시보 다 훨씬 더 난해하고 치명적이며 게다가 스마트한 유혹이 우리 곁 에 가득 차 있습니다. 바로 인터넷입니다. 그런데 문제는 우리의 생 산력이 바로 이 네트워크와 밀접히 결합되어 있다는 점입니다.

인터넷에서 자료를 찾아야 하고, 또 협업을 하기도 합니다. 인 터넷과 단절해 버리고, 선을 뽑고 무선을 끈다고 해결되는 일이 아 님을 이제는 너무 잘 알고 있습니다.

인터넷 서핑이 최대한 불편하거나 낯선 환경에서 의도적으로 작업하는 것으로 이를 해결해 볼 수도 있습니다. 예컨대 아이패드 나 스마트폰에 블루투스 키보드를 물려 작업을 하는 것입니다. 인 터넷을 서핑하고 싶은 유혹이 생겨도, 스마트 단말류는 아무래도 작업 전환을 통한 멀티태스킹이 노트북만 못하기 때문에 답답하고 불편해질 수밖에 없으며, 그 작은 불편함이 때로는 효과적으로 유혹을 밀어내 주기도 합니다.

저도 키보드가 달린 스마트폰으로 많은 글을 써 왔는데, 역설적으로 불편하기 짝이 없는 장비들이기에 가능한 일이었습니다. 실제로 펼쳐 들면 '글을 쓰는 일'과 그 이외의 것들을 동시에 하기에 꽤나 불편했기 때문이라는 단점이 큰 몫을 했습니다. 귀찮았기에 집중할 수 있었던 것입니다.

물론 참고 자료를 펴 놓고, 또는 동시에 여러 창을 오가며 작업을 해야 하는 경우도 있습니다. 그러나 그러한 훌륭한 핑계가 뒤따르는 업무라도 결과를 쏟아 내야만 하는 출력 공간은 있어야 하는데, 그 공간마저 정신 차려 보면 엉뚱한 일로 점철되어 있다는 것이 우리들의 문제입니다.

적어도 그 집중의 출력 공간을 우리 앞에 펼쳐 놓고, 마치 독서실에 들어간 기분이나 도장에 들어선 기분으로 마음을 명료하게 하고 결과의 출력에 집중할 수 있다면 어떨까요? 이를 가능하게 하는 프로그램들도 꽤 있습니다.

OmmWriter나 Q10 등 소위 명상적 글쓰기를 가능하게 하는 집중형 글쓰기 도구에는 모두 공통점이 하나 있습니다. 그것은 '전체 화면'의 효험입니다. 별도 프로그램을 쓰지 않고, 이미 쓰고 있는 프로그램을 손쉽게 전체 화면으로만 작업해도 의외의 효과가 있곤 합니다. 현대적 프로그램은 대부분 손쉬운 작업 전환, 즉 딴짓을 동시에 할 수 있도록 염두에 두고 설계하였기에, 메뉴나 배치 구조가 전체적으로 옆길로 새기 쉽습니다. 윈도우에서 워드를 쓰고 있다면 [Alt]+[V]를 누른 후 [U]를 눌러 봅시다. 메뉴가 사라지고 모든 화면을 동원하여 나의 집중을 끌어 내리려는 전체 화면 모드가 됩니다. 문서 작성에만 집중해야 한다면 메뉴마저 귀찮을 수 있을 테니 말입니다. (돌아가려면 [Esc]를 누릅니다.)

집중을 돕는 몇 가지 팁과 제품을 소개했지만, 결국 가장 중요한 집중의 동기 부여는 마음가짐을 다잡아 줄 당근과 채찍입니다. 이 업무를 해냈을 때 내게 돌아올 수 있는 인센티브, 이 업무를 못해냈을 때 내가 겪게 되는 난관, 이것을 우리는 흔히 너무 잘 망각합니다. 이것이 머리에서 좀처럼 내려가지 않아 소화 불량과 불면이 오는 것도 문제이지만, 이들이야말로 늘어진 나를 번개같이 일으켜 세우는 정신의 청량제임을 가끔은 기억할 필요가 있습니다.

BYOD로
업무력 폭발

🔊

　노동자들의 도구란 지금까지는 회사에서 제공해 주던 것이었습니다. 더 일반적으로 보자면 회사가 소유한 생산 도구를 사용하여 노동자들이 임금 노동을 하는 것이 산업시대의 관례였습니다. 왜냐하면 생산 도구란 누구나 소유할 수는 없는 것이고 대규모 설비 투자를 통해서나 확보될 수 있었던 귀한 대상이었기 때문입니다.

　21세기를 거치며 산업시대에서 정보화시대로 넘어간 이후에도 이 풍조는 지속됩니다. 3년의 내구연한으로 설정한 PC를 회사가 지급했으며 이는 회사의 자산이었습니다. 그 PC 안의 소프트웨어는 물론 앞으로 만들어질 모든 정보까지 회사의 것이었습니다. 기본적으로 선택권은 없었으며(기껏해야 동급 기종 중 선택하는 정도?) 내 마음대로 프로그램을 설치하는 것도 기본적으로는 허락되지 않았습니다.

어쩌다 조금 생활의 여유가 있어 장만한 개인 단말을 회사로 가져오는 것도 마찬가지로 그리 환영받지 못했습니다. 환영은커녕 정문에서 제지를 당하는 것이 일반적이었습니다. 회사 노트북의 사외 반출 그 자체가 불가능한 회사들도 많았습니다. 공장 컨베이어 벨트에서와 같이 작업을 마치면 모든 것을 놓고 귀가하거나 아니면 남아서 잔업을 하는 것, 그것이 노동의 일상이었던 것입니다.

그러나 시대는 스마트 워크, 노마드 워크의 시대, 너도나도 우리 모두 스마트폰 하나쯤은, 멋들어진 태블릿 하나쯤은 가지고 싶어진 시대가 되어 버렸고, 이 새로운 친구들과 더 많은 시간을 보내게 된 이상, 회사의 IT 자원 따위 일할 때나 어쩔 수 없이 쓰는 무언가가 되어 버립니다.

물론 PC 시대에도 집마다 PC는 있었고, 개인용 노트북을 사는 것도 전혀 이상하지 않았지만, 스마트폰과 같은 대중성을 가진 것은 아니었습니다.

회사원이 개인용 스마트 단말을 갖는 것이 너무나 당연해졌고, 이는 생산 도구의 완전한 민주화를 의미하는 사태였습니다.

기업에서의 개인 단말 활용, BYOD

그 덕에 등장하게 된 트렌드가 바로 BYOD(Bring Your Own Device)입니다. 아마도 BYOB(Bring Your Own Bottle), 그러니까 파티 안내장 초대 문구에 널리 쓰이는 '술 각자 지참'이라는 숙어에서 파생된 IT 용어일 터, 자신의 입맛에 맞게 '디지털 장비 각자 지참'하자는 트렌드입니다.

지금까지는 기업이 직원의 모든 장비를 통제하고 지급하는 것이 일상이었습니다. 그러나 요즈음에는 도저히 그렇게 할 수는 없는 것이 바로 이 스마트폰과 태블릿이라는 개인 소지품 덕입니다. 취향과 유행이 제각각인 스마트폰을 일괄적으로 매번 사 줄 수도 없는 일이고, 여기에 태블릿까지 더해지면 비용 부담은 물론 복잡해서 감당이 될 리 없습니다. 그렇다고 해서 금지를 시켜 버리자니 점점 치열해지는 경쟁 시장에서 업무 생산성 하락이 우려되고 맙니다. 경쟁 기업은 스마트폰으로 별의별 업무를 다 처리하고, 최신 정보를 조회하고 있는 마당이니까요.

원래 개인은 개인의 의사 결정을 통해 구매한 상품에 대해 친근감을 넘어선 일종의 애착을 갖기 마련입니다. 회사 지급 비품은 집어 던지며 험하게 써도 개인 사물에 대해서는 보호 시트도 붙이고 케이스도 장만합니다. 앱도 꼼꼼히 고르고 배경 화면이니 런처니

글꼴이니 온갖 꾸미기를 통해 나에게 꼭 맞는 최적화를 하기도 합니다. 즉 어떤 상황에서도 가장 쓰기 쉬운 상태를 늘 궁리하는 것입니다. 이렇게 각 개인에 안성맞춤인 최적 단말이 완성되었으니, 이 작품이 업무를 위해 쓰이지 않는다는 점은 어찌 보면 안타까운 일입니다.

스마트 워크, 노마드 워크의 시대는 그야말로 공사융합, 회사의 일과 개인적 관심을 무 자르듯 싹둑 자를 수 없는 융합의 시기입니다. 회사 일이란 집에서도 신경 쓰인다는 점을 애써 무시하지 않고, 회사에서도 마음껏 개인적인 일을 봐도 굳이 켕기지 않는 시대, 종업원이기 이전에 독립된 프로페셔널로서의 열정과 상식을 신용하는 정신이 기업에도 개인에도 기대되는 시대가 되었습니다.

그렇다면 개인이 소지하고 있는 스마트폰이나 태블릿 또한 마음껏 기업 환경에 뒤섞일 수 있도록 하지 않을 이유가 없습니다.

BYOD, 목표는 현실적으로

물론 이렇게 다양한 단말을 지원해야만 한다면 IT 부서로서는 고민이 한가득입니다. 단말을 받아들이기로 하는 넉넉한 배짱은 순간이지만, 곧 엄청난 부담과 책임으로 돌아오기 때문입니다. PC 하나만 그것도 인터넷 익스플로러 정도나 지원하면 그만이었던 시절에서 iOS에, 안드로이드에, 그리고 앞으로 나올 수많은 단말을 지원하기로 하는 결정이란 결코 쉽지 않습니다.

우선 IT 부서의 입장에서 애플은 지나치게 폐쇄적이고, 안드로이드는 지나치게 파편화되어 있습니다. 이처럼 다양성이 극에 달한 스마트 시대이기에 모두를 위해 완벽한 기업 업무 시스템을 구현해 주자니 대개의 기업 환경에서는 여러모로 고민거리가 아닐 수 없습니다.

따라서 현재는 다양한 꼼수와 때로는 미봉책으로 보일 수밖에 없는 솔루션들이 난무하고 있습니다. 이러한 해법이란 어설프기 짝이 없지만, 그래도 나름의 쓸모가 있습니다. 내가 좋아하는 내 단말로 업무를 볼 수 있다면 약간 귀찮고 합리적이지 않아도 상관없습니다. 불편함으로 떨어진 생산성만큼 내 손에 착착 들러붙는 개인 단말이 주는 기분 좋음이 생산성을 금방 보태어 채울 수 있기 때문입니다.

예컨대 데스크톱 가상화나 원격 액세스류는 PC 화면을 스마트 단말에서 재현해 주는 솔루션들입니다. 마우스와 키보드도 없는 상황에서 작은 화면으로 조작을 해야 하니 첫인상이 좋을 리 없지만, 그래도 회사에서 쓰던 PC 화면 그대로 언제 어디서나 조작할 수 있게 되었다는 점은 여차하는 상황에서 진가를 발휘할 수 있을지도 모른다는 심리적 안도감을 줍니다. 사실 개인 단말로 회사 메

334

일만 원활하게 쓸 수 있어도 BYOD 소기의 목적은 일차적으로 달성할 수 있다고 봐도 좋습니다. 아니 겨우 메일이라 생각되기 쉽지만, 실상 메일은 회사 업무의 가장 핵심적인 요소이고, 또 시작이 반이라는 말에 충실할 필요가 있습니다. 서버 인프라에 낯선 단말을 인지시키는 것조차 처음에는 쉽지 않기 때문입니다. 최종 목표는 안전하게 iOS와 안드로이드를 회사에 접속시키는 것, 거기까지가 우선입니다.

공사公私란 안전하게 공존할 수 있을까?

개인 단말을 회사 업무에 사용하고 싶은 마음은 있지만, 그렇다고 해서 회사의 감시를 24시간 365일 허락하고 싶은 마음은 아닌 것이 이율배반적인 우리들의 마음입니다. 결국 네트워크란 보안과 함께 움직이다 보니 개인 단말을 어느 정도까지 회사에 의해 관리받게 할 것이냐는 문제도 남습니다. 회사 입장에서는 아무래도 보안이 신경 쓰일 수밖에 없고, 적합한 사용자만이 회사 네트워크에 접속한다는 보장을 얻기 위해 다양한 모바일 디바이스 관리MDM 프로그램을 설치하게끔 할 수도 있습니다.

그러나 회사 에이전트 모듈이 개인 단말에 설치된다는 것에 대한 심리적 저항감은 적지 않습니다. 회사의 관리 범위가 명확하면 좋겠지만, 수시로 업그레이드되는 에이전트가 내 단말의 무엇을 관리하고 있는지 모호하다는 의심도 커집니다.

결국은 '기업 IT 정책'이라고 부를만한 제도 설계가 수반되어야 하는데 이 일에 부담을 느끼는 회사들이 많습니다. 따라서 결국 시스템 개발은 시작도 않았는데, 어느새 일이 커져 버린 BYOD 프로젝트가 수행되기도 합니다. 지나치게 철두철미한 보안에만 신경 쓴 나머지, 개인의 자유를 보장해 주기 위해 시작한 BYOD가 개인의 자유를 억압하는 프로젝트가 되어 버리기도 합니다.

BYOD가 수행되면 어쩔 수 없이 회사 기밀이 어느 정도 개인 단말에 담길 수밖에 없습니다. 특히 고객 개인 정보와 같이 민감한 것이 들어올 수도 있습니다. 이럴 때 만에 하나 분실이나 도난이 벌어질 경우 후폭풍은 만만치 않을 수도 있습니다. 단순한 암호화나 자동 파기와 같이 기술로만은 해결할 수 없는 큰일의 불씨를 남기는 일일 수도 있습니다. 그런데 이 또한 당연합니다. 그것이 누군가를 고용한다는 리스크이기도 합니다. 이러한 리스크도 결국은 어떻게 사전에 통제 가능한 대상으로 만들지를 BYOD를 떠나 기업 인사人事와 경영 관리가 고민해야 할 부분입니다.

모든 리스크를 사전에 검증하고 꼭 그렇게 해야만 한다는 강박 관념은 값비싼 일입니다. 높은 비용을 들여 구축하기 마련인 과도한 리스크 회피형 시스템은 종업원을 잠재적 범죄자로 보고 모든 보안 요소를 투입, 결과적으로 사용자를 옥죄고 개인 단말을 황폐화하여 누구도 만족하지 못하는 시스템이 되곤 하기 때문입니다. 결국, 모든 보안이란 어느 정도의 비용을 들여 어느 정도의 효과를 거두냐는 밸런스의 문제입니다.

오히려 이와 같은 BYOD 프로그램에 참가하는 데 있어 고용인과 피고용인 사이에 서로의 책임의 한계를 명확히 하는 참가 합의서를 상호 사이에 작성하여 합의를 취하고, 이에 입각하여 자유로운 활용과 개인 책임을 존중하는 문화를 형성하는 편이 선진적입니다. BYOD란 엄연히 '술 각자 지참BYOB'의 원래 아이디어처럼 우리에게는 자유분방하게 보이기까지 하는 서양 합리주의에 기반한 문화임을 되짚어 봅시다.

스마트폰 안전하게 사용하기

스마트폰을 구매한 순간, 언제 어디서 무슨 일이나 할 수 있는 컴퓨터를 들게 된 것이나 마찬가지입니다. 지하철에서도 커피숍에서도 가정에서도 언제 어디서나 정보를 주고받게 되었습니다. 화면 해상도도 이미 여러분 집의 PC 화면보다 세밀하고, 성능도 더 낫곤 합니다. 게다가 쾌적한 무선으로 언제 어디서나 인터넷에 연결되어 있습니다. 이런저런 앱도 깔아 보고, 메모도 하고, 또 많은 이들과 정보를 메신저로 주고받기에 안성맞춤이니, 보통 PC보다 익숙합니다.

그러나 이는 역으로 언제 어디서나 정보를 잃어버릴 수 있다는 뜻이 됩니다. PC보다 도난이나 분실 우려가 훨씬 큽니다. 즐거웠던 술자리 끝에 휴대전화가 사라졌음을 뒤늦게 깨달았다면 걱정해야 할 것은 남은 할부금이 아니라 그 안의 정보입니다.

이미 스마트폰에는 극비 정보가 가득

만약 회사 이메일과 연결되어 있다면, 도둑이 엄청난 정보를 취득하거나 회사 계정으로 장난을 칠 수도 있습니다. 공식적으로 회사 자료를 스마트폰에 넣어 다니지는 않았다고 안심할 수는 없습니다. 이미 여러분의 연락처 목록은 훌륭한 기밀 자료이기 때문입니다. 거래처, 고객 등 양질의 개인 정보 수백, 수천 개가 들어 있을 것입니다.

따라서 스마트폰을 분실하였을 때 최대한 민폐를 끼치지 않는 방안을 늘 염두에 두어야 합니다. 가장 손쉬운 것은 스마트폰에 잠금 설정을 해 두는 것입니다. 물론 전문가라면 이조차 무용지물일 수도 있지만, 이 정도만으로도 하수 좀도둑의 추가 소득은 막을 수 있습니다.

이보다 어이없는 실수가 있습니다. 그것은 스마트폰이 악성 앱에 감염되는 일입니다. 물리적으로 도난이나 분실이 일어나지 않더라도 얼마든지 정보를 잃어버릴 수 있는데, 그것은 PC와 마찬가지로 스마트폰이 악성 앱에 노출되었을 때 일어납니다.

대표적인 것이 문자나 스팸 메시지를 잘못 클릭하여 앱이 설치되어 버리는 경우, 혹은 앱 구매 비용 좀 아끼려고 '알 수 없는' 곳으로부터 앱을 설치하는 경우에 해당됩니다. 그렇게 설치된 앱은 야금야금 티 나지 않게 서서히 여러분의 데이터를 써 가며 여러분의 정보를 어디론가 보내고 있을 수 있습니다. 심지어 마켓에 버젓이 올라와 있는 앱도 그런 짓을 합니다.

특히 위험한 안드로이드 앱은 설치될 때 반드시 그 앱의 요구 권한이 제시되도록 되어 있습니다. 그런데 앱이 스마트폰의 많은 정보를 필요 이상으로 원한다고 표시된다면 의심해 볼 필요가 있습니다.

정보를 지키기 위한 마음가짐

우선 스마트폰을 늘 건강하고 신선한 상태로 유지하는 마음가짐이 중요합니다. 시스템 업데이트는 버그나 취약점 등 각종 허점을 채워 건강하고 탄탄하게 만듭니다. 또 수시로 스마트폰 설정으로 들어가 지금 가동 중인 앱이 무엇인지 확인합시다. 쓰지 않는 앱들은 지워 버립시다. 가끔은 목욕 재개하는 마음으로 휴대전화를 깨끗이 하는 것입니다. 또 하나는 휴대전화 정보를 늘 클라우드에 동기화시키는 것입니다. 정보를 분실한 것도 억울한데, 그 정보가 유일하게 휴대전화에만 있었다면 사태는 업무 마비로 이어질 정도로 심각해집니다. 중요한 정보는 자주 동기화하여, 휴대전화 이외의 다른 방식으로도 접근할 수 있는지 확인해 두어야 합니다.

스마트폰을 본의 아니게 USB 메모리처럼 쓰는 경우가 있습니다. 스마트폰에서 작업이 가능하므로 자연스러운 일입니다. 그러나 외장 SD 카드에 주요한 정보를 넣어 두는 것은 위험합니다. 카드를 뽑기만 해도 정보는 고스란히 넘어가기 때문입니다.

데이터 비용 좀 아끼고자 듣도 보도 못한 와이파이에 물리는 것도 의외로 위험할 수 있습니다. 누구에게나 열려 있는 만큼 암호화되지 않은 상태로 정보가 오갑니다. 심심풀이 웹 서핑에 쓴다면 모를까, 여러분 정보의 동기화를 이런 회선으로 하는 것은 꽤나 위험한 일이 아닐 수 없습니다.

교체된 후의 낡은 스마트폰에도 정보가 가득

새로운 신상 스마트폰을 구매하게 되면 기쁘고 들뜬 마음에 예전 휴대전화로부터 정보를 옮기기에 바빠집니다. 그러나 그렇게 정보가 빠져나가고 남은 휴대전화에도 여전히 정보는 남아 있습니다. 가끔 구매 조건이 기존 휴대전화 반납인 경우가 있는데, 여러분의 정보가 알 수 없는 누군가의 손으로 자연스럽게 흘러가는 계기가 되어 버릴 수도 있습니다.

귀찮으니 나중에 지워야지 하는 생각에 서랍에 넣어 뒀다가 기기 노후로 인해 화면이 뜨지 않는 경우도 심심치 않게 있습니다. 전문가 손길 없이는 기기 초기화가 힘든 상황이 되어 버리면 그 기기는 파쇄하는 편이 차라리 안전합니다.

스마트 열풍과 함께 기업 IT에까지 불어온 BYOD라는 트렌드, 그러나 아무리 정책과 제도와 시스템이 갖춰져도, 결국 최종 책임은 개인에게 돌아갈 수밖에 없습니다. 편해진 만큼 여러모로 불편해진 세상입니다. 주머니에 내 스마트폰이 잘 있는지 수시로 만져 볼 수밖에 없습니다.